蒯鹏州——著

变老是否会阻碍变富？

基于个体行为调整的老龄化经济影响研究

中国经济出版社
CHINA ECONOMIC PUBLISHING HOUSE
·北京·

图书在版编目（CIP）数据

变老是否会阻碍变富?：基于个体行为调整的老龄化经济影响研究／蒯鹏州著．—北京：中国经济出版社，2021.10

ISBN 978-7-5136-6658-9

Ⅰ.①变… Ⅱ.①蒯… Ⅲ.①人口老龄化-影响-中国经济-经济发展-研究 Ⅳ.①F124

中国版本图书馆 CIP 数据核字（2021）第 194952 号

责任编辑　郭国玺
责任印制　巢新强
封面设计　任燕飞工作室

出版发行　中国经济出版社
印 刷 者　北京柏力行彩印有限公司
经 销 者　各地新华书店
开　　本　710mm×1000mm　1/16
印　　张　14.5
字　　数　220 千字
版　　次　2021 年 10 月第 1 版
印　　次　2021 年 10 月第 1 次
定　　价　88.00 元
广告经营许可证　京西工商广字第 8179 号

中国经济出版社　**网址**　www.economyph.com　**社址**　北京市东城区安定门外大街 58 号　**邮编**　100011

前　言

党的十八大以来，习近平总书记高瞻远瞩地提出，要充分利用老龄化本身的力量来应对人口老龄化，指出要“努力挖掘人口老龄化给国家发展带来的活力和机遇”，“要着力发展老龄产业”，“培育老龄产业新的增长点，完善相关规划和扶持政策”，为人口老龄化相关研究提供了宝贵的新视角。

本书以习近平总书记关于“努力挖掘人口老龄化给国家发展带来的活力和机遇”为逻辑起点，以老龄化进程中个体行为的自发性调整为研究视角，围绕“变老是否会阻碍变富”问题展开理论研究和实证研究，构建基于系统论的老龄化经济影响传导机制，对老龄化进程中各项经济指标的变化方向进行理论研究和经验实证，对老龄化经济影响路径上的阻碍因素展开分析，并在全面健康视角下，进一步识别老年人群消费需求的变化方向及其对银发产业增加有效供给的启示。

人口老龄化的演进趋势方面，中国人口老龄化的规模大、速度快、区域间差异明显。从省际比较来看，老龄化存在着区域间结构性差异，人口迁入地的老龄化进程被延缓，迁出地和农村地区的人口老龄化问题应引起关注；从演进趋势来看，中国的老龄化速度极快，尤以未来十年为盛，如果不存在政策因素的干扰，人口老龄化速度与20世纪90年代的日本几乎相当。

老龄化经济影响的国际比较方面，中国“未富先老”程度有限，且人口老龄化和财富创造之间似乎并不存在显著的因果关联。与其他未富先老国家相比，中国的老年人口比明显更低，人均GDP却更高。与此同时，世界各国人均GDP和老年人口比的变化趋势也未在时间轴上表现出一致性。多数富裕老龄化国家在向严重老龄化阶段转变的过程中，反而出现了人均GDP的持续上扬。

老龄化经济影响的传导机制方面，考虑到老龄化进程中微观决策行为的持续调整，老龄化存在着促进产出水平上扬的基本逻辑。无论是基于 OLG 模型的理论实证结果，还是基于中国数据的经验实证结果，家庭在面对人口老龄化时都会出于谨慎性预期而改变其决策行为，倾向于增加储蓄和延迟消费，由此提升了全社会的资本规模；家庭还倾向于增加人力资本和劳动时间投入，进一步拓展了社会的经济发展潜力；生育倾向则在长期内呈现“先减少，后增加”的趋势，人口发展的自我纠正机制明显。在三方面因素的共同作用下，人均产出水平存在长期向上的基本趋势，老龄化存在转危为机的基本逻辑。

传导机制的实现路径方面，经济发展潜力的释放需要产品和服务的供求匹配、各类要素资源的有效配置以及养老金、教育等配套体系的不断完善。特别是在产品和服务的供求匹配上，老龄化进程中，伴随着老年人口规模和比例的增加，银发产业的发展潜力巨大。但在全面健康的框架下，老年人群的消费需求呈现多样化和复合化态势，在健康和生活护理、养老服务、养老教育等领域尚存在较为突出的供求关系失衡问题。

基于此，本书提出，要在优化生育政策以应对老龄化长期趋势的基础上，从释放第二人口红利和挖掘银发产业潜力入手，缓解老龄化在短期内对经济社会发展的冲击。一方面，要面向落后地区和人群完善养老金体系，提升人力资本投资效率以避免低水平陷阱，推动资本和劳动力的市场化配置，引导产品和服务消费结构的持续升级，实现要素投入和平均产出水平的持续上扬；另一方面，要充分认识到银发产业的发展潜力，着力提升健康医疗和生活护理产业的供给能力，引导养老服务需求的均衡化分布和差异化满足，鼓励老年教育模式创新，以持续提升老年人群的全面健康状况。

本书是北京市教委/社科重点项目（SZ201810011006）和北京市青年拔尖人才培育计划项目（CITI&TCD201904041）的阶段性成果。我的研究生袁晶晶参与了国际数据的采集、整理和分析，张平参与了中国时间序列数据的整理和分析，张泽辉参与了银发产业的行业研究和案例调研，杜心一参与了人口政策梳理和人口预测工作。

本书撰写得到了北京工商大学商学院和科技处各位领导和同事的热情帮

助和指导。北京师范大学经济与工商管理学院李宝元教授长期指导和进行老龄化领域的相关研究，并自始至终给予我支持和鼓励，在此向李宝元教授表示由衷的感谢。

蒯鹏州

2020 年 7 月

目　录

绪论

党的十八大以来，习近平总书记高瞻远瞩地提出要充分利用老龄化本身的力量来应对人口老龄化，指出要“努力挖掘人口老龄化给国家发展带来的活力和机遇”，“要着力发展老龄产业”，“培育老龄产业新的增长点，完善相关规划和扶持政策”，为人口老龄化相关研究提供了宝贵的新视角。

所谓人口老龄化，是指一个国家或地区在一定时期内老年人口比重不断上升的现象和过程。过去一段时间，中国人口老龄化问题受到各界的普遍关注，其主要原因就在于传统观点关于老龄化经济影响为负的基本判断以及由此形成的对中国“未富先老”问题的普遍担忧。

但从全球主流国家的经济发展史来看，仅以人均 GDP 为简单的评判依据，各国老龄化进程中的经济发展方向存在着显著差异。在德国、法国、丹麦、英国等，其老龄化进程大多起步于 20 世纪四五十年代，但本国似乎并未因老龄化而出现大面积的经济衰退。另一些老龄化国家，如阿根廷、俄罗斯、塞尔维亚等，则在老龄化进程中陷入了“中等收入陷阱”。

基于此，本书以习近平总书记关于“努力挖掘人口老龄化给国家发展带来的活力和机遇”为逻辑起点，以老龄化进程中个体行为的自发性调整为研究视角，围绕“变老是否会阻碍变富”问题展开理论和实证研究，识别老龄化进程中经济发展的潜在增长点和可能的阻碍，进而提出老龄产业高质量发展和其他经济政策协同配合的人口老龄化问题应对框架。

第一节　研究背景及意义

我国是一个发展中国家，却已经步入严重老龄化社会，“未富先老”的问题随之凸显，并引发了各界的普遍关注。

一、选题背景和研究意义

在人口生育政策的干预下，中国在改革开放初期获得了极大的人口红利，但随着时间的推移，“两头小、中间大”的年龄结构开始出现结构性前移。加之人口基数因素，老年人口规模大、老龄化发展速度快，成了中国人口老龄化进程的基本特点。

传统意义上，日本是世界上老龄化速度最快的国家之一。但人口预测数据结果表明，中国的老龄化增速与日本几乎持平，基本上会用 30 年的时间，完成老年人口比从 10%到 25%的快速转变。此外，中国的老年人口规模每年都会以近 700 万人的速度增加，并给经济社会发展带来较大挑战。截至 2030 年，按照保守方案估计，中国老年人口占比将达到 16.6%。

根据世界银行 WDI 数据库，全球 179 个国家和地区可以按照老龄化程度和富裕度划分成“少—富”“少—贫”“老—富”和“老—贫”四组。中国毫不意外地进入了“未富先老”的国家行列。同属这一国家序列的国家和地区，大多以拉美国家和东欧国家为主，传统观点多认为其已处于“中等收入陷阱”。

在中国的身后，越南、印度、印度尼西亚等新兴经济体，其人口年龄结构均明显优于中国，且在国际分工格局中扮演着与中国极为相似的角色，正在挑战中国“世界工厂”的地位。排名在中国前面的秘鲁、哥伦比亚和南非，其人均 GDP 规模远超中国，人口结构却比中国更加年轻。如何有效应对“未富先老”，无疑已经成为我国能否在国际竞争格局中脱颖而出的关键问题。

基于此，本书在系统梳理中国人口老龄化现状和未来趋势的基础上，通过国际比较引出“变老是否会阻碍变富”的基本问题，以老龄化进程中的个体行为持续性变化为视角，构建基于系统论的老龄化经济影响传导机制，利用理论和经验实证方法对基本结论展开论证，同时，围绕基本假设面临的挑战及其实现路径展开进一步讨论，并在全面健康视角下提出发展银发产业的基本策略。

本书的研究意义主要体现在以下三个方面：

首先，以个体行为持续调整为视角，系统梳理人口老龄化进程的微观基础与宏观经济总量变化方向，为识别老龄化经济影响提供了一定的理论支持。

本书将个体行为的持续调整纳入分析框架，并就老龄化经济影响展开理论与经验实证。在谨慎性预期下，老龄化进程中的微观决策个体，必然会在消费和储蓄、劳动和闲暇、子女数量和质量等决策行为上出现持续性调整。在系统论框架下，本书将为有效识别人口老龄化过程中中国经济发展的活力和机遇提供理论支持。

其次，以经济影响实现路径的阻碍因素为突破口，在系统框架下识别老龄化进程中释放经济增长潜力的关键点，为应对人口老龄化挑战提供决策参考。

在不均衡发展客观存在的背景下，要有效挖掘人口老龄化进程中的潜在机遇还面临着不少因素的阻碍，这就需要从供给侧改革的角度出发，实现各类资源的高效率累积和均衡化配置，涉及进一步提升产品市场的有效供给能力，增强要素资源的市场化配置能力，完善人力资本投资体系、养老金投资体系等基础保障体系。本书围绕上述阻碍因素展开进一步分析，试图为抓住老龄化潜在机遇提供政策抓手。

最后，以老年人群差异化需求为切入点，在全面健康框架下识别银发产业发展的关键问题和破局方式，为快速发展银发产业提供新视角。

本书将全面健康引入分析框架，围绕老年人群的差异化需求及其定向化满足问题展开系统讨论。银发产业供求结构性失衡，其实质在于产业所提供的产品和服务无法满足消费者的实际需求，必须将老年人群的生理健康、心理健康、社会健康纳入分析框架。立足全面健康，有效识别老年人的核心诉求，是发展银发产业的基础，既有利于满足老年人群对美好生活的向往，也有助于进一步释放消费潜力、促进经济持续发展。

二、国内外研究现状

人口老龄化问题既是当前世界各主要国家面临的社会问题，也是学术界研究的热点。但在老龄化的经济影响方面，学术界并未达成共识，且在其影响方向的正负判定上存在一定的争论。

首先，传统观点大多认为，人口老龄化会对经济增长产生负面影响。

Hagemann 等（1989）及 Peterson 等（1999）均认为，人口老龄化会对劳动力供给、资本形成、私人消费、医疗和养老费用以及工作热情等产生影响。Rogers 等（2001）进一步归纳了前人的观点，并认为人口老龄化主要通过降低私人和公共储蓄率及劳动参与率对经济增长产生负面影响。王德文等（2004）、蔡昉等（2006）、田雪原（2006）、彭秀建（2006）、彭希哲等（2011）、郭熙保等（2013）综合考虑了储蓄贡献、劳动供给、全要素生产率、社会保障、公共安全等因素，得出人口老龄化对经济增长影响为负的基本结论。

其次，人口老龄化对经济增长影响为负的观点正面临经验数据的挑战和冲击。

在劳动供给方面，Bloom 等（2011）认为，劳动力供给减少既有降低劳动参与率和产出总规模的不利一面，又有增加人均资本拥有量和平均产出规模的有利一面；在公共储蓄方面，Ladd 等（2001）和 Gradstein 等（2004）的研究表明，公共教育支出并未随老龄化而减少；在私人储蓄方面，Leff（1969）、Horioka（1997）、Kim 等（2006）均认为，人口老龄化往往与儿童抚养比下降一同出现，老龄化对储蓄率的负面影响将部分被儿童抚养比下降所抵消。

再次，学术界甚至还提出了老龄化进程中存在着“第二人口红利”。

Boersch 等（2001）的研究表明，老龄化和储蓄率之间的关系可能为正相关——欧洲国家的现收现付养老金体系回报率会随老龄化而下降，并致使个人增加储蓄。陈冲（2013）针对中国的数据分析也表明，老龄化有抑制消费、扩大储蓄的一面。基于此，Mason 和 Lee（2006，2010）提出了“第二人口红利”，并得到杨娟（2009）、邬沧萍等（2011）等国内学者的认可。

最后，微观的基础持续调整开始被广泛地纳入老龄化经济影响的研究框架。

目前，不少学者开始尝试在统一框架下，以老龄化进程中的个体行为调整为视角，对老龄化的经济影响展开系统性讨论，主要是在世代交替（Over Lapping Generation，OLG）模型框架下展开。Blackburn 等（2002）、Cai

(2002)、Ehrlich 等（2006）、Sugawara（2007）和 Azarnert（2010）通过将预期寿命、生育率纳入分析框架，实现了人口老龄化的内生化，并考察了老龄化进程中各微观决策行为的调整及其对经济发展的影响。相关微观决策行为包括个体关于储蓄和消费的决策、工作和闲暇的决策以及子女数量和质量的决策等。

上述研究在模型设定上存在一定差异，但研究结论却较为一致。在模型设定方面，相关研究的差异主要包括：个体是否具有利他性动机、存活至下一期的概率是否为外生变量、养老金体系的设计是以现收现付为导向还是以基金制为导向、人力资本投资的决策主体是父母还是本人。在研究结论方面，许多研究均表明，预期寿命的提高会引起生育率的下降和老龄化程度的加深，但储蓄率、人力资本投资水平及劳动时间投入却会不断上升，并对人均产出水平产生正向影响。

综上，人口老龄化对经济增长影响的方向是复杂和复合的。

上述关于老龄化经济影响的争论和最新研究结论表明，人口老龄化不仅有降低劳动参与率的一面，还有通过改变个体行为提高劳动力平均产出水平的一面。在老龄化进程中，如果个体行为的调整会引起劳动力平均产出水平的提高，那么，关于老龄化经济影响的判断将发生方向性变化。

三、新时期中国特色社会主义经济思想的启示

习近平总书记在党的十九大报告中指出，“中国特色社会主义进入了新时代”，这一论断最关键的理论和实践基础，就是我国社会主要矛盾已经从“人民日益增长的物质文化需要同落后的社会生产之间的矛盾”转化为“人民日益增长的美好生活需要和不平衡不充分的发展之间的矛盾”。

在我国社会主要矛盾发生历史性转变的时代背景下，人口老龄化问题日趋严重，由此引发了两个核心问题：一方面，伴随着老年人口规模和比率的持续增加，劳动力成本相对低廉和储蓄率相对偏高所形成的比较优势是否具有可持续性，以及新的增长引擎来自何方；另一方面，老龄化进程中催生了老年人群旺盛的养老产品和服务需求，老龄产业的发展能否满足老年人群对美好生活的需求。

习近平总书记在十八届中共中央政治局第三十二次集体学习上指出，要“坚持应对人口老龄化和促进经济社会发展相结合，坚持满足老年人需求和解决人口老龄化问题相结合，努力挖掘人口老龄化给国家发展带来的活力和机遇”，为人口老龄化相关研究的深入开展提供了丰富的理论依据和宽广的研究视野，完全符合社会和人口协调发展的客观规律，并具体体现在以下两个方面：

一方面，要以发展的眼光看待人口老龄化，挖掘人口老龄化给国家发展带来的机遇。

习近平总书记提出，要充分利用老龄化本身的力量来应对人口老龄化，要“努力挖掘人口老龄化给国家发展带来的活力和机遇”。这一重要论断以发展和辩证的眼光看问题，是马克思主义和中国特色人口老龄化的结合，也吸收了国际上人口经济学的最新研究成果。

传统观念关于人口老龄化的普遍担忧往往来自“人口红利的丧失”。所谓“人口红利”，其实是一个建立在人口机会窗口基础上的经济学概念。按照人口发展规律，无论以人力资源还是人力资本为基础的人口机会窗口，都只是提供了有利于经济社会发展的潜在人口机会，人口机会不会自动转化为现实的经济红利。只要经济社会发展政策和措施得当，如教育、就业、收入分配、投资、生产、消费、进出口等与人口机会窗口相互匹配，人口老龄化进程中就仍然能够形成以人力资本为基础的人口机会，进而转变为现实的经济红利。

结合习近平总书记关于“老年是人的生命的重要阶段”的论述，在生命周期的框架下，成年阶段的个体也会自发地为老年阶段的生活提前开展准备工作，这些准备涉及储蓄、消费、闲暇、就业、照料子女、人力资本投资等多个方面。在老龄化的进程中，如果个体行为的调整会引起劳动力平均产出水平的提高，那么老龄化对经济发展的影响亦将发生方向性变化，这是挖掘人口老龄化机遇的重要组成部分，也关乎我国应对人口老龄化问题的有效性。

另一方面，满足老年人群对美好生活的旺盛需求，是共享发展的重要组成部分，也是实现可持续发展的基本前提。

伴随着预期寿命的提高和生育率的走低，人口老龄化是不可逆的趋势，也是每个个体的未来。习近平新时代中国特色社会主义经济思想提出

“以人民为中心”的发展观和“共享发展”的基本理念，从根本上解决了“经济为谁发展”的基本问题。让老年人群共享经济发展成果，既是共享发展的重要组成部分，也是化解新时代社会主要矛盾的应有之义。

党的十八大以来，以习近平同志为核心的党中央坚持以人为中心，积极应对人口老龄化，并推出了一系列政策措施，鼓励养老产业快速发展，涵盖老龄服务、老龄用品、老龄金融等多个领域，形成了多方力量积极参与投资养老产业的热潮，广大老年人可以进行价廉物美的产品消费和低廉便捷的服务消费，展示出人口老龄化蕴含的无限潜力和光明前景。同时，党中央还敏锐地识别到当前养老产业发展的问题，并积极布局和出台后续相关政策。例如，2019 年 11 月，党中央和国务院推出的《国家积极应对人口老龄化中长期规划》就提出，随着经济社会发展水平的不断提高，老年群体对适老产品的需求更加多样化、多层次，老年产品和服务市场正面临着提质扩容问题和多产业融合发展问题。这些都将成为满足老年人群产品和服务需求的制度性保障。

与此同时，满足老年人群对美好生活的旺盛需求，还关系到可持续发展的实现。正如习近平总书记在党的十九大报告中所指出的，我国经济已由高速增长阶段转向高质量发展阶段，要深化供给侧结构性改革，提高供给质量，以实现可持续发展。具体到老龄化问题上，有效满足老年人群对美好生活的旺盛需求，还关系到消费需求能否得到有效满足。供需动态平衡的实现，将为我国经济社会的可持续发展培育新增长点、注入新动能。

总之，党的十八大以来，以习近平同志为核心的党中央创造性地提出要以发展的眼光应对人口老龄化挑战，并提出用老龄化力量来解决老龄化问题。这一重要论述是马克思主义和中国特色人口老龄化相结合的新思想，也吸收了国际上人口经济学的最新研究成果，为本书提供了重要的研究视角和丰富的理论基础。

根据习近平总书记关于“努力挖掘人口老龄化给国家发展带来的活力和机遇”的基本论断，本书以“变老是否会阻碍变富”为关键，试图回答三个方面的基本问题：第一，老龄化进程中，哪些经济指标的持续变动将形成促进经济发展的动力？第二，想要发挥老龄化对国家发展提供的机遇，需要在哪些方面取得突破？第三，老年人群对养老产品和服务有哪些现实需求？哪些需求尚难得到有效满足？

第二节 研究内容与基本框架

本书重点围绕“变老是否会阻碍变富”展开研究，采取质的研究和量的研究相结合的混合研究策略，围绕人口预测、机理分析、实证研究和路径分析等四方面内容展开研究，每部分均由两个章节构成，再加上绪论、结论与案例，共计十一章内容。

一、研究内容

本书在对我国人口老龄化现状和趋势进行系统梳理的基础上，通过国家之间的比较和定性分析，引出“变老是否会阻碍变富”这一关键问题，围绕老龄化经济影响方向以及经济影响的实现路径以及老年人群的核心诉求展开讨论，相关研究内容主要涉及以下四个方面：

第一，以人口自然变动和迁移变动为线索，梳理我国老龄化的基本特征及未来趋势。

本书在系统梳理老龄化现状及其成因的基础上，系统评估人口老龄化在不同地区间的分布差异，并基于生育政策的调整来设计相应的人口预测方案，预测我国人口老龄化的未来演进趋势，进而提出我国人口老龄化存在着起步晚、速度快、结构复杂的典型特征，以及不同政策干预效果下的人口老龄化发展趋势。

第二，通过国际比较引出“未富先老”的核心议题，并构建老龄化经济影响传导机制。

本书在系统搜集和整理各国人口和经济发展相关统计数据以及相关学术文献的基础上，系统梳理“未富先老”问题的基本内涵及其在世界经济史中所表现出的不一致性，进而引出“变老是否会阻碍变富”这一核心议题，并提出从个体行为调整到宏观经济总量的老龄化经济影响传导机制。

第三，基于 OLG 模型和中国时间序列数据，围绕老龄化经济影响开展理论与经验实证。

本书综合利用规范研究和理论实证方法，将家庭对消费和储蓄的权衡、对工作和闲暇的权衡以及对子女数量和质量的权衡，纳入基于 OLG 模型的分析框架，就老龄化进程中各宏观、微观经济总量的演进方向展开经验实证，并利用中国数据展开广义脉冲估计来识别老龄化进程中储蓄率、生育率、就业倾向、毛入学率、人均产出水平等相关指标的演进方向。

第四，梳理老龄化经济影响路径的主要阻碍，并围绕养老产品有效供给不足展开进一步讨论。

本书以不均衡发展为背景，围绕老龄化经济影响实现路径中的关键假设及其满足度展开分析，系统梳理抓住人口老龄化机遇所面临的三个关键前提，主要涉及产品的有效供给、要素的合理配置、保障体系的相对完善，并以全面健康为基本分析框架，立足微观调查数据，系统梳理老年人群对美好生活的需求在产品和服务层面的具体表现及其对供给侧产品和服务的新要求。

二、内容安排

全文由十一个章节构成，各章节的内容安排如下：

开篇为绪论。主要交代了选题背景、研究思路和创新点，重点围绕“未富先老”的老龄化背景，提出“变老是否会阻碍变富”这一关键问题，并说明了主要研究内容安排以及研究的创新和不足之处。

第一章为中国人口老龄化的基本现状。本章以人口自然变动和人口迁移变动为线索，梳理我国人口老龄化的基本现状。特别讨论了在经济发展和生育政策的影响下，出生率和死亡率的快速回落对我国人口老龄化进程的冲击，以及人口大规模迁移对各省份人口老龄化进程带来的差异化影响。

第二章为中国人口老龄化的演进趋势。本章利用人口预测方法，分析我国人口老龄化进程的基本走势。特别是基于不同的计划生育实施效果，本书设计了低水平、中等水平和高水平预测方案，对不同政策影响下人口发展趋势和老龄化进程的差异性进行了比较。

第三章为“变老是否会阻碍变富”的国际比较。本章利用国际比较法，引出“未富先老”这一研究背景和“变老是否会阻碍变富”这一基本命题。利用世界主要国家的截面数据，按照人均产出水平和人口老龄化水平对各国进行分组，锚定中国在世界人口老龄化版图中的相对位置和“未富先老”问题的基本内涵，并利用主要老龄化国家的历史数据来识别“变老是否会阻碍变富”问题及其基本论断。

第四章为人口老龄化经济影响的传导机制。本章利用定性研究法，以人均产出水平为切入点，引出从老龄化到个体行为调整再到宏观经济总量的传导机制，并在文献回顾的基础上，系统梳理人口老龄化的关键成因，以及预期寿命调整通过家庭决策行为对劳均资本拥有量、劳动时间投入和人力资本规模的影响及其在平均产出水平上的最终表现。

第五章为从个体行为到宏观总量的理论实证。本章在 OLG 模型的框架下，讨论了老龄化进程中家庭决策行为的调整方向及其宏观经济表征，特别是老龄化进程中，家庭在消费和储蓄间的权衡、在工作时间和闲暇间的权衡、在子女数量和质量上的权衡，以及在此背景下储蓄率、生育率、劳动时间投入、人力资本和人均产出水平所受的影响，并围绕理论实证的基本前提展开了进一步讨论。

第六章为基于宏观经济数据的经验实证。本章基于中国 1978—2018 年的时间序列数据，采用广义脉冲估计方法，估计了在预期寿命冲击下，储蓄率持续增加、生育率先减后增、就业倾向持续上扬、高中毛入学率不断走高、人均产出水平呈上升态势的各变量脉冲响应。

第七章为经济影响实现路径的阻碍因素。本章基于理论实证的基本假设前提，提出了老龄化传导机制实现路径面临的主要阻碍因素，主要涉及产品和服务有效供给不足、资本和劳动力要素配置能力不足、养老金体系和人力资本投资体系的保障能力受限。

第八章为全面健康视角下的老年需求再识别。本章立足各类调查数据，基于老年人群的全面健康状况，围绕健康医疗、生活护理、养老服务、老年教育等领域的有效供给不足问题展开进一步讨论，并试图提炼出产业启示。

第九章为结论与对策建议。本章进一步归纳和总结了相关研究结论，从产品供给、要素配备、保障体系三个方面入手提出应对人口老龄化的相关对策建议，并重点围绕银发产业的有效供给问题，提出破除银发产业供求结构性失衡的相关策略。

第十章为养老产业新业态的典型案例。本章以星堡养老社区、山东老年大学、同仁堂粹和康养、Club Tourism、江苏国康和广州深蓝香族、万颐养老为典型案例，分析养老服务产业、老年教育产业、医疗服务业、老年旅游业、老年食品与生活用品以及综合养老产业的最佳实践，旨在为银发产业的发展提供可资借鉴的成功经验。

第三节 研究创新点与不足之处

本书将个体行为调整引入老龄化经济影响的分析框架中，分析老龄化进程中的经济发展潜力及其实现路径。但由于人口老龄化的经济影响涉及范围极广，再加上中国步入老龄化的时间相对较晚，老龄化经济影响尚未完全体现，在研究中也存在不足之处。

一、研究创新点

本书以“变老是否会阻碍变富”为核心议题，围绕人口预测、机理分析、实证研究和路径分析等四方面内容展开研究，可能的创新点体现在以下几个方面：

首先，将个体决策行为的多样性和复杂性纳入分析框架，在多学科融合的背景下，形成了具有一定特色的研究视角。本书试图将微观决策行为的持续性变化纳入研究视野，并将老年人群差异化需求纳入银发产业供求失衡的分析框架，涉及人口经济学、教育经济学、健康经济学、劳动经济学、公共政策评估等多领域的理论整合，形成从微观基础入手识别宏观经济问题的研究视角。

其次，在研究过程中注重与中国实际和政策实践相结合，试图在中国情境下展开更具针对性的讨论。在关于人口老龄化的讨论过程中，本书注重与中国实际相结合，例如：在老龄化的区域分化部分，考虑了中国大规模的人口迁移；在人口预测部分，考虑了计划生育政策的干扰；在 OLG 模型的设定部分，将中国传统文化中利他性动机引入效用函数。这些探索可能会使本书的研究更具有针对性。

最后，将基本理论框架构建、实证典型调查研究与实践操作对策指引三个层面整合在一起，试图获得更具可靠性和实践指导意义的研究结论。本书将理论实证和经验实证更紧密地联系在一起，并特别注意经验数据的点面结合，综合运用定性访谈材料、微观调查数据和宏观统计数据，做到主题论证“有理有据”、实证分析“活灵活现”、对策指引“脚踏实地”。

二、不足之处

由于人口老龄化的经济影响极为深远，各经济指标间的联动关系极为复杂，本书也存在不足之处，具体体现在以下方面：

首先，老龄化进程中的家庭决策行为界定可能还不够全面。

本书以个体行为调整为切入点，系统考察家庭决策行为的调整，但这些行为涉及的方面极为广泛。在系统框架下，相关决策行为概念化为收入在消费和闲暇间的权衡、时间在工作和闲暇间的权衡以及在子女数量和质量上的权衡，且三类决策行为被假定为相互独立。但在真实经济中，这种界定可能会存在遗漏关键变量的问题，一些更为细节的决策行为也有可能会被忽略。比如，家庭的储蓄方向、消费的主要类型等。除此之外，旅游、文娱等特定的消费可能会受时间约束，子女教育还可能会涉及部分生产性消费和生活性消费等。

其次，数据采集过程中仍面临数据可获取性的挑战。

本书试图采取宏微观数据相结合的方式，大量使用了宏观统计数据和微观调查数据，但受限于数据的可获取性，部分指标的选取仍存在一定的问题。例如：在利用中国数据进行广义脉冲估计的过程中，有关劳动时间投入和人力资本投入的相关指标就存在着大量缺失，因此，只能选择劳动年龄人口的就业倾向和高中毛入学率作为替代变量。此外，受制于老年人群的问卷填写能力，问卷发放难度相对较大，需要配备专门的调查员，导致样本规模受到一定的影响。

最后，老龄化经济潜力的实现路径涉及面过广，尚难做到面面俱到。

本书在理论和经验实证的基础上，提出了老龄化进程中进一步释放经济发展潜力的主要阻碍因素。这些因素涉及劳动力市场、资本市场、产品市场、养老金体系和教育体系，涉及面过广。受限于研究能力和精力，只能围绕其中矛盾最为突出的产品市场，重点分析银发产业的供求结构性失衡问题。但对要素市场以及配套保障体系的讨论还很不完善，将在未来研究中对此展开更深入的讨论。

第一章　中国人口老龄化的基本现状

我国是世界上少数几个全面步入老龄化社会的发展中国家之一，其老龄化不仅是人口政策快速转变的结果，还与我国不断加速的城市化和工业化进程密切关联。中国的生育政策导向经历三次重大调整，在一定程度上导致了生育率的突变，进而引起了一定时间内人口老龄化程度的快速提升。在城市化和工业化进程中，大量来自农村/落后地区的中青年人流入城市/发达地区，他们在参与当地经济建设的同时，也极大地改变了区域间的人口年龄结构。

第一节　中国人口老龄化现状

根据联合国 1956 年发布的《人口老龄化及其经济社会含义》，老年型社会有四个划分标准，主要为：65 岁及以上人口比大于 7%、15 岁以下人口比小于 30%、人口老少比大于 30%以及年龄中位数大于 30 岁。其中，65 岁及以上人口比是最常用的人口老龄化标准。按照这一标准，中国于 2000 年已正式进入老龄化社会。

一、我国总体老龄化情况

中国的人口老龄化问题之所以受到各界的普遍关注，一方面，是因为中国尚处于发展中国家行列所引发的“未富先老”问题；另一方面，则与中国人口老龄化进程起步晚、增速快、规模大等特征有关。

为识别过去一段时期我国人口年龄结构的演进趋势，本书采集了全国历年各年龄段人口占比的统计数据，如表 1-1 所示。

表 1-1　全国历年各年龄段人口占比

年份	0~14 岁		15~64 岁		65 岁及以上	
	人口数/万人	比重/%	人口数/万人	比重/%	人口数/万人	比重/%
1982	34 146	33.6	62 517	61.5	4 991	4.9
1987	31 347	28.7	71 985	65.9	5 968	5.4
1990	31 659	277	76 306	66.7	6 368	5.6
1991	32 095	277	76 791	66.3	6 938	6.0
1992	32 339	27.6	77 614	66.2	7 218	6.2
1993	32 177	27.2	79 051	66.7	7 289	6.2
1994	32 360	27.0	79 868	66.6	7 622	6.4
1995	32 218	26.6	81 393	67.2	7 510	6.2
1996	32 311	26.4	82 245	67.2	7 833	6.4
1997	32 093	26.0	83 448	67.5	8 085	6.5
1998	32 064	25.7	84 338	67.6	8 359	6.7
1999	31 950	25.4	85 157	67.7	8 679	6.9
2000	29 012	22.9	88 910	70.1	8 821	7.0
2001	28 716	22.5	89 849	70.4	9 062	7.1
2002	28 774	22.4	90 302	70.3	9 377	7.3
2003	28 559	22.1	90 976	70.4	9 692	7.5
2004	27 947	21.5	92 184	70.9	9 857	7.6
2005	26 504	20.3	94 197	72.0	10 055	7.7
2006	25 961	19.8	95 068	72.3	10 419	7.9
2007	25 660	19.4	95 833	72.5	10 636	8.1
2008	25 166	19.0	96 680	72.7	10 956	8.3
2009	24 659	18.5	97 484	73.0	11 307	8.5
2010	22 259	16.6	99 938	74.5	11 894	8.9
2011	22 164	16.5	100 283	74.4	12 288	9.1
2012	22 287	16.5	100 403	74.1	12 714	9.4
2013	22 329	16.4	100 582	73.9	13 161	9.7
2014	22 558	16.5	100 469	73.4	13 755	10.1
2015	22 715	16.5	100 361	73.0	14 386	10.5

续表

年份	0~14 岁		15~64 岁		65 岁及以上	
	人口数/万人	比重/%	人口数/万人	比重/%	人口数/万人	比重/%
2016	23 008	16. 7	100 260	72. 5	15 003	10. 8
2017	23 348	16. 8	99 829	71. 8	15 831	11. 4

资料来源：根据历年《中国统计年鉴》自行整理，如无特殊说明，下同。

从老年人口的规模和比重来看，截至 2017 年底，除香港、澳门和台湾，我国总人口为 13. 98 亿人。其中，0~14 岁人口 23 348 万人，占总人口的 16. 8%；15~64 岁人口 99 829 万人，占总人口的 71. 8%；65 岁及以上人口 15 831万人，占总人口的 11. 4%。在全球视野下，我国 1. 5 亿的老年人口总规模为全球第一，是美国老年人口的近三倍，超过了欧洲国家和中亚国家老年人口的总和。中国 11. 4%的老年人口比重与阿根廷和新加坡相当，甚至高于中高收入国家组的平均水平。

从老龄化增速来看，2000 年是我国人口老龄化进程中极为重要的一年，老年人口比重达到 7%，意味着我国正式步入了老龄化社会。此后，中国的人口老龄化程度快速提升，截至 2017 年，已经达到了 11. 4%，这一速度与日本完全一致。1971 年，日本的老年人口比重首次超过 7%，1989 年则达到 11. 45%。而日本也被认为是世界上人口老龄化速度最快的国家之一。

上述特征的出现与过去一段时期人口政策的持续调整密切相关。早期，中国的人口政策以鼓励为主，生育率持续处于高位；之后，生育率持续回落，由此便形成了年龄结构中老年人群规模相对偏高、劳动年龄人口规模相对偏低的基本特征，再加上人口基数大、预期寿命不断提升，由此引发的人口老龄化问题相对严重。

二、各地区的老龄化差异

中国幅员辽阔，人口众多，各省区面积划分不尽相同，因此人口发展状况存在着较大差异。仅从总人口数来看，广东、山东、河南及四川等省份总人口数较多，而宁夏、青海、西藏等省份总人口数最少，且这几个省份的总人口数甚至低于重庆、北京、上海、天津等几个直辖市的总人口数。

（一）人口自然变动基本特征

为进一步识别各地区人口自然变动所处阶段及其对人口老龄化的影响，本书采集了2017年各地区总人口规模、出生率、死亡率和自然增长率的相关数据，如表1-2所示。

表1-2　2017年全国各省份人口出生率、死亡率及自然增长率

地区	人口出生率/‰	人口死亡率/‰	人口自然增长率/‰
全国	12.43	7.11	5.32
北京	9.06	5.3	3.76
天津	7.65	5.05	2.60
河北	13.20	6.6	6.60
山西	11.06	5.45	5.61
内蒙古	9.47	5.74	3.73
辽宁	6.49	6.93	-0.44
吉林	6.76	6.5	0.26
黑龙江	6.22	6.63	-0.41
上海	8.10	5.3	2.8
江苏	9.71	7.03	2.68
浙江	11.92	5.56	6.36
安徽	14.07	5.9	8.17
福建	15.00	6.2	8.80
江西	13.79	6.08	7.71
山东	17.54	7.4	10.14
河南	12.95	6.97	5.98
湖北	12.6	7.01	5.59
湖南	13.27	7.08	6.19
广东	13.68	4.52	9.16
广西	15.14	6.22	8.92
海南	1473	6.01	8.72
重庆	11.18	7.27	3.91
四川	11.26	7.03	4.23

续表

地区	人口出生率/‰	人口死亡率/‰	人口自然增长率/‰
贵州	13.98	6.88	7.10
云南	13.53	6.68	6.85
西藏	16.00	4.95	11.05
陕西	11.11	6.24	4.87
甘肃	12.54	6.52	6.02
青海	14.42	6.17	8.25
宁夏	13.44	475	8.69
新疆	15.88	4.48	11.4

从“三率”来看，各省份在人口自然变动阶段方面存在着一定的差异性。例如：山东的人口出生率高达17.54‰，远超过全国平均水平，死亡率则与全国平均水平基本持平，为7.4‰，属于典型的后期扩张阶段；同样属于这一阶段的还有西藏、广东、广西、海南、河北等。而辽宁、黑龙江的人口出生率分别仅为6.49‰和6.22‰，死亡率则略低于全国平均水平，并形成了人口自然负增长，表现出从低位静止阶段向减退阶段转变的典型特征。其余省份则大多处于低位静止阶段。

（二）老龄化程度的分布特征

由于人口自然变动阶段不同，加之实际情况差异，各省份在老龄化问题上表现出了极大的分化，本书采集了2017年各省、直辖市、自治区（不含港、澳、台）人口年龄结构的相关数据，如表1-3所示。

表1-3　2017年全国各省份抽样人口年龄分布情况

地区	常住人口/人	65岁及以上人口/人	占比/%
全国	1 145 246	130 428	11.39
重庆	25 337	3 618	14.28
上海	19 826	2 827	14.26
辽宁	35 969	5 063	14.08
江苏	66 100	9 210	13.93
四川	68 609	9 557	13.93

续表

地区	常住人口/人	65 岁及以上人口/人	占比/%
安徽	51 658	6 713	13.00
山东	82 502	10 672	12.94
北京	17 801	2 225	12.50
浙江	46 573	5 812	12.48
湖北	48 684	5 955	12.23
吉林	22 424	2 735	12.20
湖南	56 647	6 895	12.17
黑龙江	31 251	3 793	12.14
河北	62 086	7 326	11.80
天津	12 778	1 442	11.29
陕西	31 649	3 512	11.10
河南	79 005	8 567	10.84
内蒙古	20 849	2 260	10.84
甘肃	21 720	2 243	10.33
贵州	29 612	2 946	9.95
江西	38 163	3 723	9.76
广西	40 385	3 936	9.75
福建	32 221	3 069	9.52
山西	30 550	2 746	8.99
宁夏	5 627	476	8.46
云南	39 709	3 336	8.40
海南	7 640	626	8.19
青海	4 939	390	7.90
广东	91 922	7 121	7.75
新疆	20 210	1 472	7.28
西藏	2 797	162	5.79

资料来源：2017 年全国人口变动情况抽样调查样本数据，抽样比为 0.824‰。

根据表 1-3，按照 7%的老龄化社会标准，除西藏外，其余省份均已步入人口老龄化社会。但人口老龄化程度在区域间的差异极大，最低的地区如西藏，老年人口占比不足6%；最高的地区如重庆，老年人口占比高达14.28%。按照人口发展的基本理论，人口老龄化大多是经济社会发展到一定阶段，伴随着出生率和死亡率的双降而形成的人口变动结果。但上述数据表明，单纯地从经济发展水平的角度，似乎难以解释中国的人口老龄化版图。

总体来看，经济发展水平确实是解释人口老龄化的重要因素之一。北京、上海、江苏、浙江等地的经济发展水平较高，人口老龄化程度确实也明显高于周边区域。这说明，经济社会发展仍然是人口老龄化的驱动因素之一。伴随着经济发展水平的提高，区域内死亡率呈明显下降趋势。与此同时，出生率则因为工作和丰富的闲暇方式的挤出而出现下滑。除了广东等极少数区域外，经济发展水平较高的地区均步入了严重老龄化社会。

但具体到各个省份，经济发展水平似乎难以完全解释人口老龄化在省际的分布规律。以全国11.39%的平均水平来看，有14个省份超过全国平均水平，分别是重庆、上海、辽宁、江苏、四川、安徽、山东、北京、浙江、湖北、吉林、湖南、黑龙江和河北，这些省份既包括经济发展水平相对较高的区域，也包括经济发展水平相对一般的区域。特别是经济发展水平相对一般的重庆和辽宁，老年人口占比分别达到了14.28%和14.08%。与之形成鲜明对比的是，作为发达地区代表的北京，其老年人口比为12.5%，仅略高于平均水平，且远低于同为发达地区代表的上海。

进一步按照10%的严重老龄化标准，除了上述14个省份之外，另有5个省份步入严重老龄化社会，分别是天津、陕西、河南、内蒙古、甘肃。值得一提的是，同样作为发达地区的代表，江苏、浙江等地均步入严重老龄化社会，广东却并未出现在严重老龄化省份的列表中。反倒是陕西、河南、内蒙古、甘肃等省份进入了这一序列。

一个可能的原因就在于人口迁移变动对人口自然变动的叠加。在上述人口老龄化省份中，安徽、河南、四川、重庆、黑龙江、辽宁等都属于典型的人口迁出省份。大量青壮年劳动力的迁出，一方面引起了迁出地常住人口中老年人口比重的增加，另一方面也使得迁入地常住人口中老年人口比重回落，在一定程度上抵消了迁入地因经济发展水平提高而使户籍人口出生率下滑所引起的老年人口比重上升的趋势。在后续讨论中，我们将进一步就人口迁移对人口老龄化的影响展开分析。

第二节　人口自然变动中的老龄化进程

人口老龄化作为人口发展的一种趋势，与人口自然变动所处阶段密切相关。人口出生率和死亡率的持续下滑及保持低位，被看作人口老龄化的重要成因之一。过去一段时期，伴随着经济社会的高速发展，健康卫生事业得到极大发展，人口死亡率持续下降。与此同时，在计划生育政策的干预下，人口出生率也快速下滑，成为我国人口老龄化的主要驱动因素。

一、人口政策的演进趋势

新中国成立以来，我国的人口政策经历了较大的转变。新中国成立初期到 1990 年，我国的人口政策经历了从鼓励生育到控制生育的转变；自此以后，计划生育的基本政策导向发生了从控制生育到稳定生育水平的转变，二孩政策也适时提出。此外，计划生育的保障机制也发生了从以行政手段为主到行政手段和利益调节相结合的转变，各级政府纷纷着手于计划生育利益导向机制的构建。伴随着人口政策的持续调整，政策生育率也出现了较大的变化。

（一）生育政策的调整

1949 年至今，面对经济社会发展的实际情况，中国的人口政策出现了“鼓励—控制—稳定”的方向性调整，政策生育率也随之变化，并成为影响中国人口发展进程的重要因素。按照人口政策的调整线索，中国的人口政策调整大体可以被划分为五个阶段，即人口鼓励期（1949—1969 年）、控制准备期（1970—1979 年）、严格控制期（1980—1999 年）、控制松动期（2000—2014 年）、全面二孩期（2015 年至今）。

首先，1949—1969 年是生育政策的鼓励期。

新中国成立初期，我国对人口问题有一些错误的看法，并认为人口问题的主要原因不在于人口本身，而在于社会生产方式，可以通过“革命加生产”来解决。此外，苏联等社会主义国家普遍实行鼓励生育的人口政策。在这一时期，我国的人口政策主要以鼓励生育为主。

例如，1950 年，中央人民政府卫生部、中国人民革命军事委员会卫生部联合发布了《机关部队妇女干部打胎限制的办法》。1952 年，卫生部颁布了《限制节育及人工流产暂定办法》。1953 年卫生部甚至通知海关严禁进口避孕药。

其次，1970—1979 年是生育政策的控制准备期。

1969 年，我国人口首次超过 8 亿人，人口与经济的矛盾更加突出，中央政府开始重申控制人口的重要性。1971 年 7 月，国务院明确指出，除人口稀少的少数民族地区和其他地区外，都要加强对人口控制工作的领导，深入开展宣传教育，使晚婚和计划生育变成城乡群众的自觉行为。

1973 年，第一次全国计划生育工作汇报会上正式提出了“晚、稀、少”政策，后续又提出了一对夫妇生育子女数“最好一个、最多两个”的新要求。在一系列政策的干预下，我国的生育率出现了明显回落。但此时的生育政策仍然是以引导为主，主要依靠人民群众的自发响应和配合。

再次，1980—1999 年是生育政策的严格控制期。

随着“文化大革命”的结束，各项政策的制定和执行步入正轨，特别是在 1980 年，中共中央发布了《关于控制我国人口增长问题致全体共产党员共青团员的公开信》（以下简称《公开信》）。《公开信》的主题被解释为“一胎制”。由于严格的计划生育目标与农村家庭联产承包责任制改革之间存在的冲突，计划生育政策在农村的执行情况出现了一定的偏差。

为确保计划生育目标的实现，中央政府调整了计划生育政策，1984 年发布了《关于计划生育工作情况的汇报》，继续提倡计划生育。同时，在农村地区，两个孩子的生育条件得到了适当放宽，允许人口不足 1000 万人的农村地区少数民族夫妇生育两个甚至三个孩子。由此，计划生育政策进入平稳执行阶段，并为我国总和生育率的快速回落和人口红利的获取做出了重要贡献。

复次，2000—2014 年是生育政策的控制松动期。

2000 年以后，我国高生育率完全得到扭转，人口老龄化的警戒线也被打破，计划生育政策也发生了新的调整。国务院于 2000 年发布的《关于加强人口与计划生育工作　稳定低生育水平的决定》被认为是人口政策从“控制”

过渡到“稳定”的标志性文件。2002 年前后，内蒙古、甘肃等省区率先实施“双独”政策，即夫妻双方均为独生子女的家庭可以生育两个孩子。2011 年，河南通过了一项“全面双独二孩”政策，该政策在全国广泛实施。

2013 年 12 月，中共十八届三中全会决定启动“单独二孩”政策，逐步完善生育政策。然而，无论是甘肃酒泉、山西翼城、河北承德、湖北恩施的试点项目，还是在政策实施后两年里，申请两个孩子的人数并未出现显著增加，该政策对生育率的提高效果有限。

最后，2015 年至今是生育政策的“全面二孩”期。

2015 年 12 月 27 日，人口与计划生育法修正案，经全国人大常委会表决通过。2016 年 1 月 1 日起，我国正式开始实施“全面二孩”政策。这意味着生育政策已经完成了从控制生育到引导合理生育的转变。

（二）政策生育率的变化

根据上述政策变化方向，在生育鼓励期，亦即 1949—1969 年，中国的政策生育率是不设上限；在“全面二孩”期，亦即 2015 年以后，政策生育率是 2。但在 1970—2000 年，人口政策在不同时间点和不同区域存在一定的差异性。特别是在不同区域，政策生育率呈明显差异，并不能被单纯地定义为 1。

根据郭志刚等（2003）的研究，除西藏藏族农牧民没有明显的生育限制政策之外，根据对 2000 年以前各省、区、市人民代表大会批准的计划生育条例关于生育数量条款的汇总，相关规定大致可以分为 4 种情况：城镇地区和北京、天津、上海、重庆、江苏、四川等 6 省市的农村，基本实行汉族居民一对夫妇生育一个孩子的政策；除上述 6 省市外，5 个省份的农村居民按规定可以生育两个孩子，19 个省份规定农村居民第一个孩子是女孩时，间隔几年可以再生育一个孩子；26 个省份规定夫妇同为独生子女的，可以生育两个孩子，其中有 5 个省份还规定若农村夫妇一方为独生子女，间隔几年就可以生育第二个孩子；各地条例还对少数民族、残疾、再婚、归侨、特殊职业等各种情况做出具体规定，可以生育两个或更多的孩子。①

换言之，人口控制期的中国，其人口政策从未采取“一刀切”的一孩政

① 郭志刚，等. 从政策生育率看中国生育政策的多样性［J］. 人口研究，2003（9）：1-10.

策，政策生育率也从未被定义为1。按照上述政策文件，结合各地区的人口规模与结构，可以大体推算出各区域按政策生育率的人口分布情况如表1-4所示。以人口分布比例乘以政策生育率加总，可得当时的全国政策生育率水平为1.39。

表1-4　按实际执行生育政策类型的人口分布

地区类型	1孩政策/%	1.5孩政策/%	2孩政策/%	3孩政策/%
东部地区	42.0	53.4	4.3	0.3
中部地区	24.7	70.3	4.9	0.0
西部地区	39.4	34.2	9.7	1.3
全国	35.4	53.6	9.7	1.3

资料来源：郭志刚等（2003）。

基于此，伴随着人口政策的不断调整，政策生育率也出现了从上不封顶到1.39再到2的转变，极大程度上影响了中国家庭的生育决策，并决定了未来相当长一段时期内中国人口发展的进程和老龄化趋势。

二、政策干预下的人口自然变动

由于计划生育政策的强力干预，我国的人口自然变动进程也发生了极大的改变。快速转变的人口自然变动阶段也引起了人口年龄结构的快速变迁，早期表现为充沛的人口红利，后期则导致了老龄化增速过快等一系列问题的出现。

首先，我国的人口自然转变在30年时间里实现了三个阶段的快速切换。

根据人口自然变动的基本理论，人口发展大体会经过高位静止阶段、早期扩张阶段、后期扩张阶段、低位静止阶段和衰退阶段的转变。各阶段的判断依据则来自人口出生率和死亡率的相对变化趋势。为进一步说明中国人口自然变动的基本特征，本书采集了1978—2017年中国人口出生率、死亡率及自然增长率的相关数据，如图1-1所示。

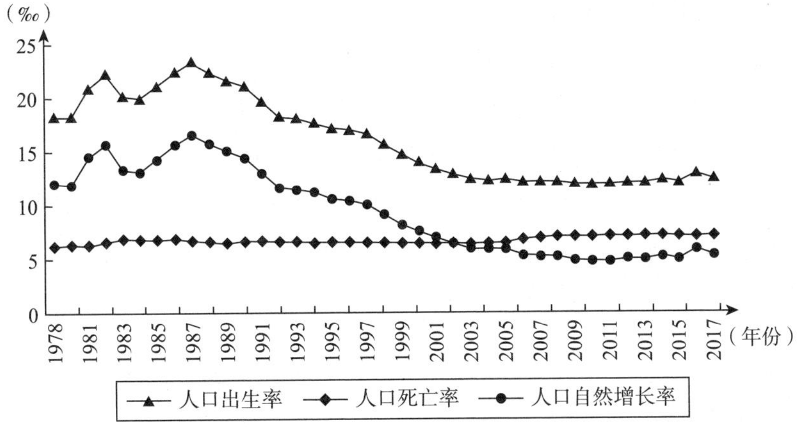

图 1-1 1978—2017 年中国人口出生率、死亡率及自然增长率变动趋势

根据图 1-1，1978—2017 年，我国的人口出生率先快速上升后快速下降，死亡率保持基本平稳状态，人口自然变动实现了从早期扩张阶段向后期扩张阶段再向低位静止阶段的转变。

具体来说，人口出生率方面，1978—1987 年，我国人口出生率处于上升阶段，主要是由于经历过战争或灾难后的补偿性生育；1987—2003 年，我国人口出生率处于逐年下降的趋势，与人口政策的落地实施有关；2003 年至今，我国人口出生率趋于平滑，并在最近几年出现了一定幅度的上升，这与生育政策的松动密不可分。人口死亡率方面，自新中国成立初期起，我国下大气力发展公共卫生事业，人口死亡率持续回落。1978 年以后，人口死亡率一直保持在相对平稳的状态。

结合人口出生率和死亡率的基本变化形态，我国的人口自然变动进程大体可以被划分为三个阶段。第一个阶段是 1978—1987 年，我国的人口死亡率保持着较低水平，人口出生率则处于高位增长状态，属于典型的早期扩张阶段；1988—2003 年，在人口死亡率保持平稳的同时，出生率稳定下滑，自然增长率也随之出现持续回落，属于典型的后期扩张阶段；2004 年以后人口出生率和死亡率保持相对稳定，自然增长率也长期处于 5‰以下的极低水平，符合低位静止阶段的典型特征。

其次，人口自然变动阶段快速转换的背景下，人口年龄结构两头小、中间大，并形成了充沛的人口红利。

在强有力的生育干预政策下，中国的人口自然变动被人为提速。在短短30年时间里，实现了从早期扩张阶段向低位静止阶段的快速转变。在这一转变过程中，人口规模的快速增长势头得到遏制，再加上新生儿规模和老年人口规模的相对有限，全社会的人口抚养比也保持着较低的水平，形成了大规模的人口红利，为我国的经济社会发展提供了有力的支持。

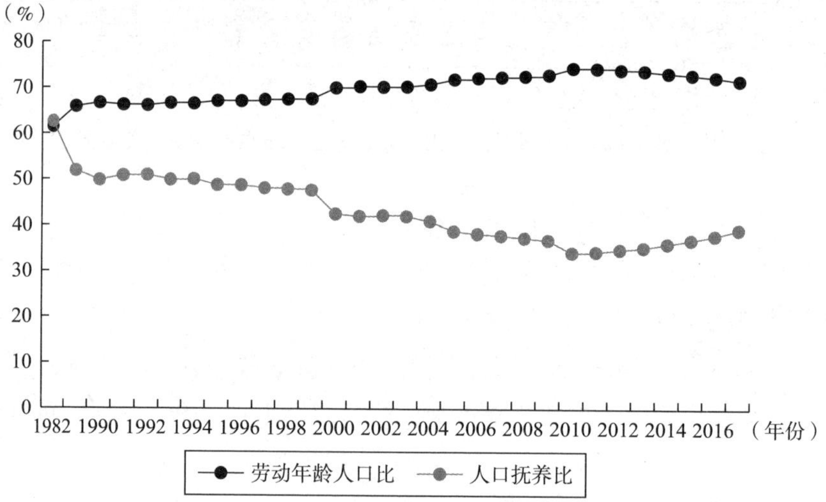

图 1-2　1982—2017 年中国劳动年龄人口比和人口抚养比变动趋势

根据图 1-2，伴随着人口自然变动阶段的快速切换，劳动年龄人口比保持着持续增长的稳定态势，人口抚养比则出现了更加快速的回落。特别是在2010年以前，这种趋势表现得极为明显。1982年，我国的劳动年龄人口比仅为61.5%，但2010年该指标已经达到74.5%。人口抚养比的变化幅度则更大，1982年，我国的人口抚养比约为62.6%，但到了2010年，该指标已经降至34.2%。换言之，100个成年人需要抚养的老人和儿童数量下降了28.4个。两头小、中间大的年龄结构为我国人口红利的形成奠定了基础。

最后，人口自然变动阶段快速切换的负面效应逐渐显现，表现为老年人口比的快速增加和人口抚养比的不断攀升。

2010年前后，当计划生育后的第一拨新生儿进入生育年龄时，两头小、中间大的年龄结构也随之发生了变化。老年人口相对规模大幅增加，青壮年劳动力的相对规模明显回落。在两方面因素的共同作用下，人口老龄化和老年人口抚养比大幅攀升。过快的人口老龄化速度也引发了各界的普遍关注与担忧。

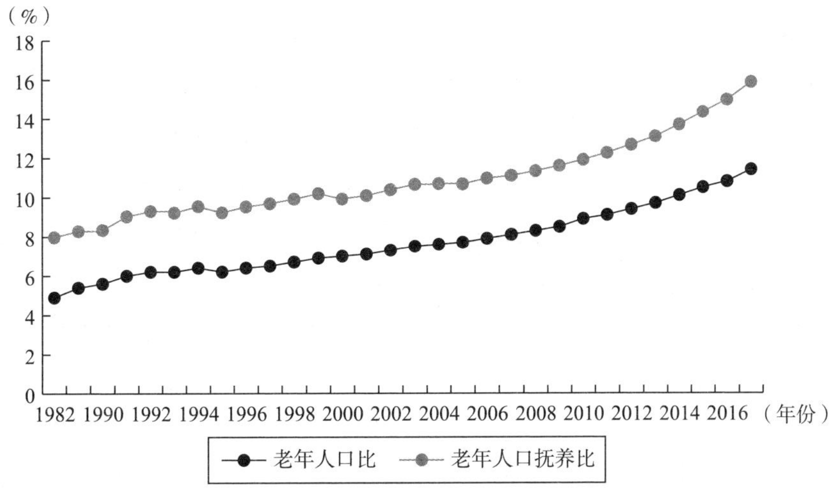

图 1-3　1982—2017 年中国老年人口比和老年人口抚养比变动趋势

由图 1-3 可知，中国的人口老龄化加速期出现在 2005 年以后。以 2005 年为分水岭，前 10 年里，老年人口比和老年人口抚养比分别从 6.2%和 9.2%提高到 7.7%和 10.7%，涨幅均为 1.5 个百分点；但后 10 年里，老年人口比和老年人口抚养比则分别从 7.7%和 10.7%提高到 10.5%和 14.3%，涨幅分别达到 2.8 个百分点和 3.6 个百分点。老龄化呈现出明显的加快趋势。

第三节　人口迁移变动对老龄化的影响

中国的人口老龄化除了在总量上表现出快速提升的特点外，还表现出了区域上的明显分化。不同地区的人口老龄化程度差异极大，且很难用各地经济发展水平的差异性进行比较，大规模的人口迁移在其中起到了关键作用。

一、区域老龄化差异及其成因

过去40年的时间里，中国的人口迁移政策发生了极大的改变，从最初的限制转移人口盲目流动到引导人口合理转移，再到不断放开人口迁移的制度性阻碍，人口转移的变迁与区域间经济不均衡发展状态耦合，形成了世界上最大规模的人口迁移。

大量转移人口的出现一方面为人口迁入地注入了经济增长的新动力，另一方面也使迁入地和迁出地的人口年龄结构发生了深刻的变化。再加上各地区经济社会发展阶段和相关特征的差异性，老龄化在区域间表现出更大分化。

为进一步把握人口老龄化在全国范围内分布情况的规律性，本书基于表1-3总结了全国老龄化版图，并得到以下结论：

首先，多数经济发达地区的人口老龄化程度明显偏高，老龄化与经济发展水平密切相关。

北京、上海、江苏、浙江等地的经济发展水平较高，人口老龄化程度确实也明显高于周边区域。这说明，经济社会发展仍然是人口老龄化的驱动因素之一。伴随着经济发展水平的提高，区域内人口死亡率呈明显下降趋势。与此同时，人口出生率则因为工作和丰富的闲暇方式的挤出而出现下滑。除广东等极少数区域外，经济发展水平较高的省份均步入了严重老龄化社会。

其次，中西部和东北部人口输出大省的人口老龄化程度偏高，老龄化与人口迁出密切相关。

从全国的老龄化版图来看，中西部区域和东北部区域都是我国人口老龄化程度最高的区域。其中，重庆、四川、安徽、湖北、湖南等区域都是劳动力输出大省。迁入地更高的经济发展水平和收入水平成为青壮年人口跨区域转移的动力源。受此影响，大量青壮年劳动力从欠发达地区迁移至发达地区，引起了人口老龄化在迁出地的大幅上升和在迁入地的回落，并最终表现为人口老龄化与经济发展水平间的关联度偏弱。受此影响，北京等经济发展水平相对偏高的地区反而具有较低的老龄化水平。

再次，气候宜人的沿海地区人口老龄化程度明显偏高，老龄化与环境宜居性存在一定关联。

大规模的人口迁移并不仅局限于青壮年劳动力。由于我国国土面积广袤，不同地区在地理条件、水文条件、气候条件等方面均存在着较大差异，部分沿海地区的宜居性往往更高。迁入地更宜居的环境则成了老年人群跨区域转移的动力源。老年人群向这些区域的集中，也引起了迁入地和迁出地年龄结构的变化。受此影响，江浙地区、海南省等相对宜居区域的人口老龄化程度进一步提高，而北方城市则更有可能由于气候、湿度等原因，出现老年人口的外流。

最后，在生活习惯和文化因素的影响下，部分地区的人口老龄化水平相对偏低。

除了上述环境因素和经济发展因素外，文化因素也是引起人口老龄化在不同区域间分化的重要原因。在一些传统文化影响相对较深的地区，在“多子多福”等传统文化的影响下，生育率可能会更高；另一些区域则因为与中原文化差异相对较大、语言和生活习惯不同等，难以吸引老年人口的迁移和长期居住。典型的地区为广东、广西和福建等南部省区。

总之，从老龄化的区域分布来看，存在着东部、中部、东北部地区人口老龄化程度相对较高，南部、西部、北部地区相对偏低，迁出地人口老龄化程度略高于迁入地的典型特点。这些特征的形成，不仅与区域间经济发展水平的差异有关，也与青壮年劳动力和老年人口的跨区域流动有关。

二、迁移视角下的聚类分析

如前文所述，不同省份的人口老龄化存在着明显的差异。人口的大规模迁移对各省份的人口老龄化进程产生了差异化影响，并将在公共财政支出的倾斜、养老资源产业均衡发展、养老基础设施建设等领域，影响不同地区对人口老龄化问题的应对策略。

据此，本书在人口迁移变动的视角下，引入人口老龄化程度、经济发展水平、人口迁移比三个指标，立足于2017年省级截面数据，围绕各指标在不同省份间的分布特征展开了聚类分析。考虑到不同数据的量纲差异，各变量按照Z值法进行了无量纲化处理，并使用欧式距离作为聚类分析依据。聚类分析的树状图结果如图1-4所示。

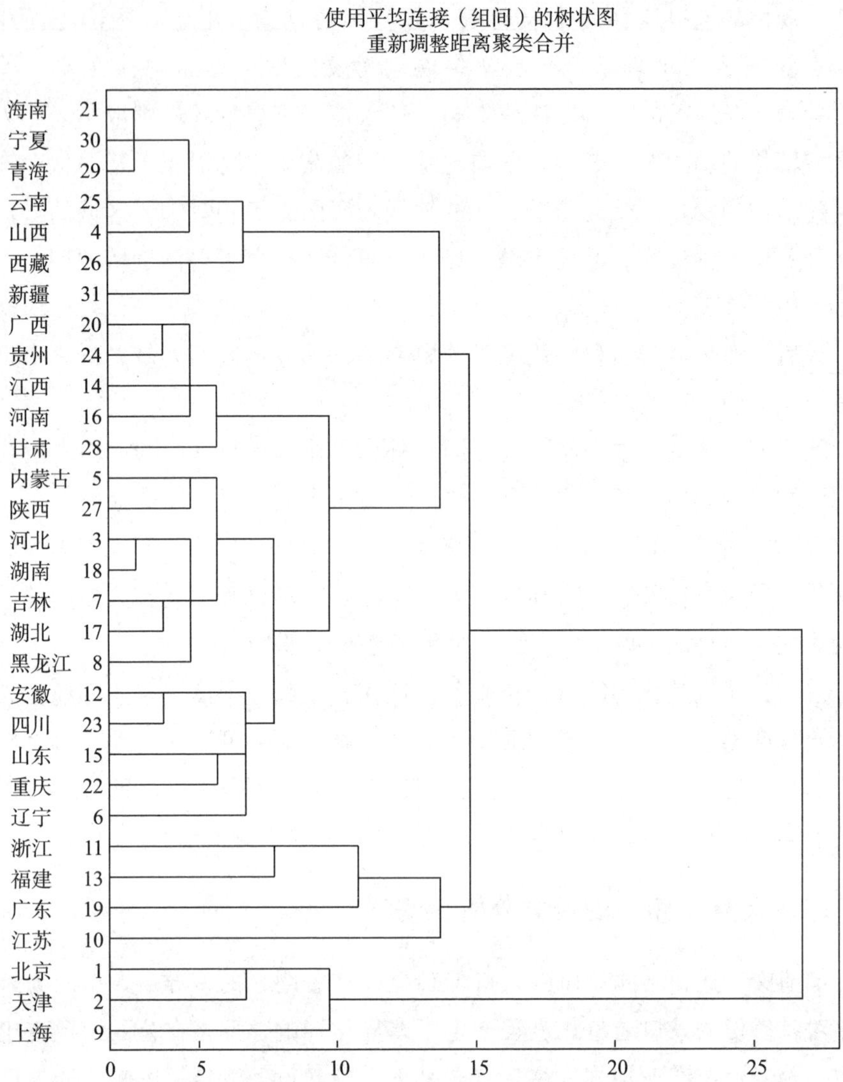

图 1-4 迁移视角下人口老龄化的聚类分析树状图

根据图 1-4，大体可以将全国各省份（除港、澳、台）划分为四大类，其中最后一类又可细分为两个小类，合计为五类，各省份的分布情况如下：

第一类包括北京、上海、天津；第二类包括浙江、福建、广东、江苏；第三类包括青海、宁夏、海南、云南、山西、西藏、新疆；第四类包括广西、贵州、江西、甘肃、河南；其余省份均属于第五类。

为进一步识别聚类分析结果的经济含义，我们将各类型省份的人口老龄化程度、人口迁移比和人均 GDP 数据进行了进一步整理，形成各类型省份的列表及其在关键指标上的均值，如表 1-5 所示。

表 1-5　各类型省份指标得分分布情况

类型	所含省份	人口迁移比/%	老龄化程度/%	人均 GDP/万元
第一类	北京、上海、天津	58.01	12.68	12.49
第二类	浙江、福建、广东、江苏	9.93	10.92	9.07
第三类	青海、宁夏、海南、云南、山西、西藏、新疆	3.03	7.86	3.65
第四类	广西、贵州、江西、甘肃、河南	-12.28	10.12	3.89
第五类	安徽、四川、重庆、辽宁、河北、湖南、吉林、黑龙江、湖北、陕西、内蒙古、山东	-2.35	12.56	5.42

资料来源：根据聚类分析结果自行整理。

根据表 1-5，经济发展水平和人口迁移对不同类型省份的老龄化进程产生了差异化影响，具体表现如下：

第一类省份人口净迁入比极高，在很大程度上缓解了当地的人口老龄化程度。

在第一类省份，人均 GDP 的水平相对偏高，由此形成了对转移人口的经济拉力。大量以青壮年劳动力为主的转移人口进入这些区域，参与当地经济建设的同时，也缓解了当地的人口老龄化程度。与经济发展水平明显更低的第五类省份相比，第一类省份的人口老龄化程度并未出现大幅增加。换言之，由于转移人口的贡献，这些区域的人口老龄化进程得到了极大的延缓，再加上经济发展水平的基本保障，其应对老龄化变得更加简单。

第二类省份的经济发展水平较高、人口老龄化程度相对偏低，但人口迁移的贡献相对有限。

第二类省份以浙江、福建、广东和江苏为代表。这些地区的经济发展水平相对偏高，但是由于语言、生活习惯及周边区域的挤出等因素的影响，人口迁入比明显低于第一类省份。与此同时，老龄化程度也明显低于第一类省份，说明人口迁移因素并不是主要的贡献力量。出生率数据的分析结果表明，在传统文化的影响下，当地家庭的生育意愿相对偏高，并在一定程度上延缓了这部分区域老龄化进程。这也说明了人口政策的重要性。

第三类省份经济发展潜力较大，吸引了部分转移人口，老龄化程度也表现出更低的水平。

第三类省份包括青海、宁夏、海南、云南、山西、西藏和新疆。这些区域的经济发展水平相对偏低，人口自然变动多处在扩张阶段，人口老龄化程度本来就相对偏低，再加上在国家战略的指引下大量就业机会涌现，也吸引了部分转移人口的进入，进一步缓解了老龄化程度。唯一例外的是海南。由于气候宜居，除了青壮年劳动力外，不少老年人群也选择进入海南地区，导致海南的净迁入比反而在一定程度上提高了当地的老年人口比。但由于这部分老年人口大多以养老消费为目的，对当地银发产业的发展也产生极大的促进作用。总体上，第三类省份的年龄结构相对合理，人口老龄化的挑战相对有限。

第四类省份属于典型的人口迁出省份，由于大量青壮年劳动力的转移外出，区域内面临一定的人口老龄化威胁。

第四类省份包括广西、贵州、江西、甘肃和河南，大多经济发展水平相对偏低，也属于人口迁出聚集区。由于经济发展水平和第三类省份基本持平，这些区域大多处于人口自然变动的后期扩张阶段。但大量人口涌入发达地区，使得该区域的人口老龄化水平明显高于第三类省份，已经步入严重老龄化社会。考虑到其人均 GDP 相对偏低的实际情况，在应对人口老龄化的过程中，可能会出现财政投入不足、基础设施建设不到位等问题。

第五类省份的人口迁移多集中在区域内部，再加上老龄化程度偏高，农村老龄化问题尤其需要关注。

第五类省份包括安徽、四川、重庆、东三省等。得益于国家的西部大开发、中部崛起、振兴东北等战略，当地经济发展水平稳步提高，地区内的城镇区域也有较好的就业机会。相较于第四类省份，跨省流动相对偏低，人口迁出比相对偏低。但这就意味着城乡间流动将更加频繁，再加上人口老龄化程度表现出较高水平，特别需要关注乡—城人口迁移可能会导致的农村空心化问题，以及由此引发的农村养老保障体系压力问题。

总之，考虑区域间的不平衡发展问题，人口迁移的大规模出现对各地区的老龄化进程产生了差异化的影响。在经济发展水平、产业发展水平、公共财政支出能力等因素的共同影响下，部分省份将面临更加严峻的人口老龄化挑战，需要在国家层面予以整体把握和统筹协调，在公共政策和财政支出方面予以适当倾斜，以实现这些地区经济社会和人口的可持续发展，有效应对人口老龄化挑战。

第二章　中国人口老龄化的演进趋势

国别意义上的人口老龄化进程预测，大多在封闭系统下开展。亦即，在认可现有人口规模的前提下，关闭区域内人口的进出通道，使人口发展不受跨国迁移的影响。基于上述方法，结合中国生育政策的调整，可以根据不同政策干预效果设定，设计人口预测方案，系统评估中国人口老龄化的演进方向。

第一节　基于基准方案的人口预测

在封闭的人口发展环境下，基准方案设定未来人口死亡模式和生育模式不发生变化，且不考虑跨国人口流动因素。由此，可根据 2015 年人口抽样调查数据，基于全国人口情况数据表，展开人口预测。但这一方案并未考虑政策干预的影响，因此具有一定的局限性。

一、预测方法与数据来源

基于封闭的人口发展环境，且不考虑人口政策调整的干扰，可以利用 2015 年全国 1%人口抽样调查数据，对 2015—2045 年分年龄和性别的人口规模进行预测。所采用的预测方法与分要素人口预测方法类似，其中包含着未来人口的死亡模式和生育模式不发生变化的假定，并且不考虑人口的城乡迁移或国际迁移。所构建的人口存活转移方程如式（2-1）和式（2-2）所示，生育模型则如式（2-3）所示。

$$P_{t+1,\,x+1,\,s}=P_{t,\,x,\,s}\cdot(1-L_{t,\,x,\,s}) \tag{2-1}$$

$$P_{t+1,\,100,\,s}=P_{t,\,100,\,s}\cdot(1-L_{t,\,100,\,s})+P_{t,\,99,\,s}\cdot(1-L_{t,\,99,\,s}) \tag{2-2}$$

$$P_{t+1,\ 0,\ s} = r_s \cdot \sum_{n=15}^{49} (P_{t,\ n,\ 1} \cdot F_{t,\ n,\ 1}) \qquad (2-3)$$

其中，$P_{t,x,s}$和$L_{t,x,s}$分别代表第t年、x岁、性别为s的人口规模及死亡率；r_s代表新生儿中性别为s的人口所占比率；$F_{t,n,1}$代表第t年、n岁育龄妇女的生育率；x的取值为1~99；s的取值为0和1，分别代表男性和女性；n的取值为15~49，亦即统计上对生育年龄的界定。

本书预测的相关数据基本来自2015年全国1%人口抽样调查数据，按性别和年龄分的人口规模和死亡率以及生育年龄妇女的生育率数据详见表2-1。此外，根据表2-1，可以假定新生儿的性别比为112.45：100，将其作为后续人口预测的新生儿性别比指标。

表2-1　2015年全国人口数据表

年龄/岁	人口数/万人		死亡率/‰		生育率/‰	年龄/岁	人口数/万人		死亡率/‰		生育率‰
	男	女	男	女			男	女	男	女	
0	725.68	644.77	4.95	4.11	—	17	857.43	739.01	0.46	0.14	6.69
1	836.91	718.39	0.56	0.51	—	18	805.68	702.79	0.30	0.19	12.29
2	875.76	750.98	0.43	0.32	—	19	842.07	777.42	0.55	0.26	18.68
3	971.39	828.67	0.33	0.30	—	20	1 128.66	1 089.63	0.31	0.15	27.57
4	902.84	767.61	0.23	0.19	—	21	1 020.08	946.88	0.41	0.18	42.7
5	822.52	694.94	0.28	0.23	—	22	1 027.41	921.75	0.42	0.18	57.26
6	853.83	713.63	0.16	0.16	—	23	1 004.25	912.26	0.52	0.12	69.37
7	845.86	707.06	0.32	0.13	—	24	1 039.90	940.41	0.58	0.21	75.67
8	805.57	678.40	0.19	0.16	—	25	1 400.63	1 367.59	0.67	0.14	77.51
9	791.79	665.26	0.23	0.10	—	26	1 325.27	1 298.36	0.52	0.19	78.87
10	814.13	685.65	0.29	0.14	—	27	1255.11	1 229.51	0.65	0.21	76.12
11	791.51	669.01	0.21	0.18	—	28	1 337.44	1 304.65	0.55	0.27	71.77
12	723.21	608.46	0.26	0.14	—	29	1 179.26	1 155.43	0.51	0.28	65.8
13	747.52	626.56	0.29	0.13	—	30	1 025.76	1 012.21	0.60	0.25	57.6
14	786.11	667.32	0.23	0.14	—	31	991.34	979.99	0.67	0.28	51.25
15	755.74	600.97	0.41	0.14	1.09	32	982.54	965.95	1.02	0.31	44.63
16	779.39	659.15	0.52	0.15	3.14	33	1 140.46	1 105.21	0.79	0.34	39.2

续表

年龄/岁	人口数/万人		死亡率/‰		生育率/‰	年龄/岁	人口数/万人		死亡率/‰		生育率‰
	男	女	男	女			男	女	男	女	
34	983.05	962.18	0.87	0.37	33.62	62	767.97	777.17	10.65	5.18	—
35	958.15	918.95	0.88	0.32	27.93	63	769.80	778.04	10.19	5.40	—
36	1 020.23	975.37	1.05	0.45	23.1	64	641.57	650.81	12.25	6.11	—
37	991.77	957.75	1.06	0.56	18.02	65	645.93	650.54	13.66	7.13	—
38	934.17	895.30	1.38	0.58	13.68	66	625.30	608.15	13.68	8.22	—
39	1 057.32	1 017.39	1.40	0.69	10.88	67	523.37	525.22	16.67	8.44	—
40	1 085.59	1 035.10	1.45	0.79	8.29	68	499.15	499.08	16.97	9.49	—
41	1 162.72	1 110.70	1.67	0.72	6.26	69	448.42	461.58	20.32	11.58	—
42	1 221.35	1 165.32	1.87	0.83	5.06	70	406.69	422.41	21.48	12.12	—
43	1 255.05	1 211.04	1.79	0.60	4.13	71	383.70	388.61	24.06	14.12	—
44	1 289.39	1 237.58	2.08	1.04	3.58	72	342.12	359.86	28.88	16.59	—
45	1 373.06	1 319.04	2.23	1.04	3.31	73	330.63	343.19	28.71	18.33	—
46	1 264.88	1 220.70	2.64	1.19	3.02	74	319.65	336.03	32.44	19.00	—
47	1 358.29	1 320.06	2.29	1.17	3.06	75	297.48	320.17	34.53	21.74	—
48	1 079.19	1 048.39	3.21	1.33	3.06	76	247.05	270.04	41.03	27.84	—
49	1 221.65	1 189.03	3.19	1.58	3.08	77	265.51	288.76	41.48	28.85	—
50	1 210.79	1 148.65	3.58	1.58	—	78	237.43	262.25	48.67	32.28	—
51	1 157.25	1 154.65	4.07	1.88	—	79	214.44	250.02	56.00	39.22	—
52	1 364.43	1 313.87	3.91	1.68	—	80	185.71	228.59	63.72	42.24	—
53	1 002.65	974.94	3.39	1.61	—	81	160.98	202.83	72.10	49.11	—
54	544.92	552.62	5.88	2.53	—	82	153.85	191.67	76.18	51.35	—
55	695.01	672.27	5.80	2.62	—	83	121.59	159.20	77.37	57.72	—
56	645.70	617.56	6.86	3.34	—	84	98.69	130.84	90.77	67.88	—
57	830.89	794.50	6.69	3.31	—	85	93.61	126.28	88.79	65.71	
58	915.96	881.57	6.52	3.30	—	86	63.84	95.57	112.29	78.02	—
59	827.33	818.25	7.94	3.84	—	87	57.06	89.05	117.69	84.56	—
60	867.88	853.95	8.51	4.26	—	88	43.33	68.29	113.40	91.62	—
61	855.51	853.00	8.96	4.64	—	89	31.50	52.49	145.85	115.79	—

续表

年龄/岁	人口数/万人		死亡率/‰		生育率/‰	年龄/岁	人口数/万人		死亡率/‰		生育率‰
	男	女	男	女			男	女	男	女	
90	26. 18	46. 44	143. 40	115. 73	—	95	4. 81	10. 42	165. 40	165. 82	—
91	18. 55	34. 06	157. 54	121. 63	—	96	2. 86	6. 93	210. 02	170. 77	—
92	13. 57	26. 61	159. 13	131. 72	—	97	1. 92	5. 21	236. 95	183. 87	—
93	10. 59	19. 10	157. 51	166. 48	—	98	1. 14	3. 25	192. 76	219. 84	—
94	7. 48	15. 30	182. 59	148. 79	—	99及以上	1. 83	6. 12	453. 56	554. 73	—

资料来源：根据 2015 年全国 1%人口抽样调查数据自行整理。

二、人口预测结果及其解释

根据上述预测方案，可以得到 2016—2050 年全国人口规模和年龄结构的变化趋势，如表 2-2 所示。

表 2-2　基于基准方案的全国人口预测结果

年份	总人口/亿人	劳动年龄人口/亿人	老年人口比/%	人口抚养比/%
2016	13. 80	10. 04	11. 03	37. 45
2017	13. 84	10. 04	11. 75	38. 33
2018	13. 87	10. 00	12. 44	39. 20
2019	13. 90	9. 96	13. 21	40. 03
2020	13. 92	9. 93	13. 96	40. 75
2021	13. 93	9. 89	14. 62	41. 34
2022	13. 94	9. 86	15. 37	42. 03
2023	13. 94	9. 81	15. 97	42. 30
2024	13. 93	9. 79	16. 30	41. 97
2025	13. 91	9. 81	16. 68	41. 79
2026	13. 89	9. 81	16. 86	40. 96
2027	13. 86	9. 85	17. 62	41. 06
2028	13. 82	9. 82	18. 82	42. 30
2029	13. 78	9. 71	19. 76	43. 10

续表

年份	总人口/亿人	劳动年龄人口/亿人	老年人口比/%	人口抚养比/%
2030	13.73	9.63	20.69	44.19
2031	13.68	9.52	21.65	45.72
2032	13.63	9.39	22.38	46.84
2033	13.56	9.28	23.47	48.79
2034	13.50	9.12	24.40	50.50
2035	13.43	8.97	25.46	52.58
2036	13.35	8.80	26.38	54.45
2037	13.27	8.64	27.24	56.28
2038	13.18	8.49	28.03	58.02
2039	13.09	8.34	28.73	59.60
2040	12.99	8.20	29.31	60.93
2041	12.88	8.07	29.84	62.19
2042	12.77	7.94	30.19	62.98
2043	12.65	7.84	30.61	63.98
2044	12.53	7.72	31.05	65.04
2045	12.40	7.59	31.40	65.83
2046	12.26	7.48	31.80	66.74
2047	12.12	7.36	32.41	68.23
2048	11.98	7.21	32.79	69.07
2049	11.83	7.08	33.20	69.93
2050	11.67	6.96	33.65	70.90

根据表 2-2 可知，在基于封闭系统的人口预测方案下，全国人口老龄化将在未来 25 年的时间里集中爆发，人口自然变动的主要特征包括以下几个方面：

首先，人口规模将在 2022 年前后达到峰值，并在此后出现人口规模的大幅下降。

按照人口预测结果，2022 年全国人口规模将达到峰值，人口规模的绝对值高于 2015 年的人口规模，达到 13.9 亿人。此后，我国的总人口规模将出现持续下降趋势，且负增长率也将呈快速攀升的趋势。2022—2045 年，我国人口的年增长率约为-0.6%。

其次，劳动年龄人口的规模将呈逐年下降趋势，但下降速度随时间推移有所差异。

根据预测结果，劳动年龄人口的规模将在未来一段时期内呈逐年下降趋势。由于当前我国人口结构分布并不平滑，这导致劳动年龄人口的增长率在部分年份呈上下波动趋势。例如，2024—2027 年，劳动年龄人口便出现了小幅上扬。但总体上劳动年龄人口下降的趋势极为明显，下降高峰期出现在 2028 年以后，劳动年龄人口的降幅将达到-1%以上。

最后，老年人口比持续上升，人口抚养比大幅度攀升。

目前，我国人口的生育率水平普遍偏低。受此影响，尽管青壮年劳动力规模较大，15 岁以下人口的绝对规模仍呈稳步下降趋势。但与此同时，老龄人口规模和比例的增加，一定程度上抵消了 15 岁以下人口下降对人口抚养比的影响，老年人口比和人口抚养比均快速攀升，并将于 2050 年分别达到 33.65%和 70.9%。

第二节　基于生育政策调整的人口预测

在基准方案中，生育模式被假定为保持不变，但生育行为与人口政策关系密切。2015 年 12 月 27 日，我国的人口与计划生育法修正案经全国人大常委会表决通过，全面二孩政策也于 2016 年 1 月 1 日起正式实施。这就意味着，关于人口发展的预测，需要充分考虑到生育政策的调整，并以不同的政策实施效果为前提，对生育模式和预测方案做出进一步调整。

一、各预测方案的基本设定

在生育模式上，政策生育率具有较强的政策指导效应。1980 年前后，中国的政策生育率由不设上限进行了大幅回调，总和生育率也因此出现了持续回落趋势。2014 年和 2016 年，“单独二孩”政策和“全面二孩”政策开始正式放开，并将对家庭生育模式产生较大影响。换言之，基准方案中关于生育模式固定不变的设定正面临着极大的挑战。

但在考虑生育政策影响时，既需要考虑政策目标的指引，也需要考虑政策有效性的支持。在预期目标方面，生育政策关注的焦点显然是实现总和生育率的全面回升，并将新的政策生育率确定为2。在政策的执行力上，各国生育政策的基本经验表明，由于存在较为丰富的控制手段，控制型生育政策往往具有更好的实施效果。但俄罗斯、日本、韩国等国的实际经验也表明，家庭的生育决策存在多方面考量，即便是出台了育儿补贴等配套措施，鼓励型生育政策也未必能够形成良好的政策效果。

中国“单独二孩”政策实施后，也遇到了类似的问题。2014 年，中国开始正式实施“单独二孩”政策，各界普遍观点均认为，此举将有助于生育率的回升。但根据表 2-1 可知，2015 年人口抽样调查中有 567 万名育龄妇女，约占育龄妇女总量的 1.55%，共计生产了 175 309 个孩子，其中 9.3 万个为一孩，6.97 万个为二孩，三孩及以上为 1.25 万个。按照不同年龄育龄妇女的生育水平，总和生育率仅为 1.047。相较于 2010 年第六次人口普查的 1.18，总和生育率不升反降。由于 2015 年为人口抽样调查年，抽样调查结果可能会存在一定的误差。但上述数据至少表明，全面二孩政策并未如预期一样，使总和生育率快速上扬。

基于此，可以结合政策生育率及其实施效果，设定三套人口预测方案。

方案 1 为低水平方案，也就是前文的基准方案，意味着生育政策完全失灵。

低水平方案总和生育率被设定为保持 1.047 的基本水平，生育政策没有发挥任何效果。根据过去一段时期的总和生育率和政策生育率的实际水平，客观上存在着生育政策失灵的可能性。2010 年和 2015 年，我国的总和生育率分别为 1.18 和 1.05。但如前文所述，政策生育率约为 1.39，远高于当时的总和生育率。换言之，如果政策约束远超过微观决策个体的实际生育意愿，家庭的生育决策行为将不受政策约束的干扰。当政策生育率继续提升时，约束条件进一步放宽，家庭生育行为客观上存在着维持不变的可能性。

方案 2 为中等水平方案，生育政策发挥了一定的指引作用，总和生育率回升至 1.5 左右。

“全面二孩”政策的出台，一方面是将政策的适用群体扩大至全体国民，另一方面则释放了鼓励合理生育的政策信号。在两方面因素的共同作用下，拥有生育自主权的家庭存在着响应政府号召、提高生育率的可能性。而生育意愿的增加幅度则与政策线有关。换言之，在 1.39 的政策生育率下总和生育率为 1.047，当政策生育率上升至 2.0 时，总和生育率也会等比例地提高至 1.5 左右。这一估计也与学界认为的合理生育率水平相近。

方案 3 为高水平方案，生育政策发挥了完全的政策效果，总和生育率达到 2.0。

在高水平方案中，在现行生育政策的基础上，家庭生育行为受到鼓励，总和生育率与政策生育率持平，基本达到了替代生育率水平。根据联合国的推算结果，替代生育率约为 2.1。该方案中的总和生育率达到 2.0，要想实现这一政策目标，需要大量配套保障措施的出台，政策宣贯也要到位，对政策执行者的要求相对较高，具有一定的实施难度。

二、基于不同方案的预测结果比较

考虑到生育政策效果存在的不确定性，低水平、中等水平和高水平方案对总和生育率进行了不同程度的调整，并假定各年龄段育龄妇女的生育率基于 2015 年的基本状况，呈均匀提高。在中等水平和高水平预测方案中，总和生育率分别被设定为 1.51 和 2.00，各年龄段育龄妇女的生育率分别上浮 43.8%和 91.0%，由此可形成新的人口预测数据表，并得到不同方案下中国人口发展演进趋势，如表 2-3 和表 2-4 所示。

表 2-3　不同预测方案下的人口演进趋势比较

年份	总人口/亿人		老年人口比/%		人口抚养比/%	
	方案 2	方案 3	方案 2	方案 3	方案 2	方案 3
2016	13.84	13.90	10.99	10.95	37.94	38.46
2017	13.93	14.04	11.67	11.59	39.29	40.33
2018	14.01	14.17	12.31	12.18	40.63	42.17
2019	14.09	14.29	13.03	12.85	41.93	43.97
2020	14.15	14.40	13.73	13.49	43.09	45.62
2021	14.21	14.50	14.34	14.05	44.13	47.12

续表

年份	总人口/亿人		老年人口比/%		人口抚养比/%	
	方案2	方案3	方案2	方案3	方案2	方案3
2022	14.25	14.59	15.03	14.68	45.24	48.70
2023	14.29	14.67	15.57	15.17	45.92	49.81
2024	14.32	14.74	15.86	15.40	45.97	50.28
2025	14.34	14.80	16.18	15.68	46.16	50.87
2026	14.35	14.85	16.32	15.77	45.67	50.75
2027	14.36	14.89	17.01	16.39	46.14	51.61
2028	14.35	14.93	18.12	17.43	47.79	53.70
2029	14.35	14.96	18.98	18.20	48.97	55.31
2030	14.33	14.98	19.83	18.98	50.48	57.25
2031	14.31	14.99	20.69	19.75	51.66	58.00
2032	14.29	15.01	21.34	20.32	52.42	58.31
2033	14.26	15.01	22.32	21.21	54.03	59.50
2034	14.23	15.01	23.15	21.94	55.39	60.45
2035	14.19	15.01	24.09	22.77	57.13	61.79
2036	14.15	15.01	24.89	23.46	58.66	62.95
2037	14.10	15.00	25.63	24.09	60.16	64.11
2038	14.05	14.99	26.30	24.64	61.59	65.23
2039	13.99	14.98	26.87	25.09	62.88	66.27
2040	13.93	14.97	27.32	25.42	63.96	67.13
2041	13.87	14.96	27.72	25.70	64.99	68.00
2042	13.80	14.95	27.94	25.80	65.59	68.51
2043	13.72	14.93	28.22	25.95	66.40	69.26
2044	13.64	14.91	28.52	26.10	67.29	70.11
2045	13.56	14.88	28.72	26.16	67.93	70.75
2046	13.47	14.85	28.96	26.25	68.68	71.50
2047	13.37	14.82	29.38	26.51	69.96	72.76
2048	13.27	14.78	29.60	26.57	70.62	73.43
2049	13.16	14.74	29.82	26.63	71.28	74.08

续表

年份	总人口/亿人		老年人口比/%		人口抚养比/%	
	方案 2	方案 3	方案 2	方案 3	方案 2	方案 3
2050	13. 05	14. 69	30. 08	26. 72	72. 01	74. 77

结合表 2-2 和表 2-3，在考虑了政策干预效果后，人口老龄化的趋势得到了极大的缓解，但由此带来的问题在于人口规模峰值的增加和人口抚养比的急剧攀升。

首先，从人口规模的演进趋势来看，生育政策的引入有助于人口衰退期的后移，但人口峰值大幅增加。

在不同的人口预测方案下，总人口规模的演进趋势表现具有较大差异。具体来说，人口规模增长的拐点在方案 1 至方案 3 中分别为 2022 年、2027 年和 2035 年。人口规模的峰值也存在较大差异，人口规模的最高点在方案 1 至方案 3 中分别为 13. 9 亿人、14. 4 亿人和 15. 0 亿人（见图 2-1）。这就意味着不同生育政策对环境承载力的要求存在较大的差异。

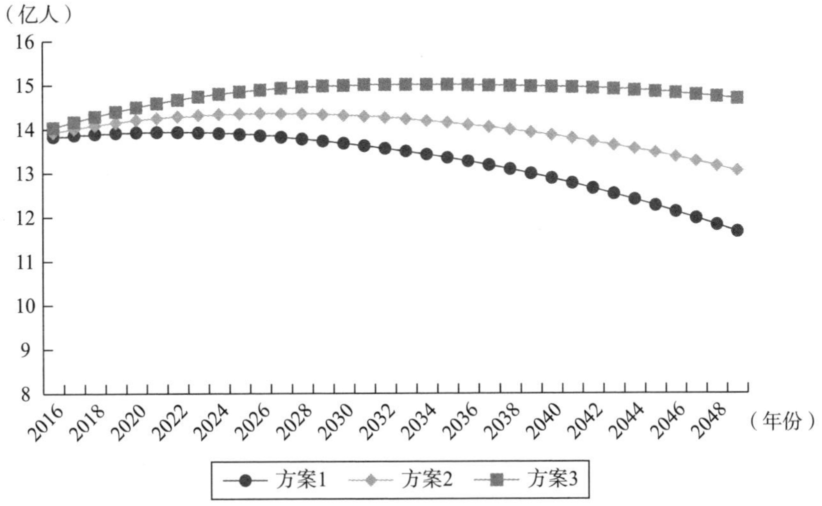

图 2-1　不同预测方案下的人口规模演进趋势

其次，从劳动年龄人口的演进趋势来看，劳动年龄人口变化的分水岭在 2030 年以后。

由于生育政策对劳动年龄人口影响的相对滞后性，在不同的人口预测方案下，劳动年龄人口的演进趋势在短期内并不会发生调整，主要的调整出现在2030年以后（见图2-2）。2030年以前，劳动年龄人口的年均降幅保持在-0.37%左右，约为365.8万人/年。2030—2050年，劳动年龄人口的变化趋势开始出现分化，三种预测方案下，年均降幅分别为1.7%、1.1%和0.6%，约合1 348.2万人/年、968.5万人/年和558.6万人/年。换言之，生育政策对劳动力市场的影响具有长期性，短期内的改善作用极为有限。

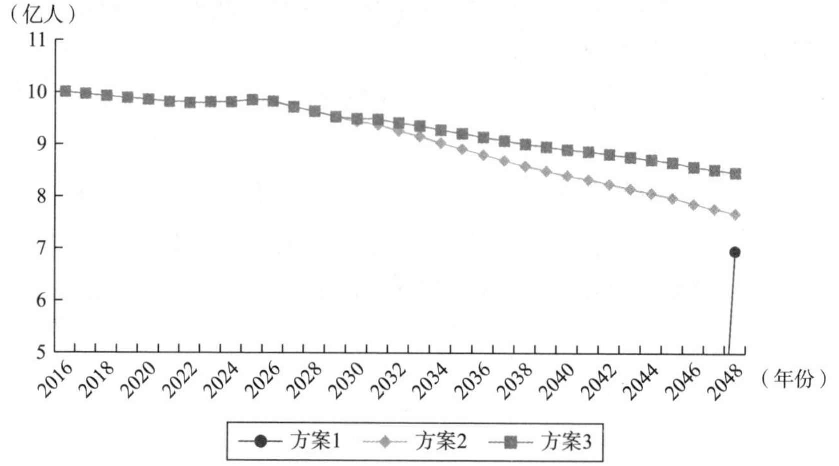

图2-2　不同预测方案下的劳动年龄人口演进趋势

再次，从老年人口比来看，不同预测方案下，人口老龄化速度出现不同程度的延缓。

在不同的方案下，新生儿规模存在较大差异，在人口年龄结构上直接表现为15岁以下人口相对规模的增加以及65岁及以上人口相对规模增长趋势的延缓（见图2-3）。以人口老龄化速度较快的日本为参照对象，2015年我国的65岁及以上人口比为10.47%，与日本1986年的水平大致相当。2018年，日本的65岁及以上人口比为27.58%，用时22年。在方案1至方案3下，达到类似的人口老龄化程度，中国所需要的时间分别为22年、25年和35年以上。换言之，生育政策的有效实施能够帮助中国避免类似于日本的高速人口老龄化进程，对经济社会的稳定发展具有积极作用。

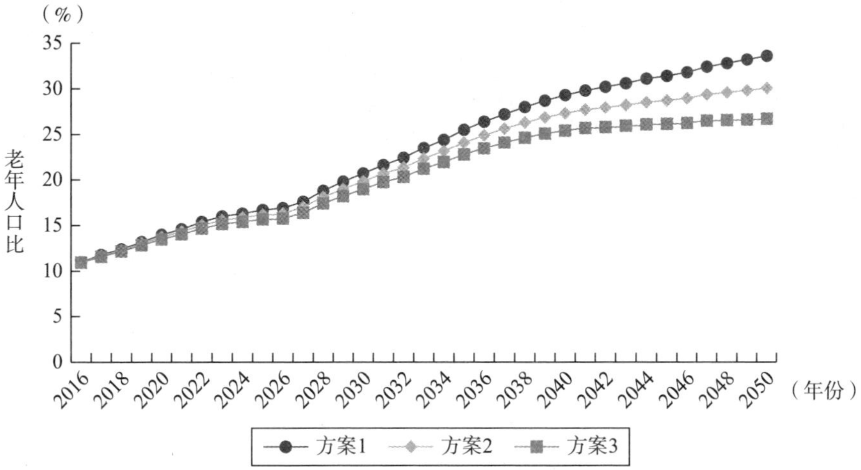

图 2-3　不同预测方案下的老龄化进程比较

最后，从人口抚养比来看，不同预测方案下，家庭的老人和儿童抚养压力存在一定差异。

生育行为的调整最终体现在新生儿规模的变化上。在三种总和生育率的基本设定下，新生儿的绝对规模和相对比率均发生着不同变化，再加上人口老龄化进程中老年人口规模和比率的快速攀升，人口抚养比出现了一致性的快速上扬趋势。但不同方案下，人口抚养比的变化趋势仍存在差异。将方案 1 和方案 3 进行对比，在两套方案下，同一年份的人口抚养比差额最高为 2030 年的 13.1 个百分点。这就意味着，在方案 3 下，100 个成年人需要额外多抚养 13 个老人或儿童。而且在方案 1 中，2020—2030 年，人口抚养比明显偏向于平滑，甚至有所回落，对家庭支出和社会福利保障体系的压力相对偏小。方案 2 和方案 3 则对这些领域提出了更大的挑战（见图 2-4）。

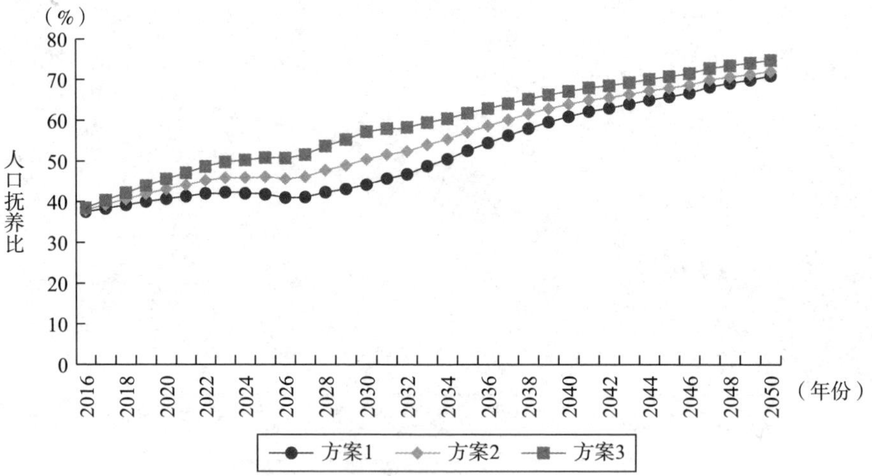

图 2-4 不同预测方案下的人口抚养比变化

总之，基于不同预测方案的结果均表明，人口老龄化的趋势不可逆转，生育政策的调整是及时且必要的。

在不考虑生育政策干预的方案 1 中，未来我国人口老龄化的速度极快，与日本 1986—2018 年的快速人口老龄化状况基本相当，生育政策的出台则对延缓人口老龄化进程具有重要意义。但与此同时，人口指标的变化趋势还进一步表明，生育配套政策的出台还需要通盘考虑环境资源承载力问题、社会公共福利保障体系承压问题以及由此可能会形成的家庭消费能力不足问题。

第三章 “变老是否会阻碍变富”的国际比较

根据联合国1956年发布的《人口老龄化及其经济社会含义》，提出老年型社会共有四个划分标准，分别是65岁及以上人口比高于7%、15岁以下人口比低于30%、人口老少比大于30%以及年龄中位数大于30岁。其中，65岁及以上人口比是最常用的人口老龄化标准。按此标准，全球人口步入老龄化阶段。与此同时，中国人口的“未富先老”问题也吸引了各界的普遍关注。作为刚刚进入老龄化便已经进入严重老龄化阶段的中国，需要在全球视野下，从各国经济发展过程中汲取养分，识别“变老”和“变富”两者之间的逻辑关系。

第一节 世界人口版图中的中国老龄化

根据联合国《世界人口展望》（2017年），2015年全世界65岁及以上人口比超过8%，远远高于7%的人口老龄化分界线。数据库所包含的201个国家和地区中，65岁及以上人口比超过7%的国家和地区数高达89个，占比高于44%。而仅仅在5年前的2010年，65岁及以上人口比超过7%的国家和地区数还仅为70个。从这个意义上来说，世界人口早已进入老龄化时代，而且人口老龄化的速度正在逐步加快。

一、世界人口老龄化的基本格局

从根本上来讲，人口老龄化问题是由一个国家人口年龄结构层次造成的，其出现的原因与该国人口自然变动所处的状态紧密相关。根据经典的人口学理论，在人口自然变动前的高位静止阶段，人口的出生率和死亡率都很高，人们的预期寿命普遍在30岁左右，总和生育率则高达7以上，人口年龄结构极为年轻化；在早期扩张阶段，人口死亡率下降的重心在低年龄人口之中，成年人口的规模和比例持续增加，人口结构向成年型过渡；在后期扩张阶段，人口死亡率下降的重心已不再局限于低年龄人口之中，再加上人口出生率的逐年下降，中年及老年人口逐渐增多，新增人口却逐渐减少，人口老龄化现象逐渐凸显；在低位静止阶段和减退阶段，人口出生率继续保持下降态势，并持续维持较低水平，人口死亡率的降低态势同时受自然规律和卫生技术制约，使得人口出生率代替预期寿命，成为造成人口老龄化的主要因素，人口老龄化的趋势进一步提升。

经典人口理论所描述的状况与世界各国的人口发展状况十分相似。根据联合国的人口预测数据库，目前世界上主要的发达国家、欠发达国家和落后国家，其人口自然变动状况分别处于低位静止阶段、后期扩张阶段和早期扩张阶段，人口年龄结构则分别表现为重度的老年型结构特征、轻度的老年型结构特征和典型的年轻型结构特征。

（一）发达国家和地区方面

在过去60年里，全球各主要发达国家和地区的人口转变进程完成了从后期扩张阶段向低位静止阶段的过渡（见图3-1）。到2010年，各发达国家和地区的人口死亡率持续回落至与出生率持平。由于这一状况的产生，各发达国家和地区的人口年龄结构也从1950年的轻度人口老龄化逐渐升级转变为2010年的重度人口老龄化（见图3-2）。在1950年，各发达国家和地区的65岁及以上人口比还仅为7.8%，但截至2010年，该比率已达到15.9%，增幅超过100%。

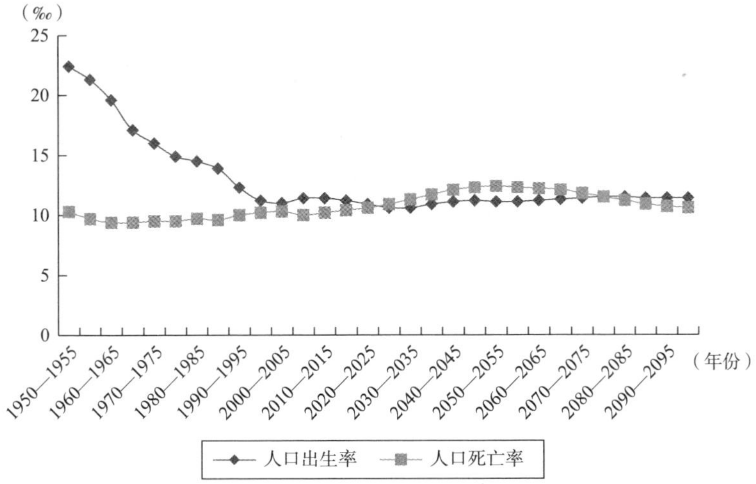

图 3-1　1950—2095 年发达国家和地区的人口自然变动进程

资料来源：联合国 WDI 数据库。

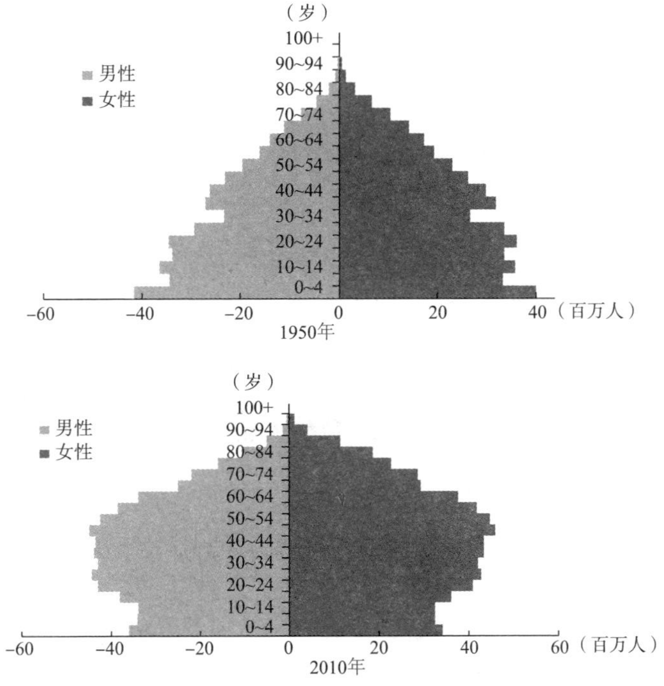

图 3-2　1950 年和 2010 年发达国家和地区人口年龄结构金字塔

资料来源：联合国人口预测数据库和世界银行 WDI 数据库，如无特殊说明，本章下同。

（二）欠发达国家和地区方面

从1970年开始，欠发达国家和地区的人口自然变动进程开始进入后期扩张阶段（见图3-3）。1970年之后，这类国家和地区的人口死亡率的降幅显著趋缓，人口出生率却快速降低，具有典型的后期扩张阶段特征，且这一阶段估计将至少持续到2050年之后。由于刚刚进入后期扩张阶段不久，各欠发达国家和地区的人口年龄结构也重点以轻度老龄化为表现态势（见图3-4）。以2010年为例，相关指标中，65岁及以上人口比和人口老少比分别为5.8%和20.0%，仍与成年型年龄结构相符，但14岁及以下人口比已经降至29.0%，符合老年型人口结构的划分准则（即30%以下）。

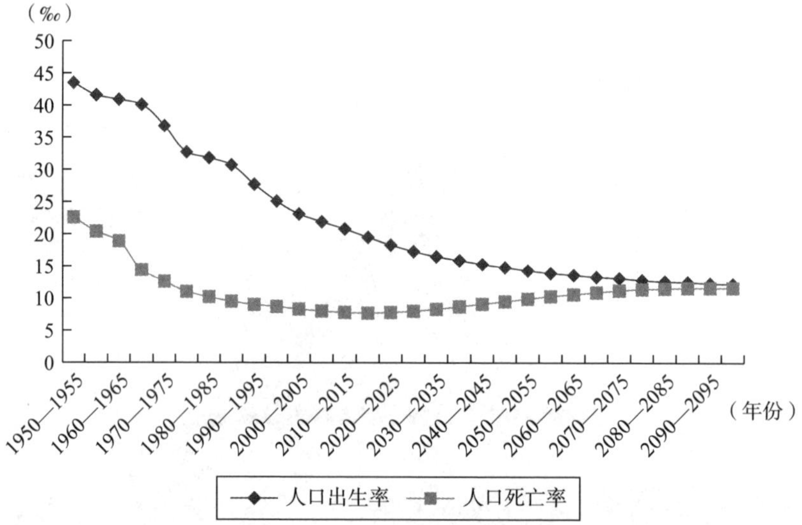

图3-3　1950—2095年欠发达国家和地区的人口自然变动进程

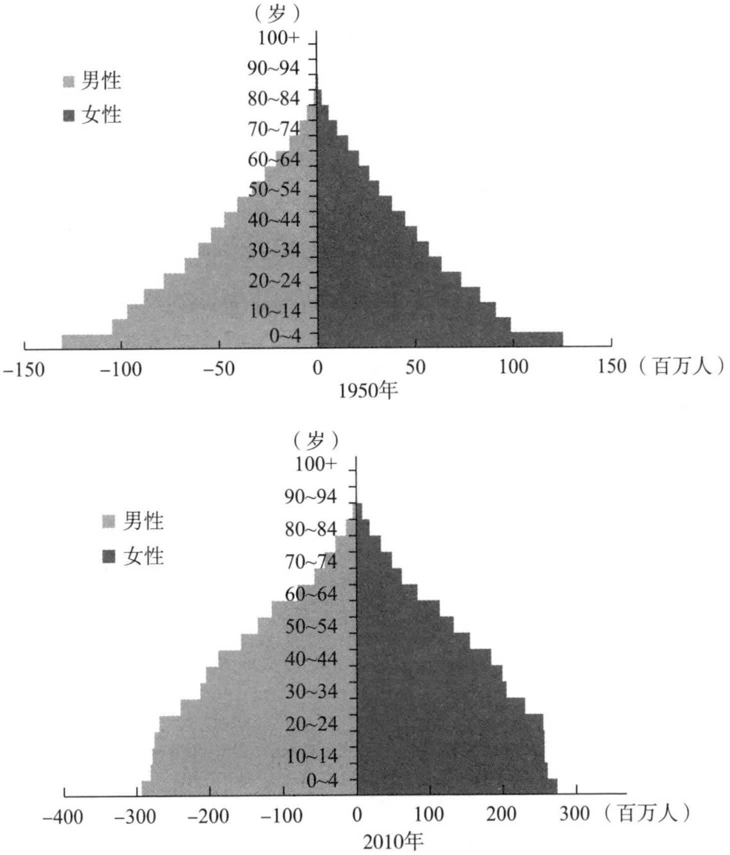

图 3-4 1950 年和 2010 年欠发达国家和地区人口年龄结构金字塔

（三）落后国家和地区方面

1990 年以前，各落后国家和地区的人口死亡率降低的速率很高、人口出生率降低的幅度相对较缓，表明这一阶段仍处于人口自然变动的早期扩张阶段，此后这些国家和地区的人口出生率逐渐平稳，人口死亡率则快速降低，人口自然变动正在逐渐进入后期扩张阶段（见图 3-5）。人口年龄结构方面，由于刚刚步入后期扩张阶段，各落后国家和地区的人口年龄结构有比较典型的年轻型结构态势（见图 3-6）。截至 2010 年，各落后国家和地区的 65 岁及以上人口比、15 岁以下人口比和人口老少比分别为 3.4%、40.1% 和 8.4%，年轻型人口结构特征极为明显。

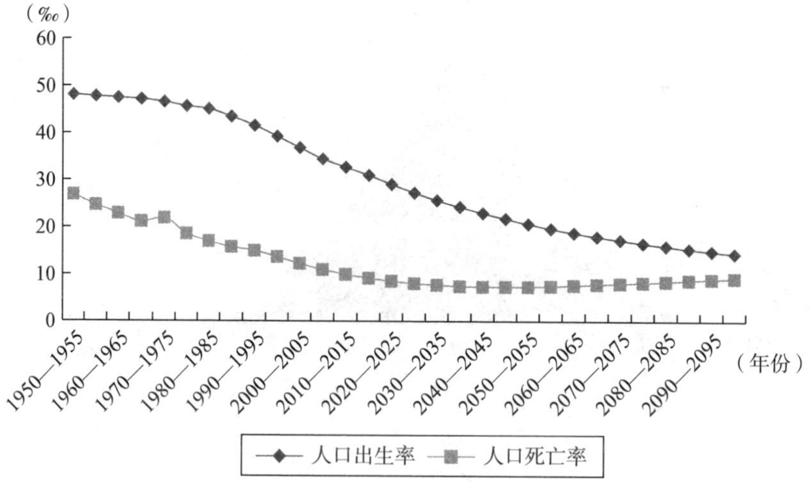

图 3-5　1950—2095 年落后国家和地区的人口自然变动进程

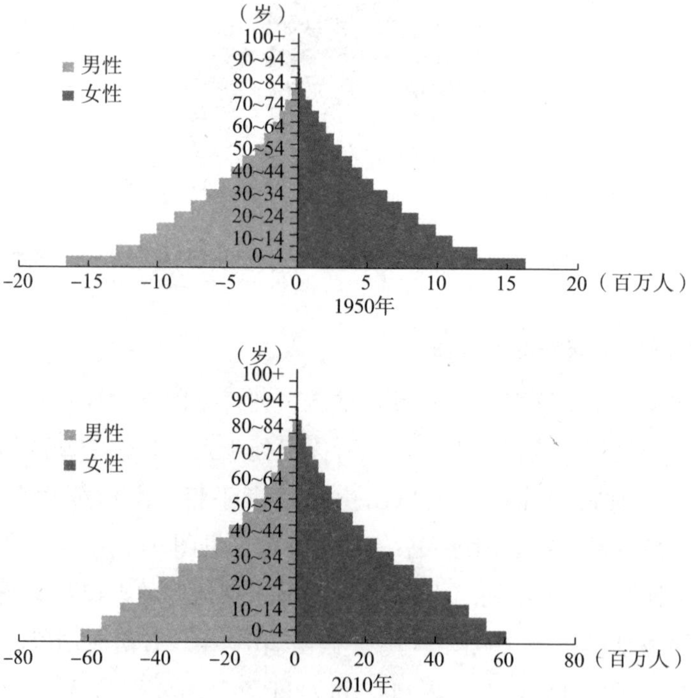

图 3-6　1950 年和 2010 年落后国家和地区人口年龄结构金字塔

综上，世界各国人口发展的现实状况纷纷显示出，人口老龄化的主要因素与人口自然变动所处阶段密不可分，主要体现为：在人口自然变动的后期扩张阶段，人口老龄化逐渐显现；在人口自然变动的低位静止阶段，人口老龄化会逐步加快。

二、世界老龄化版图中的中国

为了进一步阐述世界人口的老龄化现状及其未来发展趋势，我们利用联合国世界人口预测数据库，搜集和整理了世界各大洲2017年和2050年的人口预测数据，得到各主要地区的人口老龄化程度，并与中国的人口老龄化状况进行比对，其结果如表3-1所示。

表3-1 2017年和2050年世界各主要地区的人口老龄化状况

地区	老龄化程度/%		老年人口规模/亿人	
	2017年	2050年	2017年	2050年
非洲	3.5	6.0	0.44	1.51
亚洲	8.1	17.8	3.64	9.37
欧洲	18.2	27.8	1.35	1.99
拉美及加勒比地区	8.1	19.4	0.52	1.51
北美洲	15.6	22.5	0.56	0.98
大洋洲	12.3	18.2	0.50	1.04
全球	8.7	15.8	6.57	15.46
中国	10.6	26.3	1.50	3.59

根据表3-1，我们可以得到以下结论：

首先，欧洲、北美洲和大洋洲是当前人口老龄化程度最高的三个洲。

2017年，65岁及以上人口比：欧洲已经达到18.2%，北美洲和大洋洲分别达到15.6%和12.3%。亚洲和拉美及加勒比地区的人口老龄化程度相对较低，65岁及以上人口比均为8.1%。相对而言，非洲地区的人口老龄化程度最低，65岁及以上人口比的平均值仅为3.5%。

其次，亚洲和欧洲是老龄人口聚集度最高的两个洲。

亚洲的人口基数全球最大，欧洲的人口老龄化程度全球最高，两个区域的老年人口绝对规模在2017年便达到了4.99亿人，占全球老年人口的比例达到了76.0%。这一趋势在未来30多年的时间中将一直持续。预测到2050年，亚洲和欧洲的老年人口规模及其占世界老年人口比将分别达到11.4亿人和73.7%。2017年，亚洲老年人口的规模及其占世界老年人口的比重分别达到了3.64亿人和55.4%。换言之，世界老年人口中一半以上来自亚洲。

再次，亚洲将成为人口老龄化上升幅度最大的区域。

根据2017年和2050年人口预测数据的对比，亚洲将成为人口老龄化发展趋势最为严峻的区域，人口老龄化程度将从8.1%上升至17.8%，增幅达9.7个百分点，老年人口规模则将从3.64亿人上升至9.37亿人，占世界老年人口比将从55.4%上升至66.6%。换言之，未来近半个世纪中，全世界的老年人口中半数以上将来自亚洲。拉美及加勒比地区也面临较为严峻的人口老龄化挑战，老年人口比增幅达11.3个百分点，老年人口规模也会提升近1亿人。传统老龄化区域，如欧洲、北美洲和大洋洲，其人口老龄化程度和老年人口规模的增幅都相对温和。此外，非洲地区尽管存在较大规模的老年人口增幅，但其对经济社会的负面影响将在很大程度上被人口红利所抵消，人口老龄化挑战相对有限。

最后，中国在世界老龄化版图中扮演着重要角色，老龄化形势严峻。

亚洲是未来世界人口老龄化的主要贡献者之一，东亚则是其中最重要的区域，尤以中国和日本为主。从老年人口的贡献率来看，预计2017—2050年，中国对世界和亚洲的老年人口贡献率将分别达到36.5%和23.5%。预计到2050年，中国的人口老龄化程度在全球范围内的排名将处在前40。需要指出的是，日本被公认为世界上人口老龄化进度最快的国家，中国的人口老龄化进程与日本表现出极高的相似度。

第二节 “未富先老”的中国人口

从绝对标准来看，中国的人口老龄化程度在全世界来看并不算严重。根据联合国WDI数据库，在2016年中国的老年人口占比为10%左右，仅略高于世界平均水平。但中国的人口老龄化问题却引起了各界的极大关注，这一方面是因为中国的人口老龄化速度极快，另一方面则由于中国经济发展水平还相对落后，面临着“未富先老”的基本挑战。

一、“未富先老”的基本态势

中国的人口老龄化与过往人口政策的持续调整密切相关。新中国成立初期，中国借鉴了苏联的人口政策，鼓励生育，在1971年前后，国务院出台《关于做好计划生育工作的报告》，开始推行计划生育。由于政策生育率的快速调整，在此后近20年的时间里，我国形成了“两头小，中部偏大”的人口年龄结构和长时间的人口红利。但随着时间的推移，老龄化问题逐渐明显后，便与计划生育的政策效应出现迭代，速度陡增。再加上经济发展的初始水平较低，中国的“未富先老”问题随之出现，并有越来越严重的趋势。

客观地说，如果单纯按照人均收入和老龄化程度来比较，中国的人口老龄化程度在全世界范围内并不显著。与我国经济发展水平相近的国家，其人口老龄化程度大多与我国不相上下，甚至略高于我国。根据图3-7，以人均收入分组为依据，中国属于中高收入国家组，并在该组中处于中等偏上位置。老龄化程度的相对位置与人均收入也基本相当，略高于中高收入国家组9.4%的平均水平。

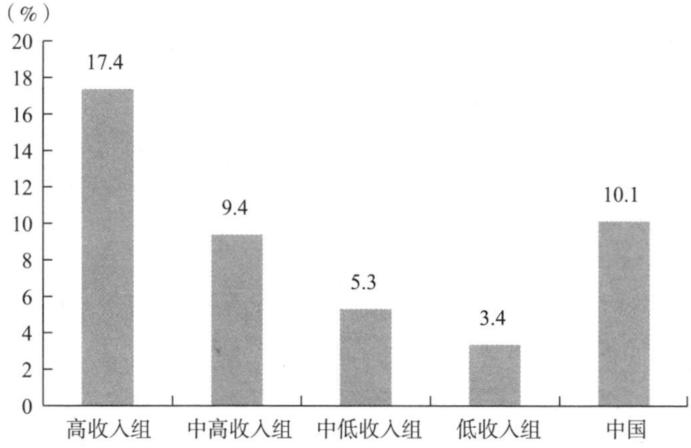

图3-7 2016年中国及各收入组国家人口老龄化程度比较

但中国经济发展的目标显然不是保持在中高收入组，而是要突破“中等收入陷阱”，迈入高收入国家组。因此，“未富先老”对中国的挑战不仅在于如何在“未富”的情况下实现“养老”，还在于如何在“先老”的情况下达到“富裕”。从这个意义上来说，就需要从国别数据层面展开国际比较，锚定中国在各国经济发展水平和人口老龄化程度中的基本定位，识别“未富先老”背后的矛盾焦点。

总的来讲，中国“未富先老”问题的基本内涵包括以下三个方面：

第一，在生育政策干预下，中国在“变富”之前提前进入人口老龄化阶段。

为控制人口的急剧增长，国家推行计划生育政策，使得人口出生率迅速下降，加快了中国人口老龄化的进程，而这一状况的出现将不可避免地使中国提早进入人口老龄化的高位阶段。

第二，作为发展中国家，中国在社会经济不均衡状态下步入人口老龄化。

早期的一些老龄化社会为发达国家，且普遍呈现为“先富后老”，这为这些国家处理人口老龄化带来的一系列问题奠定了经济基础。而中国在步入老龄化社会这一阶段时，则呈现为“未富先老”，同时又因为国民普遍经济基础还不够强，进一步增加了处理老龄化问题的困难程度。

第三，处于转型期，中国在诸多压力并行的情况下进入人口老龄化阶段。

在中国进入人口老龄化阶段的同时，还在建立和完善社会主义市场经济体制，改革和发展的任务同样繁杂众多，经济和社会要可持续发展，社会要保持平稳安定，各种矛盾错杂，使得我国在处理人口老龄化问题时相较于发达国家和人口密度较小的国家更为艰难。

二、“未富先老”的国际比较

根据上述分析，“未富先老”是中国人口老龄化的主要特点之一。为进一步锚定中国人口老龄化状况在世界人口版图中的相对位置，我们采集了 217 个国家和地区的相关数据，在剔除缺失值后，选取了 179 个国家和地区，对其 65 岁及以上人口比和人均 GDP 数据展开分组与分类。

描述性统计结果表明，179 个国家和地区的平均人口老龄化程度和人均 GDP 分别为 8.51%和 13 286.01 美元。以此为标准，各经济体可以在老龄化程度上按照8.51%划分为年轻组和年老组，在人均GDP水平上按照13 286.01美元划分为高收入组和低收入组。据此，可得到各经济体的四类型划分，依次为“少—富”“少—贫”“老—富”和“老—贫”。

据此，本书对不同类型国家和地区的人口老龄化程度与富裕度进行综合比较，并列举了各“未富先老”国家的老年人口比和人均GDP，如表3-2所示。中国作为步入人口老龄化阶段的发展中大国，也出现在了“未富先老”国家和地区的行列中。

表3-2　2016年各类型国家和地区（组）人口老龄化程度与富裕度比较

组名/国名	老年人口比/%	人均GDP/千美元	组内国家和地区/数/个
“少—富”国家组	3.95	25.21	10
“少—贫”国家组	4.40	3.06	102
“老—富”国家组	16.48	38.18	43
“老—贫”国家组	13.56	7.18	24
匈牙利	18.01	12.82	—
阿根廷	11.06	12.44	—
波兰	16.19	12.41	—
克罗地亚	19.31	12.15	—
哥斯达黎加	9.19	11.82	—
毛里求斯	10.44	9.63	—
罗马尼亚	17.42	9.52	—
圣卢西亚	9.55	9.36	—
俄罗斯	13.79	8.75	—
中国	10.12	8.12	—
保加利亚	20.47	7.47	—
黑山	14.30	7.03	—
泰国	10.95	5.91	—
塞尔维亚	16.82	5.43	—
马其顿	12.87	5.24	—
白俄罗斯	14.56	4.99	—
牙买加	9.50	4.88	—
波黑	16.13	4.81	—
阿尔巴尼亚	12.83	4.12	—

续表

组名/国名	老年人口比/%	人均 GDP/千美元	组内国家和地区/数/个
斯里兰卡	9.70	3.91	—
格鲁吉亚	14.73	3.87	—
亚美尼亚	11.06	3.61	—
乌克兰	16.16	2.19	—
摩尔多瓦	10.33	1.90	—

注：中国数据未包含港、澳、台地区。

根据表 3-2，我们可以得到以下结论：

首先，年轻和低收入是当今世界各经济体的主流类型，共有 102 个国家和地区处于这一类型，并全部由发展中国家和地区构成。

“少—贫”国家和地区组的老年人口比仅为 4.4%，人均 GDP 的平均水平则为3 000美元左右。金砖五国中，除中国与俄罗斯外，巴西、印度、南非均在该组中。此外，土耳其、墨西哥、秘鲁等新兴经济体也在其中。这些国家和地区经济发展水平相对偏低，但较低的人口老龄化使得这些国家和地区的社会福利压力相对偏低，为其实现快速发展提供基础性支持。

其次，43 个国家和地区进入年老和高收入组，其构成以欧美国家和地区为主。

“老—富”国家和地区组的老年人口比为 16.48%，人均 GDP 的平均水平为3.8 万美元左右。该组以欧美国家和地区为主，东亚地区的日本、韩国和中国香港、澳门、台湾等地区也在其中。较高的经济发展水平为这些国家和地区应对人口老龄化压力提供了良好的经济基础。但毋庸置疑，这些国家和地区的经济增长仍在一定程度上受到人口老龄化的影响。

再次，24 个国家进入年老和低收入组，以拉美和东欧国家为主，不少都步入了中等收入陷阱。

“老—贫”国家组的老年人口比为 13.56%，人均 GDP 的平均水平为 7 180 美元左右。除了中国和泰国等少数国家外，几乎所有的未富先老组国家均来自拉丁美洲和东欧。人口老龄化程度偏高，导致这些国家的社会保障体系长期处于高压状态，并在一定程度上导致了经济发展水平的持续低迷。客观地说，中国的“未富先老”程度在这些国家中处于相对较好的状态，略高于哥斯达黎加、圣卢西亚，与阿根廷大体相当。但即便是阿根廷，在过去一段时间的经济发展也极为低迷。

最后，年轻和高收入组国家和地区数量相对较少，10个国家大多来自石油资源丰富的阿拉伯国家。

“少—富”国家和地区组的老年人口比为3.95%，人均GDP的平均水平为2.5万美元左右。这些国家和地区几乎全部来自中东地区，属于典型的石油经济国家和地区，其经济发展更多源于自然资源的丰富，人口老龄化与经济发展水平之间的关系并不显著。

此外，考虑到中国作为新兴经济体的一员，我们从上述国家和地区中挑选出主要新兴经济体展开了进一步讨论，以锚定“未富先老”的中国在世界竞争格局中所处的位置。

分析结果表明，在中国的后面，巴基斯坦、南非、马来西亚、印度、菲律宾、埃及及印度尼西亚等新兴经济体，其人口年龄结构均明显优于中国，且在国际分工格局中扮演着与中国极为相似的角色，正在挑战中国“世界工厂”的地位。在中国的前面，新加坡和以色列的人均GDP规模远超中国，人口老龄化程度却与中国大致相当。与中国处于类似经济发展水平的智利，其人均GDP超过中国30%，老龄化程度却与中国相当；土耳其与中国人均GDP相当，老龄化程度却低了2%。

在人口老龄化的全球大潮中，我们应该认真考虑，中国在未来可以用什么来保持对周边国家和地区的竞争优势，又可以用什么来实现对高水平国家和地区的赶超。

第三节 老龄化国家和地区经济发展趋势的交叉比对

进一步针对各经济体老龄化和人均GDP数据进行交叉分析，结果表明，各老龄化国家和地区的人均GDP规模大多超过1万美元，但不同国家和地区间存在较大差异。为识别老龄化进程中各经济体经济发展的基本方向，我们分别选取了部分“未富先老”国家和富裕老龄化国家和地区，并对其1950—2018年人口老龄化和基期美元计人均GDP数据进行统计分析。

一、“未富先老”国家的经济发展进程

在“老—贫”组中，各“未富先老”国家包括斯里兰卡、格鲁吉亚、乌克兰、阿尔巴尼亚、塞尔维亚、白俄罗斯、保加利亚、罗马尼亚及阿根廷等。近年来，这些国家的经济长期处于低增长、停滞甚至是负增长状态，被认为处于“中等收入陷阱”中。

为进一步识别老龄化进程中各“未富先老”国家的经济发展趋势，我们以“未富先老”的程度为基准，兼顾区域分布和数据完备性，选取了阿根廷、哥斯达黎加、中国、牙买加、斯里兰卡和俄罗斯，对其人均 GDP（基期美元计）和老龄化之间的演进关系展开数据分析。

利用 WDI 数据库，本书抽取这 6 个国家 1960—2018 年人均 GDP 和人口老龄化数据，并绘制成图。显然，上述国家大体可以被划分为两类：一是经济长期处于低迷期的阿根廷和牙买加；二是仍处于快速增长期的哥斯达黎加、中国、俄罗斯和斯里兰卡。

仅从人均 GDP 和人口老龄化的长期演进关系来看，可以得到以下结论：

一方面，阿根廷和牙买加的人均 GDP 长期低迷，与老年人口比存在一定的关联度。

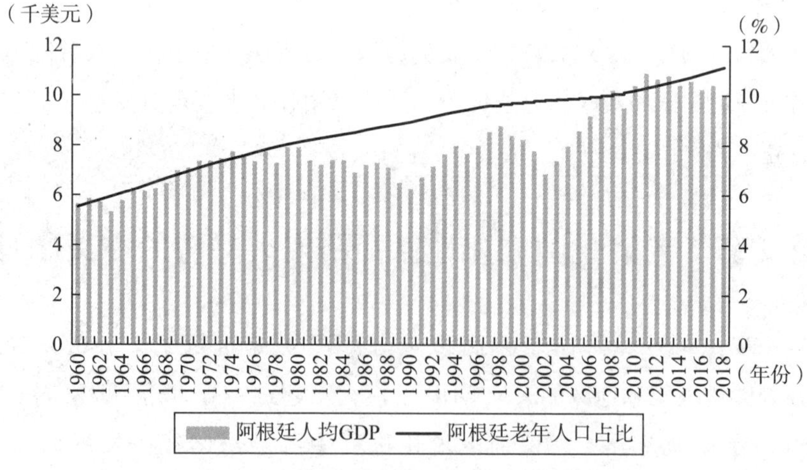

图 3-8　阿根廷人均 GDP 和人口老龄化趋势

资料来源：世界银行数据库，本章下同。

根据图 3-8，阿根廷的经济衰退期包括三个时期，分别为 1974—1990 年、1998—2002 年、2011 年以后。前两个衰退期主要与东欧剧变和亚洲金融危机有关，但此后迅速进入恢复期。由于人口老龄化长期处于上扬状态，人口老龄化似乎难以解释阿根廷前两次的经济衰退和上扬，但在第三次经济衰退期，阿根廷的老年人口比呈明显增加态势。仅从数据的长期关系来看，第三次经济衰退期与老年人口比的快速上扬可能存在一定关联。

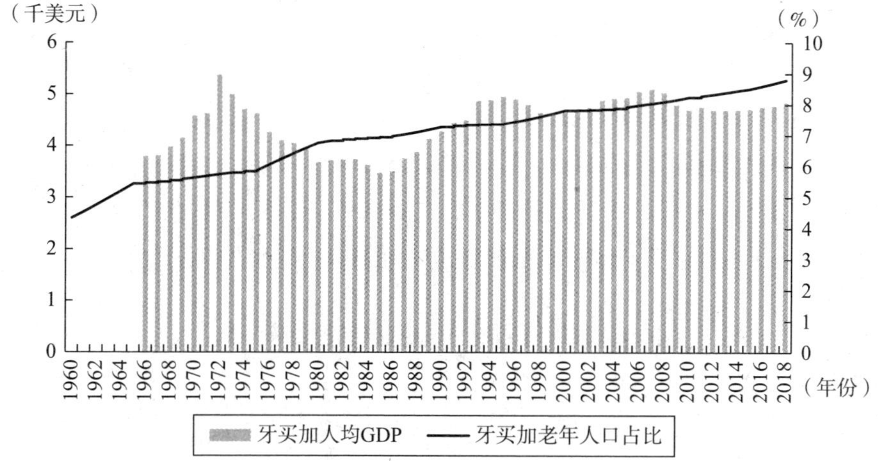

图 3-9 牙买加人均 GDP 和人口老龄化趋势

注：1960—1965 年人均 GDP 数据缺失。

资料来源：世界银行数据库。

根据图 3-9，牙买加的经济衰退期包括三个时期，分别为 1972—1985 年、1995—1999 年以及 2007 年以后。在第一个衰退期，牙买加的老年人口比表现出快速增加和平稳上扬的基本态势。1970—1980 年，牙买加的老年人口比从 5.6%提高到了 6.8%，此后基本呈稳定的增长态势。与此同时，牙买加的人均 GDP 出现断崖式下滑，并长期保持了低迷状态。在此后的两个衰退期中，老年人口比也保持着相对更高的增长态势。此外，牙买加在 1985—1995 年进入经济复苏期，老年人口比的整体增幅也仅为 0.4%，处于老年人口比增长相对较缓的时期。

另外，近年来，中国、俄罗斯、斯里兰卡和哥斯达黎加的 GDP 持续处于高速增长状态，经济增速略有波动，产出水平与老年人口比的关联度不高。

由图 3-10 可知，中国长期处于经济快速发展期。但如果考虑人均 GDP 增速的相关数据，在经济发展期，中国经历了三次经济增长速度的放缓，分别为 1984—1990 年、1992—1999 年、2007 年以后。在前两个时间周期内，老年人口比的增速相对平滑，似乎难以解释经济增速的放缓。但在 2007 年以后，中国的老年人口比快速上升，与经济增速的放缓同步。

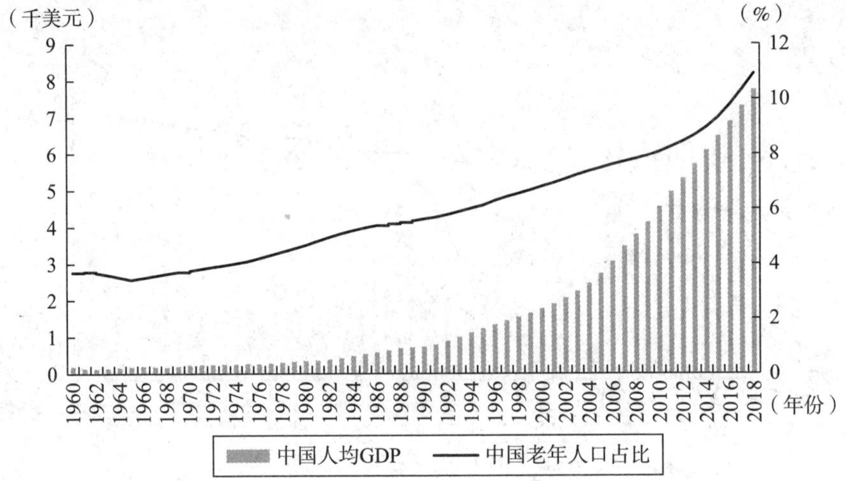

图 3-10　中国人均 GDP 增速和人口老龄化趋势

资料来源：世界银行数据库。

由图 3-11 可知，俄罗斯人均产出水平与老龄化程度保持了较高的一致性。由于苏联解体和休克疗法，俄罗斯在 1990—1998 年出现了一定的经济阵痛，并在 1998—2008 年实现经济复苏，这一时期俄罗斯的人口老龄化水平也处于快速上扬通道。此后，受金融危机等因素的影响，俄罗斯经济出现了小幅回调。2016—2018 年人均 GDP 再次出现上扬趋势，同时，人口老龄化程度也出现了攀升，经济发展和人口老龄化的趋势出现了重合。

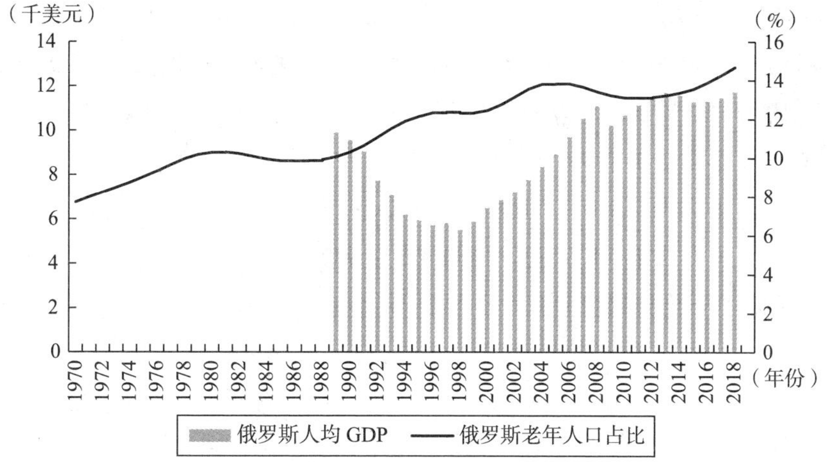

图 3-11 俄罗斯人均 GDP 和人口老龄化趋势

由图 3-12 可知，哥斯达黎加的经济基本呈稳定增长态势，仅在 1979—1982 年出现了一定程度的经济回落，但这一时期，老年人口比似乎不能成为解释经济衰退的原因。步入老龄化社会后，哥斯达黎加的人均 GDP 增长速度长期在 2%~3%波动，似乎与老年人口比的关系不大。

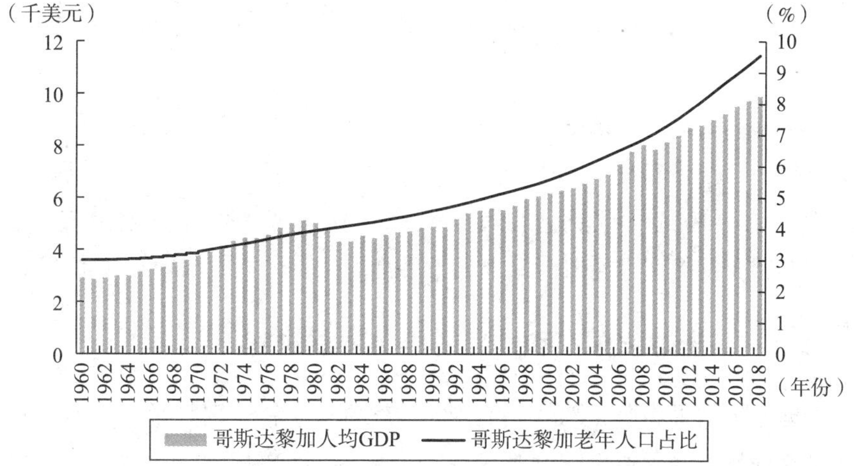

图 3-12 哥斯达黎加人均 GDP 和人口老龄化趋势

由图 3-13 可知，斯里兰卡的经济长期呈稳定增长状态。该国于 2017 年正式进入人口老龄化社会，但对比 1996—2006 年和 2007—2017 年，人口老龄化进程似乎并不能很好地解释该国的经济增长。在两个历史时期，老年人口比分别增加了 0. 7 个百分点和 2. 9 个百分点，但其间的人均 GDP 平均增速分别为 4. 12%和 4. 93%。

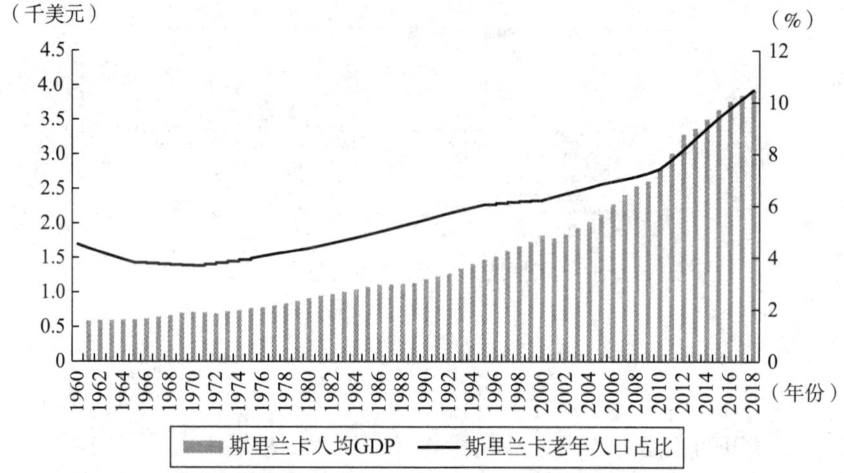

图 3-13　斯里兰卡人均 GDP 和人口老龄化趋势

综上，在“未富先老”国家中，变老仅在部分国家的特定时期与变富呈反向关系。

在所选择的六个国家中，只有阿根廷、牙买加和中国存在这种反向关系。其中，阿根廷主要表现在 2011 年以后，中国主要表现在 2012 年以后，仅牙买加表现出更高的一致性。在其余国家，变老似乎并未妨碍其变富。相反，变老和变富甚至存在着时间上的重叠性。

二、富裕老龄化国家和地区的经济发展进程

数据分析结果表明，“老—富”组涵盖的国家和地区数量达到 46 个，也涉及了筛选的问题。考虑到这类国家和地区的数据完整性相对较高，本书重点以无生育干预政策为选择依据。之所以考虑生育干预政策，主要在于该政策在世界范围内都是普遍存在的，且各经济体的生育政策在不同的历史时期也存在着极大的差异性。如果不考虑剔除生育政策的干扰，各经济体老龄化

进程会因政策效应出现较大波动，不利于较长时间周期内人口老龄化和人均GDP间关系的趋势判断。

（一）样本的选择

为了剔除生育政策的干扰效应，本书以联合国世界人口政策数据库为依据，仅选择在过去一段时期内从未采取过任何生育干预政策的国家，作为本章经验实证的备选样本集。根据该数据库，全球共有23个国家在1976年、1986年、1996年和2009年等四个时点上均未采取过任何生育干预政策。在表3-3中，我们搜集和整理了其中21个国家[①]的生育率数据及各国政府对该国生育率的态度。

表3-3 1976—2009年无生育干预政策国家的生育率水平及政府态度

国家	生育率水平				政府对生育率水平的态度			
	1976年	1986年	1996年	2009年	1976年	1986年	1996年	2009年
阿富汗	7.7	7.9	8.0	6.4	过高	过高	过高	过高
巴哈马	3.1	2.8	2.4	1.9	适中	适中	适中	适中
玻利维亚	6	5.1	4.5	3.4	适中	过低	适中	适中
巴西	4.4	3.3	2.5	1.9	适中	适中	适中	适中
加拿大	1.8	1.7	1.6	1.7	适中	适中	适中	过低
中非	6	5.9	5.6	4.7	过低	过高	过高	适中
乍得	6.7	6.7	6.6	6.1	适中	适中	适中	过高
智利	3	2.7	2.3	1.9	过高	过低	适中	适中
古巴	2.6	1.8	1.6	1.5	适中	适中	适中	适中
刚果	6.3	5.7	5.1	4.6	适中	适中	适中	适中
丹麦	1.7	1.5	1.7	1.8	适中	适中	适中	适中
几内亚比绍	6.7	6.7	6.2	5.1	适中	适中	过高	过高
圭亚那	4.2	2.8	2.5	2.3	适中	适中	适中	适中
黎巴嫩	4.4	3.5	2.8	1.8	适中	适中	适中	适中
马耳他	2.2	2	2.1	1.4	适中	适中	适中	过低
荷兰	1.6	1.6	1.5	1.8	适中	适中	适中	适中
巴拉圭	5.2	4.9	4.0	3.0	适中	适中	适中	过高

① 另有梵蒂冈和圣马力诺因数据缺失问题被剔除。

续表

国家	生育率水平				政府对生育率水平的态度			
	1976 年	1986 年	1996 年	2009 年	1976 年	1986 年	1996 年	2009 年
索马里	7	6.7	6.5	6.4	适中	适中	适中	适中
瑞典	1.7	1.8	1.6	1.9	适中	过低	适中	适中
瑞士	1.5	1.5	1.5	1.5	适中	适中	过低	适中
英国	1.7	1.8	1.7	2.0	适中	适中	适中	适中
美国	1.7	1.8	2.0	2.1	适中	适中	适中	适中

资料来源：生育率水平数据来自联合国 WDI 数据库，政府对生育率水平态度数据来自联合国世界人口政策数据库。

根据表 3-3，未采取生育干预政策的国家大体可分为三类：第一类国家之所未采取生育干预政策，主要是由于对本国的生育率水平较为满意（如巴西、英国、美国等）；第二类国家虽然认为本国的生育率水平过高，但由于政治局势较为动荡，无法采取有效的生育干预政策（如阿富汗等）；第三类国家认为本国的生育率水平已经过低，但大多出于自由主义传统或其他考量，并没有采取任何生育干预政策（如加拿大、瑞士、瑞典等）。

结合前文关于“老—富”国家和地区组的界定，本书选取了英国、美国、加拿大、荷兰和瑞典等五个国家，利用 WDI 数据库抽取其 1960—2018 年人均 GDP（2000 年基期美元价格计）和老年人口比的相关数据，对该类型国家老龄化进程中的经济发展态势展开分析。

（二）各国历史数据的分析

从各国的历史数据来看，老年人口比和人均 GDP 均长期呈现高位增长的态势。总体来看，这些国家的变老和变富似乎并未表现出极大的矛盾性，仅在一定程度上延缓了人均 GDP 的增速态势。

由图 3-14 可知，英国的经济发展长期处于平稳提升状态。总体上，经济发展似乎并未受到老年人口比提升的影响。特别是在人口老龄化高位快速增长的 1960—1980 年和 2008—2018 年，英国的人均 GDP 均保持着较好的增长态势。英国的经济衰退出现在 2008—2010 年，这显然是由金融危机所导致的，与老年人口比不存在过高关联，可能存在关联的时期是 1992—2008 年，这一时期，英国的老年人口比基本保持平稳状态，经济增速也更高。

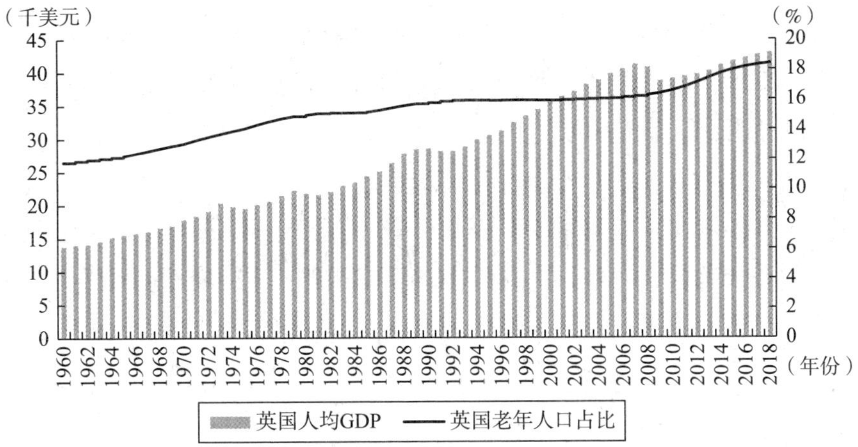

图 3-14 英国人均 GDP 和人口老龄化趋势

由图 3-15 可知，美国与英国的演进趋势基本类似，关联主要出现在 1990—2008 年。这段时期，美国的老年人口比呈现稳中回落的基本态势，经济增长也处于快速发展状态，2010—2018 年，老年人口比快速上扬的美国，其经济增长速度也出现了一定程度上的回落。同样地，经济衰落出现在 2008—2010 年，仍然与金融危机有关。

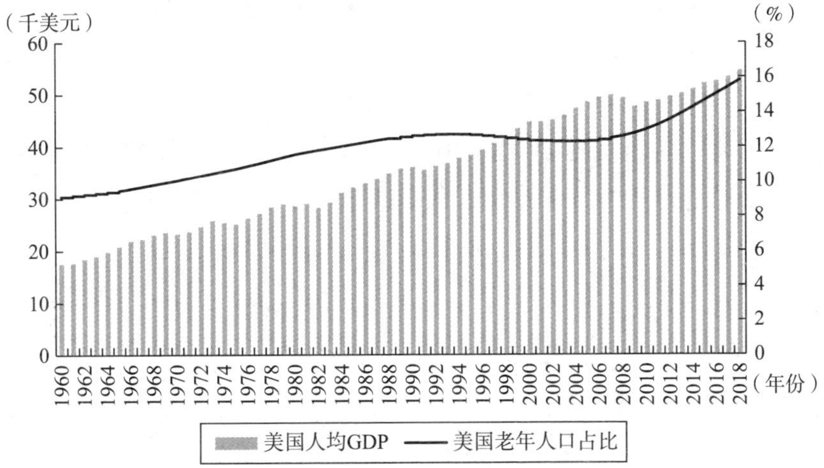

图 3-15 美国人均 GDP 和人口老龄化趋势

由图 3-16 可知，荷兰的经济表现出先快速增长后增速回落的基本态势。2006 年以前，荷兰的老年人口比长期处于稳定增长状态，经济发展水平也快速提升；2008 年以后，老年人口比快速增加的荷兰，其经济增速明显出现了回调，但总体上仍保持着向上增长的态势。

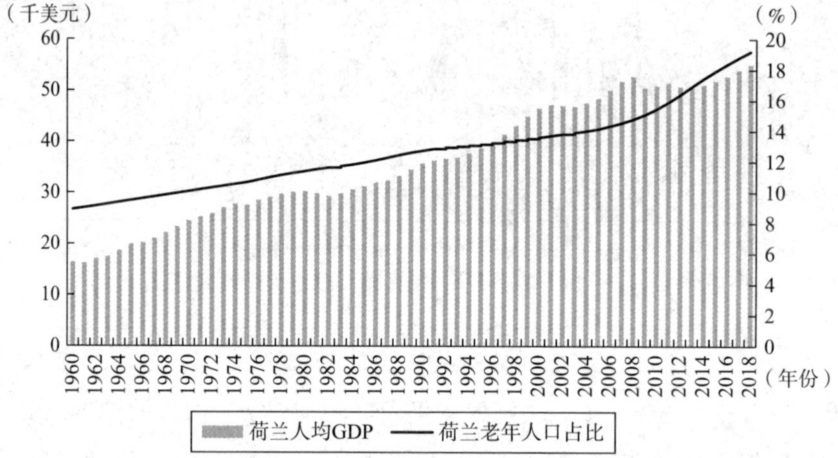

图 3-16　荷兰人均 GDP 和人口老龄化趋势

由图 3-17 可知，加拿大的经济呈稳定增长态势，但似乎难以和老年人口比的变化趋势实现匹配。1975—2006 年，加拿大的老年人口比快速提升，经济发展也处于快速增长通道。2008 年后，荷兰的经济增速呈“先快速增长，后增速回落”的基本态势。2006 年以前，加拿大的老年人口比快速上扬，但似乎也并未因此而出现明显的经济衰退，仅表现为经济增长速度的部分回落。

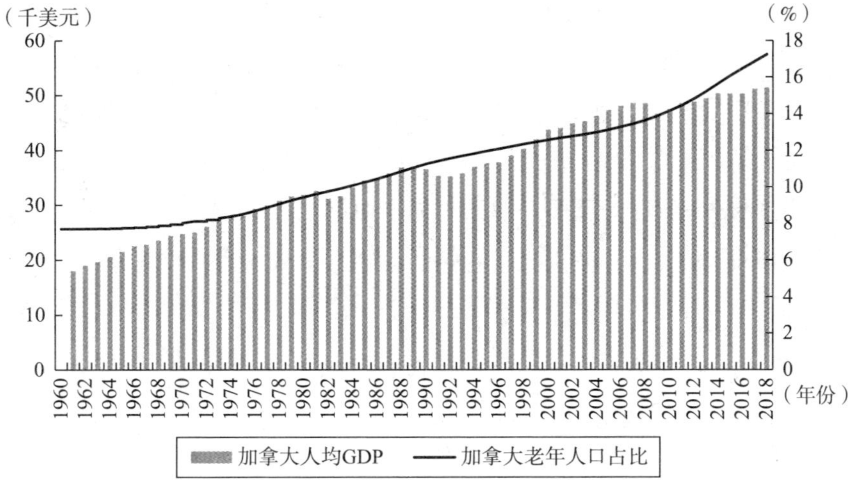

图 3-17 加拿大人均 GDP 和人口老龄化趋势

由图 3-18 可知，瑞典的经济发展也表现出和老龄化走向的一致性。1960—1990 年，瑞典的老年人口比快速上扬，经济增长的速度同样强劲。仅在 1994—2008 年，瑞典的老年人口比快速下滑，并引起了经济增速的进一步上扬。

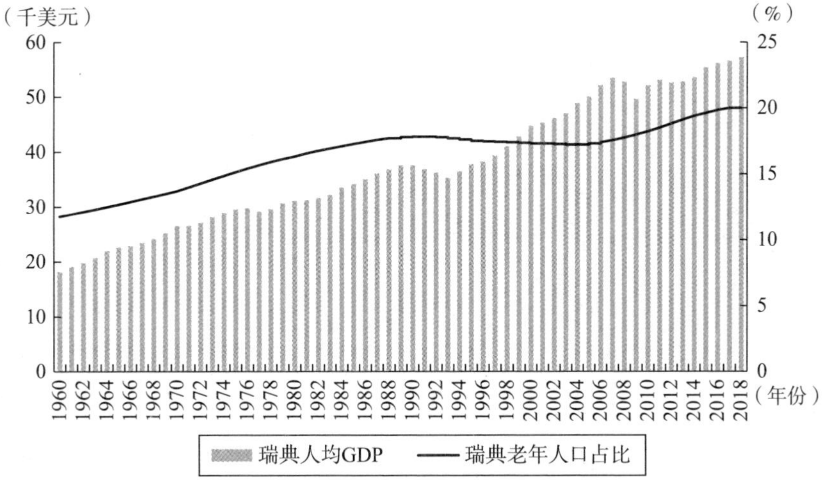

图 3-18 瑞典人均 GDP 和人口老龄化趋势

总之，富裕老龄化国家历史数据的长期趋势表明，“变老”并不必然地阻碍“变富”。

绝大多数国家的老龄化进程中都并行不悖地出现了经济的持续发展。在进入严重老龄化阶段后，这些国家的人均 GDP 反而伴随着老年人口比的持续提高而出现持续上扬，“变老”似乎不但没有阻碍“变富”，反而在一定程度上形成了促进作用。

第四章　人口老龄化经济影响的传导机制

伴随着人口老龄化在全球范围的普遍出现，有关其经济影响的讨论一直是学界关注的焦点。近年来，该领域的讨论开始关注于老龄化进程中个体的决策行为变化及其对宏观经济总量的影响。换言之，在老龄化进程中，存在着从微观基础到宏观总量的经济影响传导机制。

第一节　人口老龄化经济影响的文献回顾

20 世纪初，Keynes（1937）、Hansen（1939）、Myrdal（1940）等就前瞻性地预见到在当时人口出生率和死亡率趋于双低的背景下人口老龄化程度的提高。“二战”结束后，各国生育率因补偿性生育而大幅提高，人口老龄化的问题变得不是那么紧迫。但随着各国经济的复苏和人均收入水平的不断提高，生育率稳步下降，预期寿命则不断提高。人口老龄化开始成为各发达国家需要直面的问题，并重新激发学者的研究热情。早期相关研究大多认为，人口老龄化会对经济增长产生负面影响，这一结论目前正面临着系统性挑战。

一、经典观点及其面临的挑战

在世界人口逐渐步入老龄化的时代背景下，有关人口老龄化对经济增长的影响一直是学界研究的热点问题。在早期的研究中，有关人口老龄化的讨论大多将研究视角集中在人口年龄结构上，并重点讨论了老年人口比上升、劳动年龄人口比下降等人口年龄结构变化对经济社会各个方面的影响。

（一）人口经济学的经典观点

人口经济学的经典观点认为，人口老龄化会对经济增长产生负面影响。例如：Hagemann 等（1989）认为，老龄化对经济的影响主要集中在三个方面：对劳动力市场的影响，对资本形成、生产率及收入的影响，以及对私人消费和储蓄的影响。Auerbach 等（1989）提出，随着老龄化的开始，资本劳动比将发生变化，各代之间的利益和行为也会随之发生变化。Peterson（1999）的观点也经常被引用，他将人口老龄化的负面影响归结为医疗费用的攀升、养老费用支出的不断扩大、劳动力的短缺和总产出的下降、储蓄率的下降和投资的减少以及工作热情的减少等方面。

Rogers 等（2001）进一步归纳了前人的研究观点，认为人口老龄化主要通过降低私人和公共储蓄率及劳动参与率对经济增长产生负面影响。人口经济学界的主流观点延续上述研究思路，并强调人口老龄化对经济增长的负面影响。王德文等（2004）、蔡昉等（2006）、田雪原（2006）、彭秀建（2006）、彭希哲等（2011）、郭熙保等（2013）综合考虑了储蓄贡献、劳动供给、全要素生产率、社会保障、公共安全等因素，并展开了更深入的讨论。

（二）部分经典观点面临的挑战

在经典观点以外，一些研究却得出了不少方向不同的结论。例如：传统观点认为，老龄化进程中，公共教育支出可能会随之减少，但 Ladd 等（2001）和 Gradstein 等（2004）的研究却得出了相反的结论；储蓄率方面，Leff（1969）、Horioka（1997）、Kim 等（2006）指出人口老龄化程度上升和儿童抚养比下降同时出现，老龄化对储蓄率的负面影响将部分被儿童抚养比下降所抵消；在劳动供给方面，Bloom 等（2011）认为劳动力供给减少既有降低劳动参与率和产出总规模的不利一面，又有增加人均资本拥有量和平均产出规模的有利一面。

更具颠覆性的是，Futagami 等（2001）在生命周期的框架下提出，寿命提升既有抑制家庭在各个时点上的消费支出的倾向，也有通过增加退休人口规模引起总消费提高的倾向。寿命对经济增长的影响存在着方向上的不确定性。Boersch-Supan 等（2001）将现收现付制的养老体系引入分析框架，认为在老龄化进程中，保持养老金体系回报率稳定是极为困难的。按照其估算，在德国、法国和意大利等三个欧洲大陆主要老龄化国家，由此导致的资本量提升至少会持续到2035年。

Mason等（2006）以及Lee等（2006）的研究结论与此一致，甚至据此提出老龄化进程中存在着“第二人口红利”的可能性。也就是说，伴随着人口老龄化的出现，预防性储蓄趋于增加，并对经济发展水平产生正向促进作用。国内学者如杨娟（2009）、邬沧萍等（2011）等也在此框架下提出，这种以养老为目的的储蓄存在着促进经济增长的可能性，被称为“第二人口红利”。

二、基于微观基础的系统化讨论

面对截然不同的两种观点，不少学者开始尝试在统一框架下就老龄化的经济影响展开系统性讨论，并将研究重点放在微观基础的持续性变化上。目前，世代交替（Over Lapping Generation，OLG）模型是该领域的主流分析框架。

在OLG框架下，Blackburn等（2002）、Cai（2002）、Ehrlich等（2006）、Sugawara（2007）和Azarnert（2010）通过将预期寿命、生育率纳入分析框架，实现了人口老龄化的内生化，并考察了老龄化进程中各微观决策行为的调整及其对经济的影响。相关微观决策行为包括个体关于储蓄和消费的决策、工作和闲暇的决策以及子女数量和质量的决策等。

（一）生育率内生的OLG模型

OLG模型最早由Diamond提出，该模型的一个重要意义在于，它提供了一个从微观决策行为到宏观经济总量的系统化分析框架。在主流研究中，生育决策被广泛地引入这一框架，其理论基础在于Becker（1960）关于家庭经济学的开创性工作，即子女可以被看作耐用消费品，父母在进行生育决策时要面临对子女数量和质量的权衡。

根据Becker等（1990）和Becker等（1999）构建的家庭决策模型，父母作为家庭决策的主体，要进行消费、生育以及对子女的教育投资等三个方面的决策，并从中获得效用。效用最大化的约束条件是总时间等于工作的时间加上在n个子女教育上所花费的时间。进一步研究结果还表明了“马太效应”

存在的可能性。在人力资本较为充裕的地区，对孩子及人力资本的投资收益率偏高，家庭规模相对较小；在人力资本贫乏的社会中，家庭的规模往往较大，父母对每个孩子的投资则相对较少。

Sebnem（2002）还在 OLG 模型下，进一步讨论了生育决策引发的“中等收入陷阱”问题。在该研究中，经济发展初始状态被纳入分析框架，并讨论了死亡率下降背景下，家庭生育决策和子女教育投资决策的调整方向及其对经济的影响。其研究结论与 Becker（1999）的研究类似，在人均收入较高的国家，人口会随人均收入提升而减少，人们会扩大对子女的人力资本投资，人均收入进一步提高，反之亦然。故而，低人均收入水平国家存在着陷入“中等收入陷阱”的风险。

（二）以预期寿命为起点的 OLG 模型

延续上述研究脉络，更多变量被不断引入分析框架。Cai（2002）、Blackburn 等（2002）、Ehrlich 等（2005）、Sugawara（2007）和 Azarnert（2010）等都曾通过引入预期寿命和生育决策，构建人口老龄化内生的 OLG 模型。

上述模型中，人口老龄化的变化被模型化为生育率与预期寿命的变动，生育率内生，预期寿命外生。以预期寿命为逻辑起点，相关研究关注其通过个体生育决策对老龄化的影响，以及通过其他个体决策行为对经济发展的影响。

这些研究的相似之处在于，人的一生大多被划分为三期，以存活至第三期的概率（预期寿命）为逻辑起点，考察了变量冲击对生育率、人口老龄化、微观决策指标、宏观经济总量的影响。相关研究的差异点则体现在，个体是否有利他主义动机、存活至第三期的概率是否为外生变量、养老金体系的安排、人力资本投资的决策主体等方面。

例如：根据 Blackburn 等（2002），养老金体系未被纳入考虑范畴，生命被划分为三期，决策行为主要包括各期的消费、子女数、休闲时间等。研究结果表明，第三期死亡率的降低将抑制生育率和劳动时间，提升人力资本投资和子女未来人力资本存量。当预期寿命被设定为外生时，其变化将引起人口老龄化程度和稳态时人均产出的增加。如被设定为内生，预期寿命对经济发展的影响则存在着不同增长路径，与人力资本初始条件有关。

Jie Zhang 等（2001）的研究设定个体存在利他性动机，并将其子女未来成就引入个体的效用函数，即父母会从子女未来成就中得到效用。其他的假设还包括：人力资本投资在生命初期完成，投入规模由其家庭决定；存在基金制的养老金体系。在上述假设下，理论实证的结果表明，预期寿命的提高将促使储蓄率、人力资本投资及劳动参与率的提高以及生育率的下降，进而形成正向的人均产出。

Alders 等（2005）将生育率和预期寿命均视为内生变量，且两代间存在着财富的代际传递，技术进步通过改变死亡率与生育率引起人口老龄化，进而对现收现付养老金体系及经济增长产生影响。其研究结果表明，在均衡状态下，技术进步将引起生育率下降，养老金收益率减少，税率提高，养老金体系受到系统性挑战，年轻人的消费、劳动时间投入、人力资本投资及储蓄随之上扬，生育率进一步下降，人均产出水平进一步提升。

相对来说，基于微观视角就老龄化展开的讨论在国内相对较少，但近年来呈不断增加的趋势。贺菊煌（2003）在 OLG 框架下，运用消费者生命周期模型、人口模型和索罗模型，分析人口变动对经济增长的影响。刘永平等（2008）则将养儿防老机制纳入分析框架，讨论了微观家庭的消费、储蓄、后代教育与经济增长之间的关系。

延续 OLG 模型的基本框架，赵昕东等（2017）引入了父母对子女的利他性动机因子，设定父母将从子女未来的消费中得到效用，即如果子女成年后有能力消费更多，父母将更加快乐。基于此，在混合养老金体系的框架下，本书讨论了储蓄率可能会发生的变化。与 Leff（1969）的研究类似，人口抚养比的增加对储蓄率有抑制作用，但预期寿命的提高却导致了储蓄率的持续上升。

龚锋等（2019）从代际平衡的角度出发，讨论了老龄化进程中年轻人和老年人代际公共福利分配方式对经济发展的影响，并将政府提供的福利性支出纳入微观决策个体的效用函数，讨论了老龄化进程中公共福利分配方式的演化方向，为拓宽 OLG 模型的应用领域提供了新视野。

（三）基于产业端的经济影响再讨论

在产业发展层面，有关人口老龄化对经济影响基本方向的判断也开始发生改变，特别是在技术创新、产业升级、要素生产率领域，形成了一系列有别于经典观点的研究结论。

经典观点大多认为，人口老龄化对技术创新和产业升级存在阻碍作用，原因在于人口老龄化会导致中国低成本和低价格的劳动密集型产业国际比较优势逐步丧失，再加上人力资本水平和技术能力无法在短时期内快速提高，产业结构的转型升级将趋于缓慢（蔡昉等，2012），而劳动力年龄结构的老化将导致其创新能力不足，难以适应产业结构调整，也不利于劳动生产率的提高（杨道兵等，2006）。

在后续的研究中，有关老龄化对产业升级影响的判断开始趋于中性化。由于老年人口同时出现在生产端和消费端，其对产业升级的影响也存在着分化。根据卓乘风等（2018）的研究，从生产者视角来看，老龄化意味着中高龄劳动力比重的增加，在智力、体力供给减少的背景下，生产效率有所回落；但从消费者角度来看，老龄化会刺激银发产业的发展，促进医疗保健、老年家政、老年旅游等行业的发展，且这些行业大多属于第三产业。

近年来，有关老龄化倒逼机制的讨论趋于普遍，并得出了不少有益结论。根据汪伟等（2015）的研究，在老龄化进程中，企业为降低劳动力成本上升带来的压力，用资本和技术替代劳动，反而推动了产业结构的转型和升级。蔡兴（2016）基于中国省级面板数据的实证结果进一步验证了上述机制的存在以及人力资源状况改善对上述作用机制的强化作用。楚永生等（2017）针对省级面板数据的回归估计则表明，人口老龄化“倒逼”企业以资本或技术替代劳动，促进了制造业结构升级；同时，人口老龄化还促进了人均受教育年限的增加，使人力资本积累成为进一步推动制造业结构升级的重要原因。

考虑到人力资本的增加倾向，并结合老龄化进程中微观基础持续变化的相关研究，人口老龄化对产业结构升级的倒逼机制似乎并不仅仅体现在企业层面。面对人口老龄化带来的不确定性，企业和个人都在努力地进行决策行为调整，分别采取技术创新和增加人力资本水平的策略，来规避可能出现的用工成本攀升和未来消费支出压力，进而引起了产业发展领域技术创新和员工素质的交替提升，也形成了老龄化进程中劳动生产率螺旋上升的逻辑基础。

综上，老龄化对经济影响方向为负的讨论正在面临系统性挑战。根据翟振武（2016）的研究，人口老龄化对政府开支会有显著影响，但对劳动生产率、创新、资产价格的影响极小，反而还会促进私人财产的积累，并可能对经济产生积极作用。假如进一步考虑微观基础的持续性调整，预期寿命提高还通过个体行为的自发性调整，形成劳动人口资本拥有量、人力资本存量和劳动时间投入的上扬趋势，在要素禀赋不断增加的同时，也给经济发展带来了新的增长潜力。

第二节　老龄化进程中的微观基础调整

如前文所述，在老龄化进程中，经济发展的方向与微观决策个体的行为调整方向密切相关。这就需要建立一个人口老龄化的经济影响传导机制，并重点围绕三个方面的问题展开系统分析：其一，人口老龄化的成因是什么；其二，它们如何影响个体行为的调整方向；其三，个体行为调整如何反映在宏观经济总量上。本节先对前两个问题进行分析。

一、人口老龄化的基本成因

根据人口自然变动的基本理论和世界各国人口自然变动的实际情况，人口自然变动所处阶段是引起人口老龄化的关键成因。换言之，人口老龄化受人口出生率和死亡率的双重影响。其中，人口出生率与生育率有关，各年龄段的死亡率则表现为预期寿命。换言之，人口老龄化的核心成因是人口自然变动进程，涉及预期寿命和生育率两类指标。由于生育率大多被内生化，预期寿命可以说是人口老龄化的关键诱因。

所谓人口自然变动，主要是指人口从高出生率、高死亡率和低自然增长率向低出生率、低死亡率和低自然增长率转变的过程。按照人口自然变动的经典观点，人口出生率和死亡率往往会伴随经济发展水平的不断提高，表现出一致性趋势，进而引起人口规模和结构的历史性变迁。按照布莱克的五阶段人口自然变动理论，人口自然变动进程可划分为如图 4-1 所示的五个阶段：高位静止（HS）、早期扩张（EE）、后期扩张（LE）、低位静止（LS）以及衰退（D）。

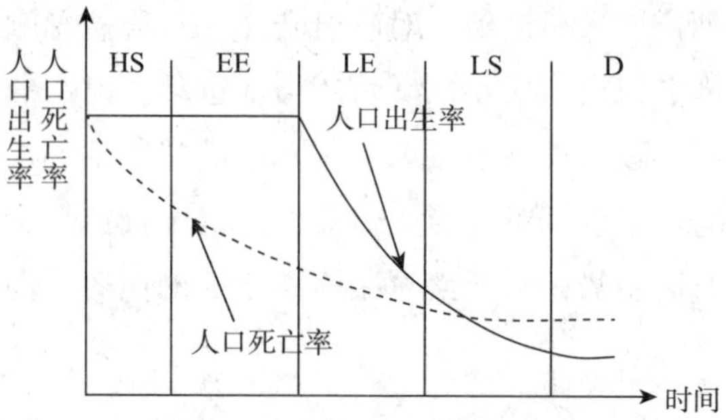

图 4-1　五阶段人口自然变动进程

资料来源：李宝元．人本发展经济学［M］．北京：经济科学出版社，2006：210.

按照布莱克对人口自然变动阶段确定方式，各阶段的划分依据与人口出生率和死亡率的变化有关。例如：在高位静止阶段，人口出生率和死亡率保持高位，人口自然增长率极小；在早期扩张阶段，人口死亡率先行下降，人口出生率保持稳定，人口自然增长率快速提升；在后期扩张阶段，人口死亡率保持低位，人口出生率快速下降，人口自然增长率回归较低水平；在低位静止阶段，人口出生率和死亡率保持长期低位水平，人口自然增长率由正转负；在衰退阶段，人口出生率低于死亡率，人口自然增长率进一步减小。

根据上述理论，人口老龄化是人口自然变动的衍生品。在高位静止阶段，人口出生率和死亡率都很高，人们的预期寿命普遍在 30 岁左右，生育率则高达 7 以上，人口年龄结构极为年轻化；在早期扩张阶段，人口死亡率下降主要发生在低年龄人口组，成年人口组规模和比例持续增加，人口结构向成年型过渡；在后期扩张阶段，人口死亡率下降的重心已不再局限于低年龄人口组，再加上人口出生率的持续下降，中老年人口趋于增加，新增人口趋于缩减，人口老龄化问题初显；在低位静止阶段和衰退阶段，人口死亡率的下降趋势受自然规律和技术进步约束，人口出生率继续走低，成为人口老龄化的主要推手。

人口老龄化的出现与人口自然变动所处阶段密切相关。在人口自然变动的后期扩张阶段，人口老龄化初显；在人口自然变动的低位静止阶段，人口老龄化加速。作为人口自然变动阶段最主要的划分标准，人口出生率和死亡率的长期变化趋势可以被看作人口老龄化最主要的成因。作为反映各年龄段人口死亡率的指标，预期寿命的变化可以被看作人口老龄化的重要推手。

二、预期寿命对家庭决策的影响

预期寿命作为人口自然变动的决定性因素，关乎微观决策个体对未来的某种预期。受这些预期的影响，家庭的决策行为也会出现适应性调整，并形成老龄化进程中微观基础变化的基本逻辑。根据家庭经济学的基本分析框架，相关家庭决策行为包括收入在当期消费和未来消费间的权衡、时间在工作和闲暇上的权衡以及父母对子女数量和质量的权衡。

首先，在预期寿命增加的背景下，微观决策个体存在着减小当期消费以满足未来更长时期消费的决策动机。

预期寿命的提高，意味着微观决策个体有更大的概率存活更久。换言之，保证一生消费水平平滑也变得更加重要。为了实现个体一生效用的最大化，微观决策个体更倾向于减小当期的消费比例，以期在未来更长的一段时间维持较高的消费水平。这就意味着，相较于预期寿命未提高前，处于同一年龄段的个体，其预防性储蓄倾向将提高，储蓄率亦会随之上升。这一现象在 Leff（1969）、Horioka（1997）、Boersch - Supan 等（2001）、Kim 等（2006）、赵昕东等（2017）的经验研究中也获得了支持。

其次，在预期寿命增加的背景下，微观决策个体存在着放弃部分闲暇时间以扩大劳动时间投入的决策动机。

与收入在消费和储蓄间平衡的动机相近，微观决策个体还在时间上进行着工作和闲暇之间的平衡。伴随着预期寿命的提高，满足未来消费需求的重要性进一步提升，微观决策个体存在着在成人期增加部分劳动时间以扩大未来消费潜力的动机。而互联网经济的不断发展和自雇佣行为日益普遍，则拓展了个体的有效工作时长，为微观决策个体提供了 8 小时以外的工作机会，并使劳动时间投入的增加变得更加可行。这与 Mason 等（2006）所提出的“第二人口红利”概念较为一致。翟振武（2016）的研究也表明，老龄化对劳动参与率的抑制作用极为有限。

最后，在预期寿命增加的背景下，微观决策个体在子女数量或质量间的权衡变得更加复杂，与养老保障体系的完善度及对子女的利他性动机有关。

在老龄化进程中，子女生育决策的调整方向与养老保障体系的完善程度密切相关。养老保障体系的差异性将直接影响个体投资于子女数量或质量的动机。如果存在完善的养老保障体系，个体可以通过养老金投资行为获得额外的经济收益以满足未来消费，父母对子女的经济依赖性较低。其投资行为的动机也更为明确，大多数是出于利他性动机。由于预期寿命的向上刚性（即增加后很难再减少），家庭中的子女也会有更大概率存活更长时期。作为关系到子女一生成就的关键变量，人力资本对子女的重要性也将进一步提高。出于利他性考虑，父母更倾向于减少子女数量，而看重子女质量。换言之，在利他性动机下，微观决策个体存在着减少生育规模，同时适度提高对子女质量投资的行为动机，在满足未来消费的同时，获取子女未来成就提升的可能性。

如果养老金体系不够发达，子女则还兼负赡养老人的责任，更倾向于投资品属性。家庭内部存在着父母在子女年轻时投资于子女、子女在父母年老时反哺父母的互利机制，即 Ehrlich 和 Lui（1991）提出的家庭“隐性合同”。在这一动机下，微观决策个体无论是投资于子女数量还是投资于子女质量，都存在着增加未来消费潜力的动机。此时，微观决策个体面临着三种“投资渠道”——养老金投资、子女数量投资、子女质量投资，具体的“投资规模”则与该社会中资本产出弹性以及人力资本积累水平有关。

根据 Backer 等（1990）的研究，当资本产出弹性较低时，微观决策个体更倾向于投资子女的数量和质量。当微观决策个体拥有更高的人力资本水平时，其对子女人力资本投资的效率往往会更高，更倾向于投资子女的质量。换言之，当初始人力资本水平偏低时，家庭更倾向于以子女数量替代其质量，进而形成生育率的提升和下一代人力资本水平的降低；当人力资本水平较高时，家庭更倾向于以子女质量替代子女数量，导致生育率下降，下一代人力资本水平提升。

换言之，在老龄化进程中，相对落后国家或地区更易陷入“越穷越生，质量下滑”的人力资本低水平循环，发达国家或地区则会出现“越老越不生，优生优育”的老龄化高水平循环。

第三节 从微观基础到宏观总量的传导机制

早期研究大多认为人口老龄化会对经济增长产生负面影响，但现实经济却表现为“越老越富”，亦即老龄化程度较高的国家，其经济发展水平往往更高。现代人口经济学越来越多地关注微观基础的持续性调整，将其引入老龄化对经济影响的分析框架。换言之，人口老龄化存在着从老龄化成因到个体行为调整再到宏观经济总量的传导机制。

一、引入老龄化的分析框架

结合前文关于老龄化对经济影响正反两方面的讨论，本书试图将老龄化引入系统的分析框架，其逻辑基础来自 Bloom 等（2011）对人均 GDP 所进行的分解。在该研究中，Bloom 等对人均产出水平的表达式进行了改写，即：

$$\frac{GDP}{P}=\frac{GDP}{W}\cdot\frac{W}{P} \tag{4-1}$$

其中，GDP、P 和 W 分别代表总产出水平、人口规模和就业人口规模。GDP/P 是经济发展中的关键指标——人均产出水平，GDP/W 是就业人口的平均产出水平，W/P 是劳动参与率。人均产出水平的分解结果表明，该指标与就业人口的平均产出水平和劳动参与率密切相关。若假定劳动力市场处于均衡状态，即劳动年龄人口都实现了充分就业，劳动参与率可以近似地被看作劳动年龄人口比。

显然，作为人口老龄化最主要的表现形式之一，劳动年龄人口比的下降将对劳动参与率产生消极影响。若假定劳动力平均产出不变，人均产出水平将随人口老龄化程度的提升而呈下降态势。这可以被看作是人口老龄化进程中人均产出水平可能会发生的一个趋势性变化。

但伴随着老年人口比或劳动参与率的变化，就业人口的平均产出水平是否会出现某些趋势性变化？对这一问题的回答直接影响着我们对人口老龄化经济影响方向的正负判定。具体来说，在投入产出的分析框架下，仍需要进一步识别平均意义上要素投入规模的变化方向。

在一个考虑人力资本的柯布—道格拉斯生产函数中，总产出函数和劳动力平均产出函数可分别做如下表达：

$$Y = DK^{\alpha}(LlH)^{1-\alpha} \tag{4-2}$$

$$y = \frac{Y}{L} = Dk^{\alpha}(lH)^{1-\alpha} \tag{4-3}$$

其中，Y、y、K、k、L、l 和 H 分别代表总产出水平、劳动力平均产出水平、资本存量、劳均资本拥有量、劳动力规模、劳动时间投入规模和人力资本积累水平。显然，除了技术进步，劳动力平均产出水平与三方面因素有关：劳均资本拥有量、劳动时间投入以及人力资本积累水平。

二、从个体行为到劳动力平均产出

在投入产出的基本框架中，产出水平与微观行为基础存在极高的关联度。其中，资本规模与家庭收入决策有关，劳动时间投入与家庭时间决策有关，人力资本积累水平与家庭生育决策有关，劳均资本拥有量还需要综合考虑生育规模的因素。正是由于这些微观决策行为的存在，Mason 等（2006）和 Lee 等（2006）等提出，在老龄化进程中，伴随着微观基础的持续调整，存在着产出水平不断上扬的基本趋势，也就是说，存在着“第二人口红利”的可能性。

劳均资本拥有量方面，Futagami 等（2001）和 Boersch-Supan 等（2001）均表明，在老龄化进程中，存在着储蓄率和劳均资本拥有量的上升趋势，德国、法国和意大利等的劳均资本拥有量提升至少会持续到 2035 年。在家庭决策框架下，人均资本拥有量和家庭决策行为中的储蓄率和生育率有关，涉及家庭收入决策和家庭生育决策。由于老龄化进程中的储蓄率上移和生育率下移，该指标会随预期寿命的提高而上移。

人力资本积累水平方面，个体人力资本的积累主要是发生在其尚无独立经济能力时，大多由父母来承担，与家庭生育决策有关。客观上，参加工作后的个体也会通过参加培训和成人教育等方式提升自己的人力资本积累水平，但总体上来说，正规学历教育方面的人力资本投资仍由父母对其子女做出。

Becker（1999）和 Sebnem（2002）的研究均表明，在人力资本初始水平较高的地区，人口会随人均收入提升而减少，并扩大其对子女的人力资本投资。在经济发展的过程中，人口出生率的下滑与人口规模的下降同时出现，并形成了人口转变过程中的老龄化现象。在这一进程中，无论是基于收入提高还是基于对子女的利他性动机，家庭都会增加其对子女的人力资本投资，进而促进人力资本积累水平的持续提高。楚永生（2017）基于中国省级面板数据的讨论也表明，老龄化进程中呈现出制造业工人人力资本积累水平的持续提升。

劳动力时间投入方面，按照 Becker 等（1990）对时间分配的经济学分析框架，个体的时间主要是用于三个方面：劳动、闲暇以及抚养子女。因此，在分析劳动时间投入随人口老龄化的趋势性变化方向时，需要考察父母的生育决策、对子女人力资本投资倾向性及其在劳动和闲暇上的权衡，是否会随人口老龄化程度的提高而出现某种趋势性变化。整体上，劳动参与率随老龄化呈现下滑趋势，但劳动力市场的供求关系调整和对老年生活水平的担忧，仍然会引起微观层面上决策个体倾向于提高自身的劳动时间投入（Sugawara，2007；Azarnert，2010）。

基于此，便形成了人口老龄化经济影响的传导机制。在完善的养老保障体系下，预期寿命的提高和抑制性生育政策的出台将引起微观层面储蓄率、劳动时间投入规模及子女人力资本积累水平的提高，生育率和闲暇时间的投入规模则会呈下降趋势，劳动力的平均产出水平将呈持续上升趋势，并抵消人口老龄化对劳动参与率的影响。

一方面，劳动力的平均资本拥有量将随个体行为的变化呈上升趋势。在工资率既定的情况下，劳动时间投入规模的上升及子女人力资本积累水平的提高，将在短期和长期时间内对成人个体的收入水平产生正向影响。再加上储蓄率的提高，每个成人期个体的储蓄规模都将呈上升趋势。此外，生育率的下降，则意味着下一期成人个体的相对规模会呈下降趋势。受此影响，分摊到每个下一期成人个体身上的资本存量将会上升。也就是说，人均资本拥有量将随个体行为的持续变化而上升。

另一方面，劳动力的平均有效劳动时间将随个体行为的变化而呈上升趋势。显然，在人口老龄化进程中，劳动时间投入规模将呈增加趋势。同时，在完善的社会养老保障体系下，个体将在利他性动机的驱使下倾向于提高对子女质量的投资，即下一期每个劳动力的人力资本积累水平将提升。因此，劳动力的劳动时间和人力资本积累水平有长期上升趋势，劳均有效劳动时间投入也会随个体行为的持续变化而上升。

作为劳动力平均产出水平的两大关键性影响因素，劳均资本拥有量和有效劳动时间投入规模都将随着个体行为的变化而持续提高。也就是说，在老龄化进程中，劳动力的平均产出水平将随预期寿命的提高而上升。

第五章　从个体行为到宏观总量的理论实证

人口老龄化是人口自然变动进程中出现的人口年龄结构演进趋势，与人口出生率和死亡率密切相关，并表现为生育率和预期寿命两个关键指标。面对人口老龄化挑战，个体在谨慎性预期下往往表现出一致性决策倾向，进而形成了人口老龄化进程中微观基础的持续性调整和方向性变化。在该领域的讨论中，OLG 模型被广泛地使用。由于生育率被视作内生变量，老龄化进程中的预期寿命持续性提高，就成为微观基础变化的关键诱因，对决策行为的方向及产出水平的变化产生了持续性影响。

第一节　基于 OLG 模型的基本设定

根据 OLG 模型的基本假设，总产出中的当期资本规模由上一期成年个体以储蓄形式提供，劳动由成人期个体提供，生育政策被定义为生育子女的固定成本，养老保障体系则以基金制的养老金市场为基础。

一、个体行为的设定

现代经济学关于经济增长的相关理论多基于对 Harrod 模型的拓展，其模型“刀锋上的稳态解”在现实中难以实现，后续的 Solow 模型假定储蓄率外生，长期经济增长依赖于外生的技术进步。相对而言，Ramsey 模型更关注于微观基础的变化，并在储蓄率内生的背景下讨论了消费者效用最大化对经济增长的影响。OLG 模型则在 Ramsey 模型的基础上，摒弃了个体毫无差异和无限寿命的假定，假定生命有限并存在代际交互，储蓄、劳动、生育等决策行为内生化。由于 OLG 模型中考虑了计划者因素，并可通过社会效用最大化进行政府购买、税收、保险等公共决策被广泛应用于公共福利领域。由于能够容纳微观基础的持续性变化，OLG 模型被越来越多的研究者（刘永平等，2008；赵昕东等，2017；龚锋等，2019）纳入老龄化经济影响的分析框架。

结合 OLG 模型的基本设定和 Backer（1989）的家庭经济学框架，个体决策行为主要包括三个方面：一是对生育规模的决策；二是对当期消费和储蓄规模的决策；三是在劳动、闲暇和子女教育时间分配上的决策。这些决策行为最终表现为储蓄率、劳动时间、闲暇时间、生育率及对子女的时间投入。

延续 OLG 模型的基本设定，个体一生包括儿童期、成年期和老年期三个阶段，成年期个体有一定概率存活至老年期。预期寿命被模型化为存活至老年期概率。其中，儿童期个体不需进行任何决策行为，只是接受父母抚养和教育；成年期个体是决策主体，需要对生育规模、消费规模、储蓄规模、工作时间、闲暇时间及对子女教育的时间投入等一系列问题进行决策；老年期个体利用其养老金收益进行消费，且时间均用于闲暇。

但考虑到中国的情境因素，本书对养老金体系和决策主体的效用函数作进一步设定。

在养老金制度安排上，在快速老龄化背景下，“以支定收”现收现付养老金体系往往面临更大承压问题。我国的基本养老保险制度已经基本实现了从现收现付制向基金制的转变。传统的 OLG 模型多以 PAYG 的现收现付养老金体系为基本框架。在中国情境下，基金制与现实经济具有更高的匹配度。基于此，本研究延续刘永平等（2008）的设定，将养老金体系设定为基金制，并考虑到死亡概率的问题，进一步设定当个体死亡时，其养老金收益将被平分给其他当期老人。

在效用函数的设定上，本书延续经济人假设，认为个体基于效用最大化，开展各类经济活动。但“斯密悖论”表明，单纯强调“利己之心”往往难以解释社会领域表现出来的“同情之心”。Backer 等（1999）、Ray 等（1999）均考虑了利他性动机在家庭决策行为中的普遍存在。特别是在传统东方文化的情境下，利他性动机的表现更为明显。在代际关系中，父母往往更加倾向于表达“家长式关怀”，并对子女产生利他行为倾向。

在利他性动机的引入方式上，行为经济学大体有两种基本方向，直接从利他行为中得到幸福和间接从利他行为中得到收益（黄少安等，2008）。多数 OLG 模型都选择了第一种方式，以继续在 OLG 模型关于效用最大化的基本框架下，讨论决策行为的一致性调整及其宏观影响。例如：Zhang（2001）将子女一生的效用纳入决策主体的效用函数，即父母会因为子女未来一生的效用/成就而感到幸福；赵昕东等（2017）将子女的消费纳入效用函数，即父母会因为子女能够消费更多而感到幸福。本书也选择了第一种方式，延续 Zhang（2001）的设定，将父母对子女的利他性动机引入效用函数，即微观决策个体除了从当期和未来消费、闲暇、子女数量中得到快乐，还会从子女一生成就中得到快乐。

据此，t 期的成年个体的效用函数可表示为：

$$U(H_t) = \ln c_t^t + \gamma \ln s_t^t + \pi_t(\ln c_{t+1}^t + \gamma \ln s_{t+1}^t) + \eta \ln n_t + \theta U(H_{t+1}) \quad (5-1)$$

其中，U、c、s、n、γ、π、η 分别代表效用水平、消费规模、闲暇时间、子女数量、相较于消费的闲暇偏好程度、存活至老年期概率及利他性动机强度。上标 t 代表 t 期的成人个体，下标 t 则代表在 t 期的决策行为。

在时间约束方面，成年期个体的时间主要分配在劳动、闲暇及子女教育的时间投入上。t 期成年个体的效用最大化决策面临着时间约束，可表述为：

$$1 = l_t + s_t^t + n_t h_t \quad (5-2)$$

其中，l 和 h 分别代表用于工作的时间投入及用于子女人力资本投资的时间投入。此外，由于老年期个体的时间全部用于闲暇，因此不涉及时间约束的问题。

在收入约束方面，成年个体在其儿童期不存在收入，各项支出也由父母承担，不存在收入约束问题，成年期的收入即为当期劳动收入，支出则涉及消费和养育子女的物质成本，差额以储蓄形式进入养老金市场；步入老年期后，其收入来自上一期的养老金收益，支出则为当期消费，最终实现收支平衡。

t 期成年个体在成年期和老年期收入约束可表述为式（5-3）和式（5-4a）。根据养老金安排的假设，养老金收益可表述为式（5-4b），即老年期死亡的个体，其养老金收益由其他老年人平分。根据式（5-4a）和式（5-4b），可得式（5-4）。

$$(1-S_t)w_tH_tl_t = c_t^t + B_tn_t \tag{5-3}$$

$$yss^t = c_{t+1}^t \tag{5-4a}$$

$$yss^t = (1+r_{t+1})S_tw_tH_tl_t/\pi^t \tag{5-4b}$$

$$c_{t+1}^t = (1+r_{t+1})S_tw_tH_tl_t/\pi^t \tag{5-4}$$

其中，S、w、H、B 和 yss 分别代表储蓄率、工资率、人力资本水平、养育子女的物质成本以及养老金收益。

人力资本产出函数方面，主流观点多按照 Becker 等（1990）及 Ehrilich 等（1991）的假设展开，即子女的人力资本水平与父母的人力资本积累水平及其对子女教育的时间投入有关。人力资本积累函数可表示为：

$$H_{t+1} = AH_th_t \tag{5-5}$$

其中，A 代表人力资本投资的产出效率。

二、企业行为和市场假设

假定市场充分竞争，生产要素的投入主要包括物质资本投入和有效劳动时间投入。可据此建立柯布—道格拉斯生产函数：

$$Y_t = DK_t^{\alpha}(N_tl_tH_t)^{1-\alpha} \tag{5-6}$$

其中，Y、K、H、D 和 α 分别代表总产出水平、物质资本投入规模、人力资本水平、技术水平和资本产出弹性。

假定资本折旧期为 1 期。根据式（5-6），可得有效劳动时间的工资率和资本回报率分别为：

$$w_t = (1-\alpha)De_t^{\alpha} \tag{5-7}$$

$$1 + r_t = \alpha De_t^{\alpha-1} \tag{5-8}$$

其中，e_t为单位有效劳动时间的资本规模，可表示为：

$$e_t = K_t/(N_tl_tH_t) \tag{5-9}$$

均衡状态下，资本投入规模与供给规模持平，劳动力需求规模和供给规模持平，由此可得到资本投入和劳动时间投入的均衡表达式：

$$K_{t+1} = N_tS_tw_tl_tH_t \tag{5-10}$$

$$l_t = 1 - s_t - n_th_t \tag{5-11}$$

第二节　基于 OLG 模型的最优化分析

一、动态最优化分析

根据上文的相关设定，可构造贝尔曼方程如式（5-12）所示。需要说明的是，当微观决策个体对宏观经济总量的干预力量相对有限时，只能被动接受工资率和利率，可以假定上述指标为外生给定。

$$
\begin{aligned}
V(H_t) = \max_{S_t,\ l_t,\ n_t,\ h_t} & \{\ln[w_t H_t l_t (1-S_t) - B_t n_t] + \gamma \ln(1 - l_t - n_t h_t) + \\
& \pi_t \ln[(1+r_{t+1}) w_t H_t l_t S_t / \pi_t] + \eta \ln n_t + \theta V(H_{t+1})\} \\
& \text{s.t. } H_{t+1} = A H_t h_t
\end{aligned}
\tag{5-12}
$$

根据式（5-12），可得到关于 S_t 、l_t 、n_t 、h_t 的一阶条件如下：

$$
\begin{cases}
\dfrac{1}{c_t^t} = \dfrac{1 + r_{t+1}}{c_{t+1}^t} \\
\dfrac{w_t H_t}{c_t^t} = \dfrac{\gamma}{1 - l_t - n_t h_t} \\
\dfrac{B_t}{c_t^t} + \dfrac{\gamma h_t}{1 - l_t - n_t h_t} = \dfrac{\eta}{n_t} \\
\dfrac{\gamma n_t}{1 - l_t - n_t h_t} = \theta \dfrac{\partial V(H_{t+1})}{\partial H_{t+1}} \dfrac{H_{t+1}}{h_t}
\end{cases}
$$

根据包络定理，对效用函数求 H_t 的偏导，有：

$$
\frac{\partial V(H_t)}{\partial H_t} = \frac{w_t l_t}{c_t^t} \tag{5-13}
$$

将式（5-13）代入一阶条件的方程式（5-4），则有：

$$
\frac{\gamma n_t h_t}{1 - l_t - n_t h_t} = A\theta \frac{w_{t+1} H_t l_{t+1}}{c_{t+1}^{t+1}} \tag{5-14}
$$

考虑到微观决策个体的决策过程中，无法预判下一期工资率及子女未来消费和劳动时间投入，仍以当期工资率及自己的决策行为为判断依据。故式（5-14）可改写为：

$$\frac{\gamma n_t h_t}{1 - l_t - n_t h_t} = A\theta \frac{w_t H_t l_t}{c_t^t} \tag{5-15}$$

根据式（5-1）以及成人期和老年期的收入约束条件式（5-3）和式（5-4），有：

$$w_t H_t l_t = (1 + \pi_t) c_t^t + B_t n_t \tag{5-16}$$

上述各式联立，可得如下方程组：

$$\begin{cases} \dfrac{w_t H_t}{c_t^t} = \dfrac{\gamma}{1 - l_t - n_t h_t} & (1) \\ \dfrac{B_t}{c_t^t} + \dfrac{\gamma h_t}{1 - l_t - n_t h_t} = \dfrac{\eta}{n_t} & (2) \\ \dfrac{\gamma n_t h_t}{1 - l_t - n_t h_t} = A\theta \dfrac{w_t H_t l_t}{c_t^t} & (3) \\ w_t H_t l_t = (1 + \pi_t) c_t^t + B_t n_t & (4) \end{cases} \tag{5-17}$$

将式（5-17）中的方程（1）代入方程（2）、方程（3）和方程（4）中，可得：

$$B_t n_t + w_t H_t n_t h_t = \eta c_t^t \tag{5-18}$$

$$n_t h_t = A\theta l_t \tag{5-19}$$

$$w_t H_t - w_t H_t n_t h_t - \gamma c_t^t = (1 + \pi_t) c_t^t + B_t n_t \tag{5-20}$$

将式（5-18）代入式（5-20），可得均衡时的成人期消费表达式：

$$c_t^t = \frac{w_t H_t}{1 + \eta + \gamma + \pi_t} \tag{5-21}$$

将式（5-18）、式（5-19）与式（5-17）中的方程（4）合并求解，可得均衡时的生育规模如下：

$$n_t = \frac{w_t H_t (\eta - A\theta - A\theta \pi_t)}{B_t (1 + A\theta)(1 + \eta + \gamma + \pi_t)} \tag{5-22}$$

进一步求解，可得子女教育时间投入、劳动时间投入、闲暇时间投入、储蓄率及其他变量指标的均衡解如下：

$$\begin{cases} n_t = \dfrac{w_t H_t(\eta - A\theta - A\theta\pi_t)}{B_t(1 + A\theta)(1 + \eta + \gamma + \pi_t)} \\ h_t = \dfrac{A(\eta\theta + \theta + \theta\pi_t)B_t}{w_t H_t(\eta - A\theta - A\theta\pi_t)} \\ l_t = \dfrac{1 + \eta + \pi_t}{(1 + A\theta)(1 + \pi_t + \gamma + \eta)} \\ s_t = \dfrac{\gamma}{1 + \pi_t + \gamma + \eta} \\ S_t = \dfrac{(1 + A\theta)\pi_t}{1 + \eta + \pi_t} \\ c_t^t = \dfrac{w_t H_t}{1 + \eta + \gamma + \pi_t} \end{cases} \tag{5-23}$$

宏观总量方面，根据式（5-9）和式（5-10），可得单位有效劳动时间的资本规模的表达式如下：

$$e_t = \frac{K_t}{N_t l_t H_t} = \frac{S_{t-1} w_{t-1} l_{t-1} H_{t-1}}{n_{t-1} l_t H_t}$$

将上式代入式（5-7），可得工资率如下：

$$w_t = (1 - \alpha) D \left(\frac{S_{t-1} w_{t-1} l_{t-1} H_{t-1}}{n_{t-1} l_t H_t}\right)^{\alpha}$$

由于稳态时各期的人力资本积累水平和劳动时间投入是固定的，稳态时的工资率可表示为：

$$w = (1 - \alpha) D \left(\frac{wS}{n}\right)^{\alpha}$$

将均衡时的储蓄率和生育规模的表达式代入上式，可得：

$$w = [(1 - \alpha) D]^{\frac{1}{1-\alpha}} \left[\frac{(1 + A\theta)^2}{A^2\theta} \frac{\pi(1 + \gamma + \eta + \pi)}{(1 + \eta + \pi)^2}\right]^{\frac{\alpha}{1-\alpha}}$$

此外，稳态时，各期的人力资本积累水平应相等，故稳态时的子女人力资本时间投入规模和人力资本积累水平表达式可表示为：

$$h = \frac{1}{A}$$

$$H = \frac{(1+\eta+\pi)\theta A^2 B}{w(\eta - A\theta - A\theta\pi)}$$

根据式（5-6），可得 t 期的劳动力平均产出水平如下：

$$\bar{y} = \frac{B}{(1-\alpha)(1+A\theta)} \frac{(1+\eta+\pi)^2}{(1+\gamma+\eta+\pi)(\eta - A\theta - A\theta\pi)}$$

据此，可得稳态时各内生变量的表达式如下：

$$\begin{cases} n = \dfrac{A^2\theta(1+\eta+\pi)}{(1+A\theta)(1+\gamma+\eta+\pi)} \\ h = \dfrac{1}{A} \\ H = \dfrac{(1+\eta+\pi)\theta A^2 B}{w(\eta - A\theta - A\theta\pi)} \\ l = \dfrac{1+\eta+\pi}{(1+A\theta)(1+\gamma+\eta+\pi)} \\ s = \dfrac{\gamma}{1+\gamma+\eta+\pi} \\ S = \dfrac{(1+A\theta)\pi}{1+\eta+\pi} \\ w = [(1-\alpha)D]^{\frac{1}{1-\alpha}}[\dfrac{(1+A\theta)}{A^2\theta} \dfrac{\pi(1+\gamma+\eta+\pi)}{(1+\eta+\pi)^2}]^{\frac{\alpha}{1-\alpha}} \\ \bar{y} = \dfrac{B}{(1-\alpha)(1+A\theta)} \dfrac{(1+\eta+\pi)^2}{(1+\gamma+\eta+\pi)(\eta - A\theta - A\theta\pi)} \end{cases} \tag{5-24}$$

二、比较静态均衡分析

根据均衡表达式，预期寿命的变化将直接影响到储蓄率、生育率、劳动时间投入、闲暇时间投入以及对子女人力资本投入等微观个体决策，并对宏观经济总量产生深远影响。

结论 5-1：预期寿命的提高将引起成人期个体储蓄率和劳动时间投入的增加以及闲暇时间投入的减少。

证明：$\dfrac{\partial S_t}{\partial \pi_t} = \dfrac{(1+A\theta)(\eta+\pi_t)}{(1+\eta+\pi_t)^2} > 0$; $\dfrac{\partial l_t}{\partial \pi_t} = \dfrac{\gamma}{(1+A\theta)(1+\gamma+\eta+\pi_t)^2} > 0$;

$$\frac{\partial s_t}{\partial \pi_t} = -\frac{\gamma}{(1+\gamma+\pi_t+A\theta)^2} < 0。$$

同理，根据式（5-24），有：$\frac{\partial S}{\partial \pi} > 0$；$\frac{\partial l}{\partial \pi} > 0$；$\frac{\partial s}{\partial \pi} < 0$。

结论 5-2：预期寿命的提高将引起均衡路径上工资率的先减后增，及稳态时工资率水平的提高。

证明：根据式（5-23），有：$w_t = (1-\alpha)D\left(\frac{S_{t-1}w_{t-1}l_{t-1}H_{t-1}}{An_{t-1}h_{t-1}}\right)^{\alpha}\left(\frac{1}{l_t}\right)^{\alpha}$。

显然，$t-1$ 期的 S_{t-1}、w_{t-1}、l_{t-1}、H_{t-1}、n_{t-1} 及 h_{t-1} 均与 t 期的 π_t 无关；根据结论 5-1，又有 $\partial l_t/\partial \pi_t > 0$。因此，$t$ 期预期寿命的提高将首先导致 t 期工资率的下降，即 $\partial w_t/\partial \pi_t < 0$。

根据式（5-18），有 $w = [(1-\alpha)D]^{\frac{1}{1-\alpha}}\left[\frac{(1+A\theta)^2}{A^2\theta}\frac{\pi(1+\gamma+\eta+\pi)}{(1+\eta+\pi)^2}\right]^{\frac{\alpha}{1-\alpha}}$。

令 $Q = [(1-\alpha)D]^{\frac{1}{1-\alpha}}\left[\frac{(1+A\theta)^2}{A^2\theta}\right]^{\frac{\alpha}{1-\alpha}}$，则有：$w = Q\left[\frac{\pi(1+\gamma+\eta+\pi)}{(1+\eta+\pi)^2}\right]^{\frac{\alpha}{1-\alpha}}$，

故 $\partial w/\partial \pi = \frac{\alpha}{1-\alpha}Q\left[\frac{\pi(1+\gamma+\eta+\pi)}{(1+\eta+\pi)^2}\right]^{\frac{2\alpha-1}{1-\alpha}}\frac{(1+\eta+\pi)(1+\eta)+\gamma(1+\eta-\pi)}{(1+\eta+\pi)^3}$。

显然，π 作为存活至老年期的概率，其值必然在 0~1，故 $\partial w/\partial \pi > 0$。

结论 5-3：预期寿命的提高引起均衡路径上生育率的先减小、后回升。

证明：$n_t = \frac{w_tH_t(\eta - A\theta - A\theta\pi_t)}{B_t(1+A\theta)(1+\eta+\gamma+\pi_t)}$。显然，$t$ 期成人个体的人力资本积累水平 H_{t-1} 与 π_t 无关；根据结论 5-2，有：$\partial w_t/\partial \pi_t < 0$。又令 $f(\pi_t) = \frac{\eta - A\theta - A\theta\pi_t}{1+\eta+\gamma+\pi_t}$，有：$\partial f(\pi_t)/\partial \pi_t = -\frac{A\theta\eta + A\theta\gamma + \eta}{(1+\eta+\gamma+\pi_t)^2} < 0$。因此，有 $\partial n_t/\partial \pi_t < 0$。

同时，稳态时，根据式（5-18），$\partial n/\partial \pi = \frac{A^2\theta\gamma}{(1+A\theta)(1+\gamma+\eta+\pi)^2}$，故有 $\partial n/\partial \pi > 0$。

结论 5-4：预期寿命的提高引起均衡路径上人力资本积累水平的提高。

证明：$H_{t+1}=\dfrac{(\eta\theta+\theta+\theta\pi_t)A^2B_t}{w_t(\eta-A\theta-A\theta\pi_t)}$。根据结论5-2，有：$\partial w_t/\partial\pi_t<0$。

令 $g(\pi_t)=\dfrac{A^2B_t(\eta\theta+\theta+\theta\pi_t)}{\eta-A\theta-A\theta\pi_t}$，则 $\partial g(\pi_t)/\partial\pi_t=\dfrac{A^2B_t\theta\eta(1+A\theta)}{(\eta-A\theta-A\theta\pi_t)^2}>0$。故 $\partial H_{t+1}/\partial\pi_t>0$。

结论5-5：预期寿命的提高将引起稳态时劳动力平均产出的提升。

证明：根据式（5-24），$\bar{y}=\dfrac{B}{(1-\alpha)(1+A\theta)}\dfrac{1+\eta+\pi}{1+\gamma+\eta+\pi}\dfrac{1+\eta+\pi}{\eta-A\theta-A\theta\pi}$，

令 $f(\pi)=\dfrac{1+\eta+\pi}{1+\gamma+\eta+\pi}$，$g(\pi)=\dfrac{1+\eta+\pi}{\eta-A\theta-A\theta\pi}$，显然，$\dfrac{\partial f(\pi)}{\partial\pi}=\dfrac{\gamma}{(1+\gamma+\eta+\pi)^2}>0$，$\dfrac{\partial g(\pi)}{\partial\pi}=\dfrac{\eta+\theta\eta}{(\eta-A\theta-A\theta\pi)^2}>0$。又因为 $f(\pi)>0$，$g(\pi)>0$，故有：$\dfrac{\partial\bar{y}}{\partial\pi}=\dfrac{1}{(1-\alpha)(1+\theta)}\left[\dfrac{\partial f(\pi)}{\partial\pi}g(\pi)+f(\pi)\dfrac{\partial g(\pi)}{\partial\pi}\right]>0$。

第三节　对实证结果的进一步解释

人口老龄化进程中，微观决策个体基于效用最大化，对各类微观决策行为进行持续调整，进而引起要素投入的增加。但要素投入的增加对产出水平的正向影响还有赖于产品市场、要素市场的快速繁荣，并成为老龄化经济影响实现的前提保障。

一、老龄化经济影响的基本结论

理论实证结果表明，人口老龄化进程中，预期寿命的提高确实存在着提高平均产出水平的基本逻辑，并体现在以下三个方面：

首先，成年期个体存在着收入在当期消费和未来消费间的权衡，引起储蓄率的增加。

出于一生效用最大化的考虑，预期寿命提高存在着通过储蓄率引起劳动力要素资本拥有量提升的一面。面对不断增加的预期寿命，个体需要为未来的消费而储蓄，消费能力也因此而出现后移。

其次，成年期个体存在着时间在工作和闲暇间的权衡，引起劳动时间投入的增加。

仍然是出于一生效用最大化的考虑，预期寿命的提高还会引起成年期个体放弃当期闲暇效用，以获得未来更长时间内的老年期消费效用，进一步增加消费能力的同时，也提高了劳动时间的投入。

最后，成年期个体存在着在子女数量和质量间的权衡，引起生育率的下调和再回升，以及人力资本水平的持续增加。

出于利他性动机，父母从子女一生的效用中得到效用。教育是父母能够干预子女一生效用的重要决策之一，预期寿命的持续提高会引起教育要素投入的进一步扩大。微观决策个体会为了将时间用于当期劳动时间投入及更好地提高子女人力资本积累水平，而降低生育规模。但此后，随着工资率的不断上扬，收入效应又会使微观决策个体提高生育规模，引起生育率的回升。

总之，在多方面因素干预下，人均产出水平呈持续上扬趋势，但亦存在着挖掘发展潜能的基本前提。

预期寿命的提高将直接影响每个有效劳动力的劳动时间投入及其资本拥有量。随着预期寿命的提高，储蓄率和劳动时间投入也会提高，这在很大程度上抵消了稳态时生育率减小和老龄化进一步恶化带来的消极影响，并引起劳动力平均产出水平的上升。

二、对模型设定的进一步讨论

基于 OLG 模型的理论实证结果表明，人口老龄化进程中微观决策个体会通过收入在消费和储蓄间的权衡、时间在劳动和闲暇上的权衡以及在子女数量和质量间的权衡，引起劳均资本拥有量、人力资本拥有量和劳动时间投入的持续上扬，进而形成老龄化进程中的产出能力上扬通道。

但仅从产出的角度来说，个体增加对劳动时间的投入、人力资本投入和资本储蓄的投入并不必然导致人均产出水平的快速提升。按照一般均衡理论的基本假设，产品市场和要素市场均处于出清状态。但上述假设只在理论上存在，资本、劳动、人力资本等要素需要通过要素市场的有效配置进入产业和企业，进而形成经济的总产出，这些产出又要能够与产品市场的需求相匹配。一旦市场化配置环节出现阻碍，最终的购买行为和产出的增加都会发生结构性变化。

即便是在发达国家，产品市场和要素市场也无法达到出清状态，仍然会出现产品和要素的供求关系失衡。具体到中国，尽管改革力度不断加大，但要素市场的成熟度仍然偏低，再加上中国银发产业起步较晚，老年产品市场的有效供给也存在明显不足，并成为老龄化经济影响实现路径上的主要阻碍。换言之，老龄化经济影响的实现，在很大程度上还依赖于产品市场、资本市场以及劳动力市场的不断成熟，由此便形成了老龄化经济影响实现的基本前提和阻碍因素。

首先，产品和服务要达到基本的供求平衡，相关产品的供给要能够满足不同类型消费者的差异化需求。

产品市场的供求平衡包含产品和服务两个方面，既涉及数量，也涉及质量。如果产品和服务的差异化需求无法得到有效满足，消费结构迟迟无法更新，消费潜力也就无法释放。这就意味着，消费作为“三驾马车”之一，无法在需求侧为经济发展提供助力。特别是在老龄化日趋严重的当下，要充分拉动老年人群对老年产品和服务的需求，保障老年产品和服务供给的质量和数量。但受限于老年产品和服务市场起步较晚，相关产品和服务的有效供给严重不足，形成了老龄化经济影响路径在产品市场上面临的基本阻碍。

其次，资本要能够有效进入要素市场，满足企业经营主体生产运营和转型升级的资金需求。

从供给侧改革的角度来说，资本要素市场出清就是要把足额的资本投入到所需要的领域。在老龄化进程中，储蓄的增加只能引起资本供给总量的提高，但要满足市场主体的需求，还要实现资本在各类市场主体上的充分配置。否则，资本需求无法得到满足的企业主体，既无法快速提升产品和服务的有效供给能力，也无法提供更加充沛的就业机会，阻碍了要素投入总量增加对产出的影响，对保证资本收益率也会产生消极影响。

最后，劳动力要能够在不同劳动时间投入约束下实现充分就业，在增加收入的同时，也为生产环节提供有效的劳动要素供给。

一方面，劳动力市场的供求平衡包括劳动力的数量和质量均实现市场的供求平衡，即各类具有劳动能力的主体都能在合适的时间和地点找到合适的工作，减少“就业难”状况的发生；另一方面，各劳动主体的劳动技能也需要符合用人单位的用人需求，减少“用工荒”状况的发生。只有劳动力市场的配置能力得到极大提升，更高的工作投入意愿才有可能转化为实际的劳动力投入，在丰富劳动力市场供给的同时，也带来产出和收入水平的增加。

此外，利他性动机下，家庭对子女的教育投入与成熟的养老金体系和高效的人力资本投资体系密切相关。

在家庭决策框架下，对子女数量和质量的权衡，是利他性动机最核心的体现。当全社会享有完善的养老保障体系时，家庭可以直接通过养老金的投资行为，获得未来的持续经济收益；当全社会享有高效的人力资本投资体系时，家庭对子女的教育投入效率提升，减少了劳动投入时间的挤出。在两方面因素的共同保障下，才能减少个体对子女的经济依赖性，并通过人力资本投资，从子女一生的成就中获得效用，甚至愿意以财产反哺下一代。

综上，老龄化进程中要素投入倾向的调整，并不必然引起全社会人均产出水平的增加。不断健全产品市场、要素市场、养老金体系、人力资本投资体系，对于挖掘人口老龄化进程中的经济发展潜力，具有重要的理论和实践意义。

基于此，本书将一方面利用中国的时间序列数据，对上述理论实证的结果进一步展开经验实证；另一方面围绕人口老龄化经济影响实现路径的阻碍因素展开分析，并重点围绕银发产业的有效供给问题进行更深入的讨论。

第六章　基于宏观经济数据的经验实证

定性分析和理论实证的结果均表明，在人口老龄化进程中，个体会出于谨慎性预期，在微观层面上调整其决策行为，并最终形成宏观层面上要素投入和人均产出水平的持续增加。换言之，在评估人口老龄化的经济影响时，需要在更长的时间周期内，对老龄化进程中各经济指标变化方向展开更深入的讨论。

第一节　模型构建与数据获取

预期寿命的提高会引起微观基础的持续性调整，并通过宏观经济总量变化，影响最终产出水平。基于此，本书拟采用广义脉冲响应函数法，基于中国的时间序列数据，就预期寿命对各经济变量的影响展开进一步的经验实证。

一、计量方法与指标选取

在生育率内生的框架下，人口老龄化的外生变量来自预期寿命的不断提高。在评估一个变量对系统的冲击时，VAR 模型被相关研究广泛采用。在 VAR 模型的基本框架下，王森（2010）和齐明珠（2017）分别就人口老龄化进程中居民储蓄率、金融资产价格的变化方向展开了讨论；封铁英（2015）、游士兵等（2017）、徐晓娜（2017）、王勇（2019）分别围绕农村养老金体系的可持续性、居民消费等问题展开了大量讨论。本书也试图以 VAR 模型为基本框架，采用广义脉冲响应函数法，系统评估老龄化进程中各经济指标的演进方向。

传统脉冲响应函数多建立在向量自回归模型的基础上，其基本思想是考虑扰动项的影响是如何传播到各变量的。但传统脉冲响应函数假定扰动项 ε_t 的协方差矩阵是正定的，这就意味着扰动项向量 ε_t 中的其他元素随着第 j 个元素的变化而变化，这与计算脉冲响应函数时假定 ε_{jt} 变化而 ε_t 中其他元素不变化是相矛盾的。传统脉冲响应函数通过 Cholesky 分解来解决这一问题，并得到估计结果。但基于 Cholesky 分解的估计结果，严重地依赖于 VAR 系统中各个变量的次序（高铁梅，2009）。

Koop 等（1996）提出了广义脉冲响应函数（Generalized Impulse Response Function，GIRF）的方法，并极大地克服了传统脉冲响应函数的上述缺点。与传统脉冲响应函数不同的是，广义脉冲响应函数对冲击重新进行了定义，并认为冲击并不是发生在所有的变量上，只是发生在第 j 个变量上。

以一个非限制性向量的 *VAR*（p）模型（如式（6-1）所示）为例，在式（6-1）中，y 是 k 维内生变量列向量，p 是滞后阶数，φ_1，…，φ_p 是待估计的 k 维系数列向量，T 是样本个数，ε_t 是 k 维扰动列向量。

$$y_t = \varphi_1 y_{t-1} + \cdots + \varphi_p y_{t-p} + \varepsilon_t,\ t = 1,\ 2,\ \cdots,\ T \tag{6-1}$$

根据 *VAR*（p）模型的系数矩阵 φ_i 和 *VMA*（∞）模型中的系数矩阵 A_i 需满足的基本关系，y_t 中的第 i 个变量 y_{it} 可表示如下：

$$y_{it} = \sum_{j=1}^{k} (a_{ij}^{(0)} \varepsilon_{jt} + a_{ij}^{(1)} \varepsilon_{jt-1} + a_{ij}^{(2)} \varepsilon_{jt-2} + a_{ij}^{(3)} \varepsilon_{jt-3} + \cdots) \tag{6-2}$$

假定在基期，给 y_j 一个单位的脉冲，y_i 在各期的响应分别为 $a_{ij}^{(0)}$、$a_{ij}^{(1)}$、$a_{ij}^{(2)}$、$a_{ij}^{(3)}$ …，由 y_j 脉冲引起的 y_i 累积响应函数可表示为：$\sum_{q=0}^{\infty} a_{ij}^{(q)}$。其中，$a_{ij}^{(q)}$ 为 $a^{(q)}$ 的第 i 行、第 j 列元素，可表示如下：

$$a_{ij}^{(q)} = \partial y_{t+p} / \partial \varepsilon_t{}' \tag{6-3}$$

在广义脉冲估计的基本设定下，冲击并不发生在所有变量上，只是发生在第 j 个变量上，即 δ_j。故向量 y_{t+q} 的响应可表示如下：

$$\psi(q,\ \delta_j,\ \Omega_{t-1}) = E(y_{t+q} \mid \varepsilon_{jt} = \delta_j,\ \Omega_{t-1}) - E(y_{t+q} \mid \Omega_{t-1}) \tag{6-4}$$

其中，Ω_{t-1} 为 $t-1$ 期的信息集合。

由于 ε_t 的协方差矩阵是正定的，即 ε_t 各元素间存在着同期相关关系，则给 ε_{jt} 一个冲击，ε_t 中的其他元素也会在同期发生变化。若要求解式（6-4），需要首先计算由于 ε_{jt} 变化引起的 ε_t 中其他元素的同期变化。假定 ε_t 服从多元正态分布，可得：

$$\delta = E(\varepsilon t \mid \varepsilon_{jt} = \delta_j) = (\sigma_{1j}, \sigma_{2j}, \cdots, \sigma_{kj})' \sigma_{jj}^{-1} \delta_j = \Sigma_j \sigma_{jj}^{-1} \delta_j \quad (6-5)$$

其中，$\sigma_{jj}=E(\varepsilon_{jt}^2)$，$\Sigma_j=E(\varepsilon_t\varepsilon_{jt})$ 表示 ε_t 协方差矩阵 Σ 的第 j 列元素。

根据式（6-5），并假定 $\delta_j=\sqrt{\sigma_{jj}}$，则式（6-4）可变型为：

$$\psi(q, \delta_j, \Omega_{t+1}) = A_q\delta = \frac{A_q\Sigma_j}{\sqrt{\sigma_{jj}}}\frac{\delta_j}{\sqrt{\sigma_{jj}}} = \sigma_{jj}^{-\frac{1}{2}} A_q \Sigma_j$$

相较于传统的脉冲响应函数，广义脉冲响应函数的分析结果并不依赖于VAR 系统中各个内生变量的次序，估计结果的稳定性与可靠性也得到大幅提升，其考察某一变量变化对模型的系统性冲击的基本思想，也与本书的研究目标极为吻合。

基于该方法，本书进一步选取了生育率、储蓄率、高中升学率、人口就业倾向等相关中间变量指标，相关指标及其解释详见表 6-1。其中，储蓄率是当期消费和未来消费间权衡的结果，生育率和高中入学率是子女数量和质量间权衡的结果，劳动年龄人口的就业倾向则是时间在闲暇和工作上权衡的结果，人均 GDP 则是个体行为变化在宏观上的最终体现。

表 6-1　VAR 模型中的指标解释

指标	指标代码	指标解释
人均 GDP	*gpc*	指人均的 GDP 产出规模，按 2000 年美元价格计
预期寿命	*life*	指按各年龄人口死亡率估算的预期生存年限
总和生育率	*fer*	指妇女在其育龄期内平均生育子女的数量
储蓄率	*sav*	指储蓄规模与 GDP 间的比值
人口就业倾向	*par*	指劳动年龄人口的就业意愿，按就业人口数与劳动年龄人口比计
高中入学率	*enro*	指初中毕业生升入高中的比率，即当年的初中毕业生规模/高中招生规模

注：其中预期寿命、人均 GDP（2000 年美元价格计）、总和生育率和储蓄率指标均来自世界银行 WDI 数据库，高中入学率和就业倾向指标来自历年《中国统计年鉴》，由当年的初中毕业生规模和高中招生规模之比、就业人口和劳动年龄人口之比表示。

需要说明的是，一方面，理论实证结果表明，成年期个体面临工作和闲暇的权衡，但由于宏观统计指标中难以获取劳动力平均劳动时长的指标，只能选择就业人口占劳动年龄人口比，以显示劳动年龄人口的就业意愿；另一方面，选择高中入学率作为人力资本投入的衡量指标，其原因在于九年义务教育制和高中教育供给规模相对充足的背景下，子女是否就读高中更能直观反映家庭的子女教育投入决策。

二、统计数据的获取

本书的数据为1978—2017年的时间序列数据，相关统计数据列表详见表6-2。其中，储蓄率和高中升学率均为相对值，以百分比计；人均GDP、预期寿命、生育率和就业人口比为绝对值，且量纲不统一。为保证数据的平稳性，本书将在后续计量分析的过程中对各指标值进行对数化处理。

此外，选择1978年为数据起点，一方面是考虑到数据的可获取性，此前的数据存在一定的数据遗漏问题；另一方面则是考虑到数据的稳定性，特别是计划生育的波动问题。1978年是中国人口政策史上的关键一年，当年3月，第五届全国人民代表大会第一次会议通过的《中华人民共和国宪法》第五十三条规定，“国家提倡和推行计划生育”，计划生育正式被写入《宪法》，成为我国的基本国策。此后，中国生育政策的基本趋势是以控制为导向，力度趋于放缓。

表6-2 历年关键指标统计数据

年份	生育率/‰	人均GDP/元	储蓄率/%	预期寿命/岁	高中升学率/%	就业人口比/%
1978	2.94	307.77	37.34	65.86	40.9	72.0
1979	2.75	326.77	35.48	66.38	37.0	71.6
1980	2.63	347.89	34.83	66.84	39.7	72.0
1981	2.57	361.23	33.83	67.26	28.4	72.1
1982	2.56	387.76	33.83	67.62	27.1	72.4
1983	2.58	423.59	33.18	67.93	27.1	72.3
1984	2.62	481.37	34.93	68.21	27.6	73.0
1985	2.66	538.69	35.31	68.45	25.8	73.6
1986	2.68	578.18	35.29	68.66	24.3	74.0

续表

年份	生育率/‰	人均 GDP/元	储蓄率/%	预期寿命/岁	高中升学率/%	就业人口比/%
1987	2.65	635.50	37.27	68.84	22.8	74.5
1988	2.59	695.60	38.02	69.00	21.7	75.2
1989	2.49	713.69	35.94	69.15	21.3	75.1
1990	2.35	730.77	36.75	69.29	22.5	86.3
1991	2.19	787.87	38.53	69.44	22.5	86.3
1992	2.02	888.91	40.66	69.59	21.3	85.9
1993	1.87	1 000.61	41.76	69.75	20.1	85.4
1994	1.74	1 118.50	41.75	69.94	21.1	84.9
1995	1.64	1 227.56	38.58	70.16	22.3	84.6
1996	1.57	1 335.36	38.81	70.43	22.1	84.1
1997	1.53	1 443.78	39.79	70.75	22.4	84.0
1998	1.50	1 542.06	38.40	71.12	22.8	83.9
1999	1.49	1 645.99	36.61	71.52	24.9	83.7
2000	1.50	1 771.74	35.82	71.96	29.4	83.1
2001	1.51	1 905.61	37.37	72.40	32.7	82.6
2002	1.52	2 065.72	39.01	72.84	36.0	81.6
2003	1.54	2 258.91	42.58	73.26	37.7	80.6
2004	1.55	2 472.59	45.86	73.64	39.7	79.7
2005	1.57	2 738.21	46.18	73.99	41.7	78.8
2006	1.57	3 069.31	48.55	74.29	42.2	78.2
2007	1.58	3 487.85	50.86	74.56	42.9	77.8
2008	1.58	3 805.03	52.28	74.81	44.9	77.4
2009	1.59	4 142.04	50.97	75.03	46.3	77.1
2010	1.59	4 560.51	52.06	75.24	47.8	77.0
2011	1.59	4 971.55	50.14	75.43	49.0	77.0
2012	1.60	5 336.06	49.64	75.60	52.1	77.0
2013	1.60	5 721.69	48.64	75.77	52.7	77.2
2014	1.61	6 108.24	49.16	75.93	56.4	77.4

续表

年份	生育率/‰	人均 GDP/元	储蓄率/%	预期寿命/岁	高中升学率/%	就业人口比/%
2015	1.62	6 496.62	46.93	76.09	56.2	77.6
2016	1.62	6 894.47	45.81	76.25	56.4	77.8
2017	1.63	7 329.09	47.01	76.41	57.3	77.9

第二节　VAR 模型的检验

在模型构建和样本选取的基础上，本书对中国 1978—2017 年的时间序列数据进行数据平稳性的 ADF 检验，在 VAR 估计的基础上考察了模型的平稳性，并展开 Johansen 协整检验，以说明各变量间长期、稳定的关系。

一、序列数据的单位根检验

时间序列数据分析的基本前提是数据的长期稳定性。一般来说，平稳性检验主要通过单位根检验实现，主要涉及 DF 检验、ADF 检验和 PP 检验等方式。其中，ADF 检验使用最为广泛，也是本书所采取的检验方法。

在常数项和趋势项的定义上，根据易丹辉（2002）所提出的基本原则：当数据存在长期的向上或向下趋势时，检验中需要包括常数项和趋势项；当数据不存在向上或向下趋势，但在非零均值上下波动时，检验中需要包含常数项；当数据在零均值上下波动时，检验中应不包含常数项和趋势项。在对变量进行二阶差分处理后，ADF 检验设定不包含常数项和趋势项，并以 EViews5 中 AIC 准则为基础，可得 ADF 检验结果如表 6-3 所示。各变量均为同阶差分后的平稳数据。

表 6-3　各变量 ADF 检验结果

变量	变量标识	P 值	滞后阶数	最大滞后阶数	样本量
人均 GDP	*gpc*	0.0000	0	9	37
预期寿命	*life*	0.0390	0	9	37
总和生育率	*fer*	0.0455	0	9	37

续表

变量	变量标识	P 值	滞后阶数	最大滞后阶数	样本量
储蓄率	*sav*	0.0000	0	9	37
人口就业倾向	*par*	0.0000	0	9	37
高中入学率	*enro*	0.0000	0	9	37
ADF—费雪—卡方统计量　466.161		P 值=0.000			
ADF-Z 统计量　-17.1029		P 值=0.000			

二、VAR 模型的阶数和稳定性

ADF 检验后，还需要进行协整检验以说明序列间的长期协整关系。但 Johansen 协整检验需要以 VAR 模型为基础，并涉及滞后阶数确定的问题。基于此，本书构建了初步的 VAR 模型以确定滞后阶数，并进一步判断 VAR 模型的稳定性。

VAR 模型滞后阶数的判定标准大多以 AIC 信息准则和 SC 信息准则为准。根据 EViews5 的汇报结果，并兼顾模型的自由度，VAR 模型的滞后阶数为三阶（见表 6-4）。

表 6-4　VAR 模型滞后阶数的确定

阶数	LogL	LR	FPE	AIC	SC	HQ
0	124.1225	NA	6.80E-11	-6.385	-6.12377	-6.2929
1	597.2977	767.3111	3.81E-21	-30.0161	-28.1875	-29.3714
2	778.6875	235.3165	1.73E-24	-37.875	-34.479	-36.6778
3	885.1448	103.5801	6.07E-26	-41.6835	-36.7201	-39.9337

进一步按照滞后 3 阶的方式展开 VAR 估计，可得 VAR 模型的 AR 根如图 6-1 所示。当所有单位根都小于 1 时，则 VAR 模型满足稳定性条件。显然，VAR 模型具有较好的稳定性。

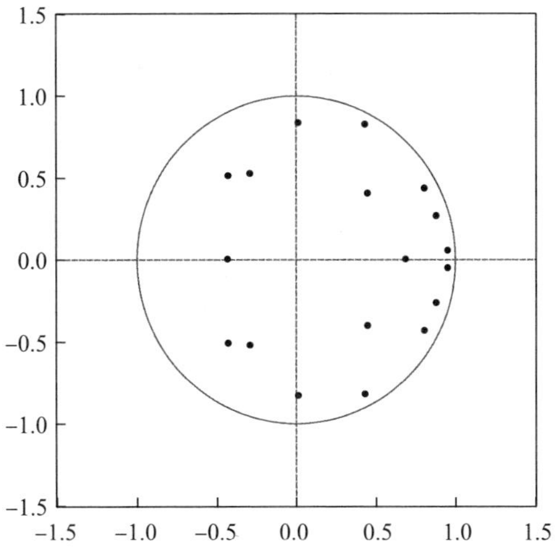

图 6-1　VAR 模型的 AR 根

三、基于 VAR 模型的协整检验

为进一步说明模型的有效性，还需要通过协整检验，验证各变量间是否存在长期稳定的协整关系。本书所采取的协整检验方法是 Johansen 检验。根据此前构建的 VAR 模型，可对预期寿命、总和生育率、储蓄率、人均 GDP 和高中入学率间的协整关系进行协整检验，并得到相关结果，如表 6-5 所示。

由表 6-5 可知，预期寿命、总和生育率、储蓄率、高中入学率和人均 GDP 间存在着 4 个协整向量，各内生变量间具有长期、稳定的协整关系。

表 6-5　序列协整检验的结果

原假设	特征根	迹统计量	P 值
0 个协整向量	0.966	340.357	0.0000
至少 1 个协整向量	0.903	218.631	0.0000
至少 2 个协整向量	0.811	134.617	0.0000
至少 3 个协整向量	0.567	74.569	0.0000
至少 4 个协整向量	0.529	44.465	0.0000
至少 5 个协整向量	0.383	17.367	0.0000

第三节　老龄化经济影响的脉冲估计

在模型有效性检验的基础上，本书根据 VAR 估计的结果，进一步就预期寿命变化对储蓄率、总和生育率、高中入学率、人口就业倾向和人均 GDP 等指标的影响展开广义脉冲估计。

一、实证结果及其解释

在 VAR 模型的基础上，得到预期寿命对各变量的动态影响如图 6-2 至图 6-6所示。显然，预期寿命变化对各变量的冲击呈明显收敛趋势，且相关结论与理论实证结果极为吻合。

首先，预期寿命的提高，将引起储蓄率的持续提高，短期内消费后移的趋势极为明显。

由图 6-2 可知，预期寿命的提高对储蓄率的影响是正向的，预期寿命提升在近 20 期内表现出对储蓄率的正向影响。尽管每隔 10 年期左右，储蓄率会出现一定程度的下滑，长期来看，这种影响仍然是正向且收敛的，高水平正向效应会持续 20 期以上。这充分说明在预期寿命提高的影响下，出于谨慎性预期的储蓄率上扬是客观存在的。

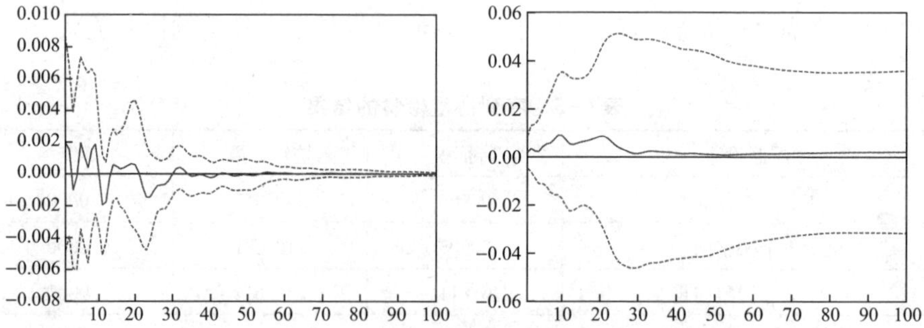

图 6-2　预期寿命冲击引起储蓄率的响应和累积响应

其次，预期寿命的提高将引起总和生育率的先减后增，稳态时会出现正向上扬。

由图 6-3 可知，预期寿命的提高对生育率的影响会随着时间的推移而出现方向性转变。预期寿命提升在近 10 期内表现出对生育率的负向影响。此后，生育率出现缓慢回升。长期来看，这种影响在 15 期的时间内出现由负向向正向的转变。这说明人类社会演进过程中会出现自适应调整，并在一定程度上延缓老龄化进程。

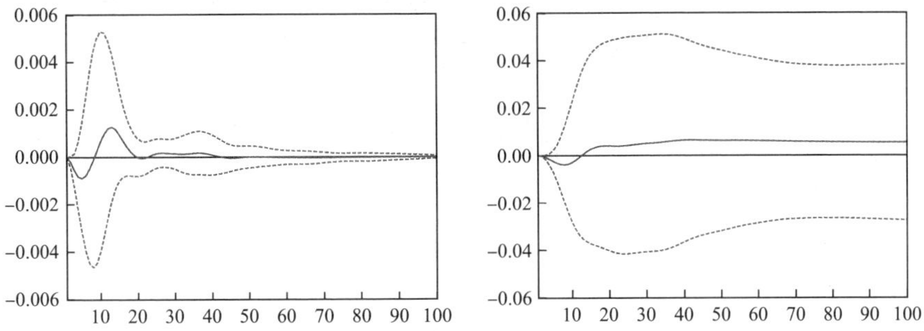

图 6-3　预期寿命冲击引起总和生育率的响应和累积响应

再次，预期寿命的提高，将引起高中入学率的持续上扬。

由图 6-4 可知，预期寿命的提高将在短期内迅速形成对高中入学率的正向冲击。在预期寿命提高的背景下，家庭倾向于从利他性动机出发，增加对子女人力资本的投入，进而引起全社会人力资本水平的持续提高。这也为产业结构的快速升级提供了坚实的人力基础，形成了经济持续发展的新动能。

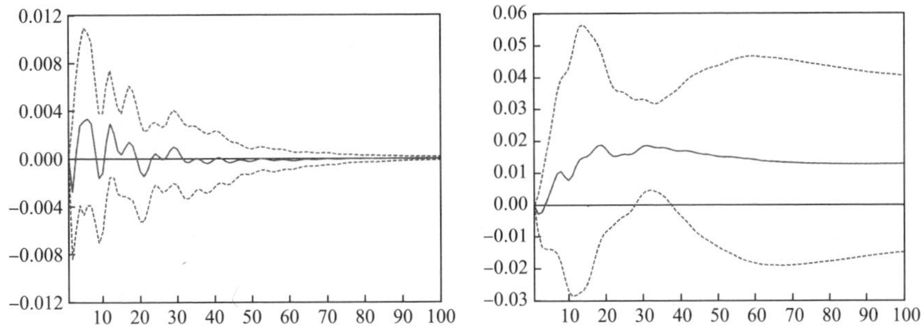

图 6-4　预期寿命冲击引起高中入学率的响应和累积响应

复次，预期寿命的提高将引起人口就业倾向的快速上扬和缓慢回落，长期影响趋近于0。

由图6-5可知，预期寿命的提高将在短期内引起人口就业倾向的快速上扬和小幅回落，每10年为一个周期，形成就业倾向的上扬、回落再上扬的变化趋势。长期来看，预期寿命对就业倾向的正向冲击持续近10期。此后转为负向冲击并趋于减少，最终收敛于0。受数据可获取因素的限制，就业倾向测度的准确性仍有待商榷，但短期内就业倾向上扬，且长期内不会随预期寿命提高而减少，这至少说明，谨慎性预期促进了经济活动人口的劳动投入。

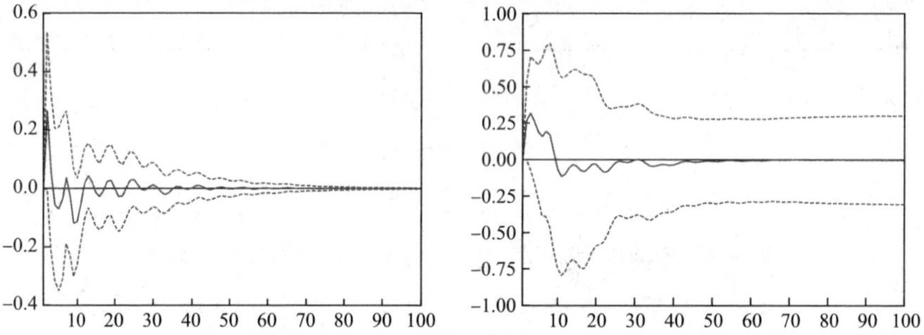

图6-5　预期寿命冲击引起人口就业倾向的响应和累积响应

最后，预期寿命的提高，将在短期的负向扰动后，引起人均GDP水平的持续上扬，并呈正向收敛。

由图6-6可知，预期寿命的提高将在短期内引起人均GDP水平的持续上扬和长期内的小幅回落。换言之，在考虑到个体行为调整因素的基础上，预期寿命的提高会在一定程度上促进人均GDP水平的持续提升。

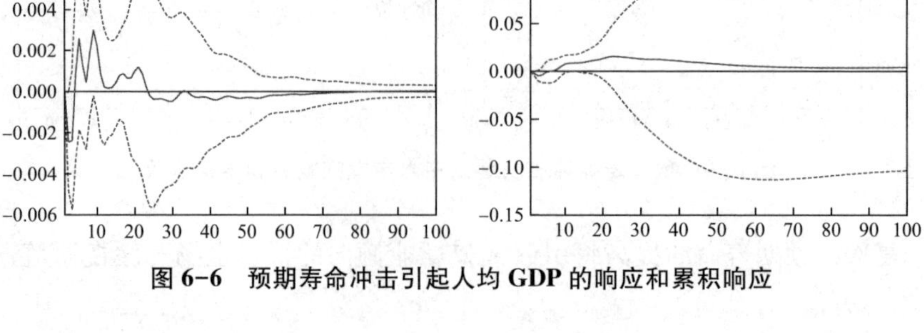

图6-6　预期寿命冲击引起人均GDP的响应和累积响应

二、与理论实证结果的比较

上述经验实证的结论，与理论实证结果的一致性较高，各项指标的短期变动方向均与理论实证结果表现出完全的一致性，仅在长期趋势上略微有些差异。

首先，储蓄率变化方向判定的短期一致性高，长期出现了一定的差异。

理论和经验实证结果均表明，在预期寿命提高背景下，个体出于谨慎性预期和平滑一生消费的考虑，减少当期消费，并引起储蓄率的下降。但理论实证结果表明，预期寿命对成人储蓄倾向的影响并不随时间变化而出现短期内的上下波动。这与经验实证结果所表现出来的小幅回落趋势有所不同。

究其原因，主要是因为理论实证对储蓄率的定义是成人储蓄倾向，与经验实证中的储蓄率指标定义并不完全一致。无论是总和储蓄率还是居民储蓄率，都属于社会整体储蓄水平的均值，无法完全体现成年期个体的储蓄水平。长期来看，预期寿命提高还会引起老年人口比例上扬，进而导致储蓄规模的整体下滑，形成与预防性储蓄的对冲。上述经验实证结果的出现，反而进一步说明预期寿命提高会促进居民的预防性储蓄和社会资本规模的提升。

其次，生育率变化的方向判定表现出高度一致性，人类社会存在着应对老龄化的自我纠正机制。

理论实证结果表明，生育率在短期内会因谨慎性预期而下降，长期内则会因收入效应而出现回升，均衡状态下生育率会因预期寿命的增加而提高。经验实证的结论与此高度一致，且进一步明确了拐点出现在 8 期左右，正负向转变出现在 13 期左右。这说明，随着预期寿命的提高，在更长的时间周期内，生育率存在着回升的倾向性，进而引起老龄化增速的放缓，即存在人口老龄化的自我纠正机制。

但这一结论的可靠性仍存在进一步讨论的空间，主要是由于中国人口政策的持续调整。1978 年，计划生育被写入《宪法》；1980 年，《公开信》（即《关于控制人口增长问题致全体共产党员、共青团员的公开信》）进一步强化了计划生育政策的执行力；1984 年后，在部分区域放开二孩政策；2011 年，实行“双独二孩”；2013 年，实行“单独二孩”；2015 年，实行“全面二孩”。受政策生育率和政策执行力的影响，中国的生育率出现了从快速下降，到平滑下降，再到缓慢上扬的转变，其变化趋势如图 6-7 所示。

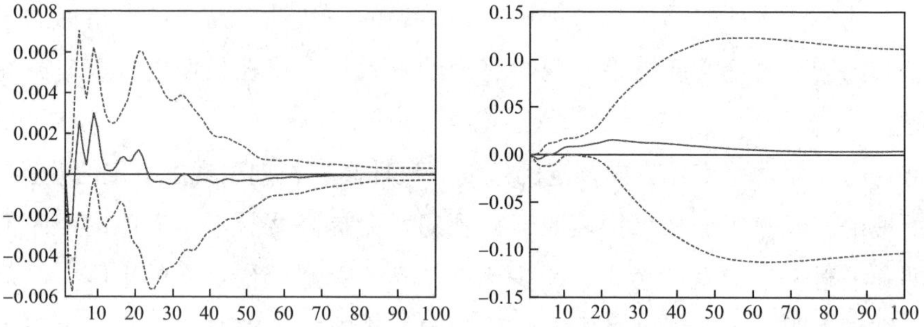

图 6-7　1978—2017 年中国生育率变化趋势

由图 6-7 可知，生育率数据本身出现了一定程度的下滑和回调趋势，与预期寿命冲击下生育率的变化方向表现出一定的一致性。当然，数据变化幅度仍表现出较大差异，但这至少说明，预期寿命对生育率的冲击在一定程度上叠加了人口政策效应。要想准确判断预期寿命对生育率的长期影响，单纯使用中国宏观数据恐怕难以做出准确判定，后续还应使用其他国家的数据和中国的微观调查数据展开进一步分析。这也为后续研究的开展指明了方向。

再次，高中入学率和就业倾向指标变化的方向判定具有一定的一致性，显示了老龄化进程中人力资本驱动经济发展的潜力。

理论实证结果均表明，在预期寿命提高背景下，个体出于谨慎性预期，增加自身的劳动时间投入，出于利他性动机，增加对子女的人力资本投入以提高其一生效用水平。尽管缺乏直接反映上述变量的统计指标，但关联统计指标的分析结果仍在一定程度上印证了相关结论。

人力资本投入变量上，严格相关的指标应为家庭对子女教育的消费支出。受数据可获取性的限制，我们将高中入学率作为关联指标纳入模型中。其原因在于，在九年义务教育的基础上，对子女的高中入学决策更多地体现了家庭对子女教育投资的倾向，该指标的持续上扬，充分表明了老龄化预期和利他性动机下，父母对子女质量偏好的不断强化，也给人口老龄化进程中的经济发展带来了额外的增长潜力。

劳动时间投入变量上，严格相关的指标应为劳动力平均劳动时长。受数据可获取性的限制，我们选择了就业人口占劳动年龄人口的比重作为就业倾向的衡量指标。该指标短期内持续上扬，后续趋于回落。就业意愿的回落可能由两方面原因导致：一方面，随着产业结构调整，自雇佣和灵活就业比例增加，就业规模随之下滑；另一方面，随着人们年龄结构趋于老龄化，家庭照料压力增大，就业意愿随之下滑。但无论如何，该指标短期的上扬充分说明了预期寿命影响下，谨慎性预期对劳动时间投入决策的正向作用。

最后，人均产出水平的方向判定在短期内具有高度一致性，长期则出现一定回落趋势。

理论和经验实证结果均表明，随着预期寿命的提高，微观决策个体的持续性行为调整会在相当长一段时期内给经济发展带来正向影响，并集中体现在人均产出水平指标上。具体来说，随着个体行为的持续性调整，生育率下调，储蓄率、高中入学率、就业倾向等指标上扬，形成了单位劳动力的人力资本、资本、劳动时间要素规模提高，进而引起产出水平的上扬。

在系统化模型内，人均产出水平的部分回调，主要与两方面因素有关：一方面是年龄结构老龄化带来的储蓄率下调；另一方面是收入效应带来的生育率上扬。在两方面因素的共同作用下，单位劳动力的要素拥有量出现下滑，进而引起人均产出水平的小幅回落。但无论如何，稳态时人均产出水平仍然大于0。

第七章　经济影响实现路径的阻碍因素

理论和实证结果均表明，在人口老龄化的传导机制中，微观决策个体基于谨慎性预期，倾向于在老龄化进程中加大对劳动、资本、人力资本的要素投入，进而形成了老龄化进程中经济发展上行可能性的行为基础。但要素投入的增加，并不必然引起人均产出水平的增加。在不均衡发展特征仍然较为明显的背景下，形成产品市场的有效供给、发挥要素市场的有效配置和完善应对人口老龄化的配套体系，都是保证传导机制能够顺利落地的重要前提，也是我们利用老龄化的力量来应对人口老龄化的政策抓手。

第一节　产品市场的有效供给不足

作为人口老龄化背景下个体行为持续调整最直观的体现，微观决策主体会基于谨慎性预期，更倾向于增加收入和延期消费。受此影响，老龄化进程中将会出现收入水平的持续提升和消费倾向在时间上的持续后移，进而形成对银发产业的基本需求。在老龄化背景下，老年消费需求的满足能力，关乎消费能力的有效实现，也直接影响着经济增长潜力的完全释放。

一、银发产业潜力与规模测算

随着中国人口老龄化增速，养老已成为热点话题，养老市场的规模正逐步扩大。大健康产业与养老产业相结合的巨大需求，催生了一个潜力十分巨大的银色市场。老龄产业是一个多元化的产业体系，产业辐射面广、产业链长，几乎涵盖了国民经济行业的所有类别。我国是全球老龄化产业市场潜力最大的国家，尽管市场潜能尚未完全释放，但仍然可以根据当前老年人群的收入和消费状况，对银发产业的市场规模做出基本判断。

（一）居民收支的基本趋势

人口老龄化对于经济社会发展的影响是复杂且联动的，其影响不仅限于老年人群的增加，还在于这一过程中劳动年龄人口所发生的一系列行为调整。在老龄化进程中，有效劳动力的规模在减小，但却通过人力资本规模、资本拥有量的持续提高，增强其在产出分配中的话语权，形成收入水平持续提升的基本逻辑。与此同时，谨慎性预期下，消费也呈现出快速后移趋势，并形成了银发产业的巨大潜力。

一方面，伴随着劳动力规模下降和素质结构上扬，劳动力的平均工资水平呈现出明显的上升趋势。

2009—2018 年，我国就业人口的平均工资水平已经从 32 244 元/年提升至 82 461 元/年，涨幅高达 155. 7%。即使扣除了物价指数，平均增长率也达到了 7. 4%。各行业平均工资水平的持续上扬趋势表现得极为明显。

为进一步说明上述特征，我们采集了 2009—2017 年，我国城镇单位分行业工资总额和就业人口相关指标，得到各主要行业城镇单位平均工资水平的相关数据，如图 7-1 所示。

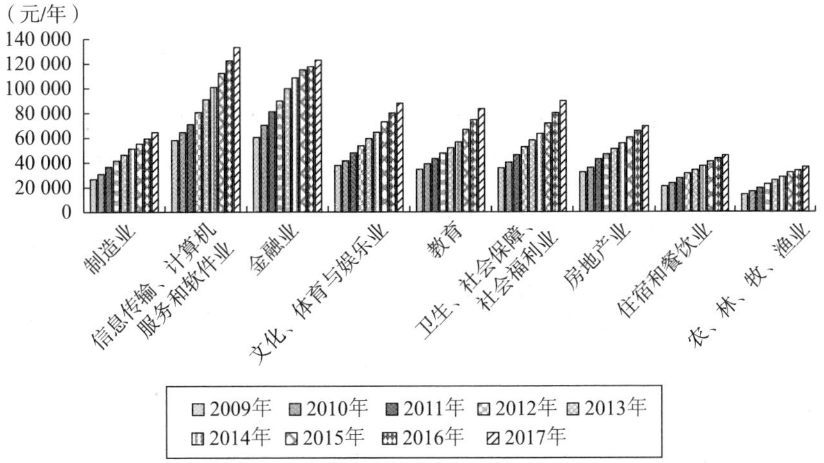

图 7-1　2009—2017 年我国各行业平均工资变化趋势

由图 7-1 不难发现，不管是农业、传统制造业、传统服务业，还是新兴的现代服务业，行业的平均工资水平都呈快速上扬趋势。根据各行业的总体水平，2009—2018 年，各行业城镇单位就业人口的平均工资水平从 32 244 元/年提高至 82 461 元/年，年平均增速高达 11.1%，远超过各年的 GDP 增速，并在一定程度上表明劳动力市场上劳动力和资本的相对供给规模对比已经发生扭转，居民工资水平的上升正在进入快车道。

值得一提的是，传统行业的平均工资水平大多处于各行业的垫底位置，但近年却呈现出明显的快速增长态势。农、林、牧、渔业的平均增长率在各行业中居于首位，达到 12.3%，传统制造业及住宿和餐饮业平均工资水平的增长率也分别达到了 11.6%和 10.3%。相对而言，IT 业和金融业的平均工资水平更高，分别达到 13.3 万元/年和 12.3 万元/年，但增速略低，分别为 10.3%和 9.3%。

另一方面，在谨慎性预期下，消费呈现出时间上的后移倾向，为银发产业的发展提供了更大的想象空间。

根据 Modigiliani 和 Brumberg（1954）的生命周期学说，理性的消费者会基于效用最大化来考量其消费与储蓄的配比，竭力平滑其一生的消费，以实现个人财富的效用。换言之，在老龄化进程中，消费市场的整体结构也发生了深刻的变化。不仅仅是老龄人群，青壮年劳动力也会受到老龄化进程的影响，改变或调整自己的消费结构。

这一点仅从历年居民人均可支配收入和消费支出占比中便可看出。由表 7-1 可知，2013 年我国居民人均可支配收入和消费支出分别为 18 311 元和13 220 元，消费支出比为 72.2%。至 2018 年，人均可支配收入和消费支出分别为 28 228 元和 19 853 元，消费支出比为 70.3%，比 2013 年降低了 1.9 个百分点。

表 7-1　居民收入、支出对比情况

	2013 年	2014 年	2015 年	2016 年	2017 年	2018 年
人均消费支出/元	13 220	14 491	15 712	17 111	18 322	19 853
人均可支配收入/元	18 311	20 167	21 966	23 821	25 974	28 228
消费支出比/%	72.2	71.9	71.5	71.8	70.5	70.3

消费支出的统计数据进一步表明，2014—2018 年，居民消费支出主要构成情况也发生了极大的变化。除了居住成本，基础性消费的增速相当有限。

在衣食住行等基础性消费支出中，居民对于食品烟酒、衣着、交通通信等生存性消费支出的需求有下降的趋势，这反映了人们的日常生活支出维持在一个比较稳定的水平，日常消费支出变动不大，且居民在消费过程中有意识地控制这一支出的比例。

与此同时，以居住为核心的消费支出项目则呈现出明显的增加趋势。基础性消费增速的相对下降，至少说明，基础性消费受各种因素影响出现了紧缩，居住成本贡献了其中相当大的一部分。至于是否与人口老龄化带来的谨慎性预期有关，还需要微观调查数据的进一步验证。

（二）老年人群的收支情况

目前关于老年人群收入状况和消费状况的统计数据相对缺失，为正确识别老年人群的收支情况，提高市场规模预测的准确度，本节所使用的数据集来源于课题组联合北京师范大学人本发展管理研究中心开展的“2016 年中国养老需求状况典型调查”。该调查主要针对北京、黑龙江、广东、甘肃、四川、重庆等地的老年人群发放，收回有效问卷 1 599 份。有关问卷具体细节详见第八章。

此外，为了避免样本量有估算偏差，课题组还使用了普华永道联合博思艾伦发布的“2017 中国老年消费习惯调查”作为交叉比对数据集。该调查主要在北京、上海、武汉、成都、大庆、泉州、聊城、湖州等一、二、三、四线城市发放，收回有效问卷 1 051 份，在业界具有一定的影响力。

传统观点大多认为，老年人群的收入水平和消费能力均相对有限。但从财富的拥有状况看，中老年人是财富拥有量最高的群体。尤其是近年来，新中国成立后第二次“婴儿潮”的高净值人群逐渐步入老年期，他们的收入水平相对更高，也具有更强的消费能力和消费意愿。

一方面，老年人群的月收入水平集中在 1 000~5 000 元，尤以 2 000~3 000元人群占比最多。

根据“2016 年中国养老需求状况典型调查”结果，受访老年人群的收入分布情况如图 7-2 所示。其中，16.3%的受访者月收入为 1 000 元以下，23.7%的受访者月收入为 1 000~2 000 元，29.1%的受访者月收入为 2 000~3 000元，22.8%的受访者月收入为 3 000~5 000 元，另有 8.1%的受访者月收入为 5 000 元及以上。取各收入区间的中位数来计算老年人群的平均收入，可得到月收入平均水平为 2 481. 5 元，约合 29 778 元/年。

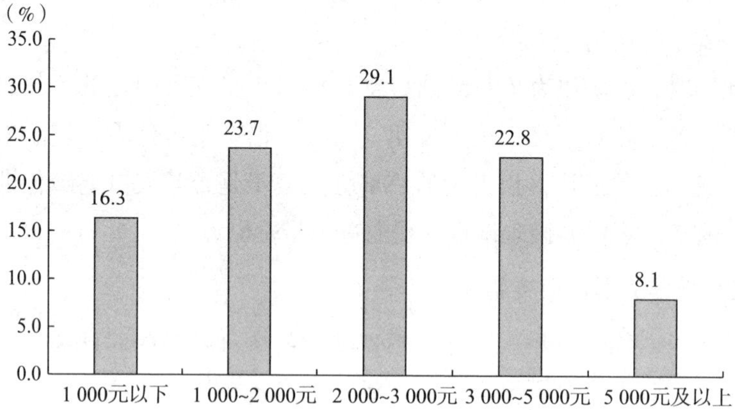

图 7-2　受访老年人群收入水平分布

资料来源：根据问卷调查结果自行整理。

将其与普华永道“2017 中国老年消费习惯调查”结果进行交叉比对，调查结果具有较高的一致性。在该数据集中，老年人群在低收入、中等收入和高收入组的分布情况分别为 16%、69%和 15%。其中，低收入的界定为独居老人收入少于 2 000 元/月，夫妇收入少于 4 000 元/月；中等收入的界定为独居老人收入为 2000~7000 元/月，夫妇收入为 4 000~10 000 元/月；高收入的界定为独居老人收入不低于7 000元/月，夫妇收入不低于 10 000 元/月。

考虑到城乡收入差距问题及样本选择可能存在有偏问题，我们可以进一步保守地假定受访者均为城镇人群。结合当年城乡居民收入差距的比例，可以确定上述估计下，农村老年人口的平均收入为 10 951 元/年。

另一方面，老年人群的消费支出多集中在 500 元/月及以上，尤以 1 000~2 000 元/月占比最高。

根据“2016 年中国养老需求状况典型调查”，受访老年人群的消费情况分布如图 7-3 所示。其中，25. 2%的受访老人每月平均消费在 500~1 000 元，26. 5%的受访老人每月平均消费在 1 000~2 000 元，另有 18. 6%的受访老人月均消费水平在 2 000 元及以上。按各消费支出区间的中位数计，根据上述消费状况分布比例，受访者的平均消费水平为 1 047 元/月，约合 12 564 元/年。

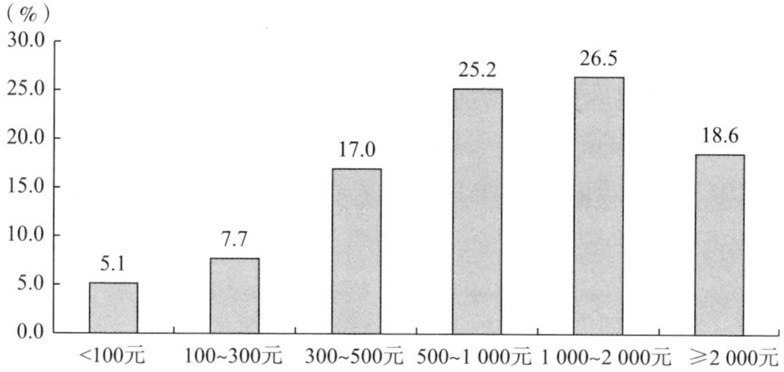

图 7-3　受访老人每月消费情况分布

资料来源：根据问卷调查结果自行整理。

与“2017 中国老年消费习惯调查”的测算结果相比，上述估计结果明显更加保守。根据该调查结果，老年人 2017 年的年均消费约为 22 600 元。此外，估算结果可能会低于实际情况的另一原因在于，此处仅调查的是老年人群自身花费，尚未考虑子女对父母的转移支付。

仍然基于谨慎性预期，为避免样本有偏可能带来的消费过高估计，我们将受访者收入水平定义为城镇老年人口的消费水平。当年城乡居民消费支出分别为 23 079 元/年和 10 130 元/年。按照城乡居民消费支出比估算，农村老年人口的年消费水平为 5 515 元。

（三）银发产业市场规模估计

根据全国第七次人口普查数据，我国老年人口规模为 1.26 亿人，城镇老年人口和农村老年人口的规模分别为 5 331.9 万人和 7 259.6 万人，占比分别为 42.3%和 57.7%。结合此前关于老年人口收入和支出规模的估计，可以确定全国老年人群平均收入水平和消费水平分别为 21 805.7 元/年和 9 579.1 元/年。

根据未来人口规模的预测结果，可知 2019—2040 年老年人口的相对规模。据国家统计局关于居民人均可支配收入和 CPI 指数的相关统计数据，

2014—2018年，在平抑了物价指数干扰后，人均可支配收入的平均增长率为7.1%。同样地，在考虑了物价指数干扰后，2014—2018年，人均消费支出的增长率为6.5%。

据此，2015—2040年银发产业的实际规模和潜在规模测算如表7-2所示。其中，产业规模为老年人群平均消费水平×老年人口规模，产业潜力为收入水平×老年人口规模。谨慎预期下，假定人均消费支出保持基期不变价格；乐观预期下，假定人均可支配收入和人均消费支出在剔除物价因素后，仍分别保持7.1%和6.5%的年均增长水平。

表7-2　银发产业规模预测表

年份	老年人口规模/万人	乐观预期		谨慎预期	
		产业规模/亿元	产业潜力/亿元	产业规模/亿元	产业潜力/亿元
2015	14 390.2	13 784.0	31 379.1	13 784.0	31 379.1
2016	15 222.3	15 529.7	35 550.2	14 581.1	33 193.7
2017	16 262.8	17 669.2	40 677.1	15 577.8	35 462.6
2018	17 253.5	19 964.1	46 218.2	16 526.7	37 622.9
2019	18 357.2	22 622.7	52 667.9	17 583.9	40 029.6
2020	19 425.0	25 493.2	59 685.9	18 606.8	42 358.1
2021	20 372.8	28 475.5	67 043.4	19 514.6	44 424.8
2022	21 419.0	31 883.9	75 491.5	20 516.8	46 706.2
2023	22 253.8	35 280.0	84 002.5	21 316.3	48 526.4
2024	22 701.6	38 328.5	91 775.3	21 745.3	49 503.0
2025	23 206.6	41 728.7	100 481.0	22 229.1	50 604.2
2026	23 418.9	44 847.8	108 599.8	22 432.4	51 067.1
2027	24 415.0	49 794.6	121 257.3	23 386.5	53 239.1
2028	26 017.3	56 509.6	138 385.0	24 921.4	56 733.2
2029	27 223.8	62 974.0	155 083.7	26 077.0	59 364.0
2030	28 421.6	70 020.0	173 405.0	27 224.3	61 975.8
2031	29 615.8	77 702.5	193 518.0	28 368.3	64 580.0
2032	30 497.4	85 218.9	213 432.1	29 212.8	66 502.5

续表

年份	老年人口规模/万人	乐观预期		谨慎预期	
		产业规模/亿元	产业潜力/亿元	产业规模/亿元	产业潜力/亿元
2033	31 836. 7	94 744. 0	238 625. 1	30 495. 6	69 422. 9
2034	32 942. 6	104 408. 2	264 445. 2	31 554. 9	71 834. 3
2035	34 183. 8	115 379. 9	293 881. 7	32 743. 8	74 541. 0
2036	35 218. 8	126 600. 8	324 278. 8	33 735. 2	76 797. 8
2037	36 146. 1	138 381. 9	356 454. 3	34 623. 5	78 819. 9
2038	36 951. 5	150 658. 3	390 260. 3	35 394. 9	80 576. 0
2039	37 602. 2	163 280. 4	425 341. 3	36 018. 3	81 995. 2
2040	38 066. 6	176 042. 0	461 166. 4	36 463. 1	83 007. 7

资料来源：根据相关数据自行测算。

根据上述测算结果，银发产业发展潜力极大。仅在 2015 年，银发产业的市场规模就达到了 1. 4 万亿元，市场潜在规模为 3. 1 万亿元。当年我国的 GDP 约合 68. 9 万亿元，单一产业市场规模占比近 2%。

即便是在不考虑收入和消费支出增加的谨慎预期下，由于老年人群的不断增加，2020—2040 年，银发产业的规模仍将保持 3. 4%的平均增幅水平。如果考虑到收入和消费支出的增加，在乐观预期下，银发产业的市场规模和产业潜力将分别保持 10. 1%和 10. 8%的高速增长态势。换言之，在乐观预期下，即便是没有银发产业的结构性升级，到 2040 年，银发产业的规模也将达到 17. 6 万亿元。如果考虑到银发产业的快速升级，这一规模将在 17. 6 万亿~46. 1 万亿元徘徊，成为我国国民经济的支柱产业。

二、潜力背后的供求结构性失衡

所谓银发产业，也指养老产业，是以产品消费对象的指向性类群作为界定依据和标准，以老年人群为目标客户，旨在为其提供衣、食、住、行、穿所涉及的专门性产品以及配套的相关产业和衍生产业。养老需求旺盛，产业潜力巨大，银发产业的有效供给能力相对不足，形成该领域市场的供求结构性失衡。

（一）银发产业的基本内涵

银发产业涉及领域极为广泛。日本作为银发产业的先行者，其经验值得借鉴。按照本位产业、相关产业和衍生产业三个基本维度，日本构建了相对完备的产业体系。关联的银发产业主要涉及三个维度近 20 个产业，详见图 7-4。

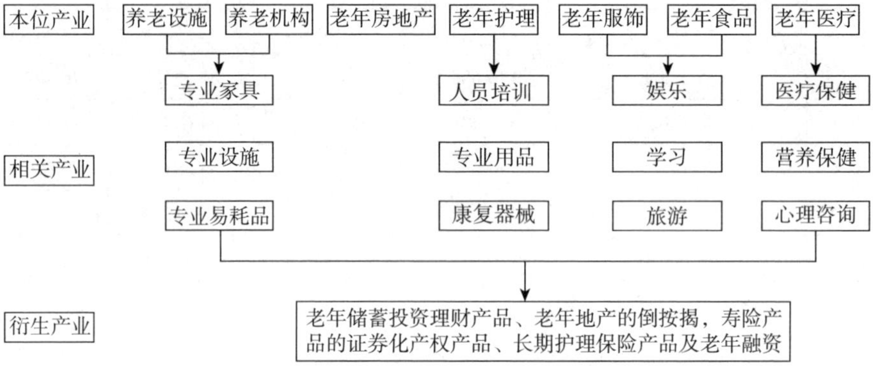

图 7-4　日本的银发产业体系

资料来源：鞠川阳子（2009）。

根据图 7-4，银发产业链中，本位产业、相关产业、衍生产业相互补充，形成经济和社会效益的良性循环，共同促进银发产业的健康发展，也为经济发展提供了新的增长点。

其中，本位产业是为了保障老年人基本生活而生产产品和提供服务的产业，涉及养老设施和机构、老年房地产、老年护理、老年服饰、老年食品、老年医疗等行业。

相关产业是在本位产业的基础上旨在满足老年人群深层次需求的产业，包括养老设施和机构供应链上的专业家具、专业设施、专业易耗品等，老年护理服务业供应链上的护理人员的培训、劳务派遣、老年护理专业用品、治疗和康复器械等以及来自老年人深层需求的娱乐、学习、旅游、医疗保健、营养保健、心理咨询等行业。

衍生产业则是在促进老年产品和服务的消费过程中，以金融为核心的关联产业，包括老年储蓄投资理财产品、老年地产的倒按揭等金融产品，寿险产品的证券化产权产品、长期护理保险产品及老年融资等资本市场行业。

结合上述框架，银发产业可以被进一步界定为：以服装、保健品、养老服务基础设施为代表的老年产品；以老年健康医疗、生活护理、养老服务、老年教育为代表的传统老年服务；以涉及文化体育、休闲旅游、老年金融等为代表的新兴老年服务。这些产品和服务相互交织，旨在满足老年人群在生活照料、身体保健、精神慰藉上的消费需求。

（二）有效供给相对不足

银发产业的有效供给，关乎老年人及其家庭的幸福生活，对拉动内需、扩大就业、推动经济发展具有重要作用。近年来，我国养老服务快速发展，但相较于老年人群不断涌现的多样化多层次养老服务需求，供求结构性失衡问题较为突出。

国务院 2018 年 11 月 28 日召开的常务会议和民政部 2019 年 9 月 23 日发布的《关于进一步扩大养老服务供给　促进养老服务消费的实施意见》均明确指出，我国银发产业目前正面临较为严重的有效供给不足的问题。结合相关政策文件和统计资料，银发产业的有效供给不足问题主要集中在产品供给严重不足、服务供给相对有限、区域发展不均衡凸显等三个方面。

首先，养老产品供给的种类和规模严重不足，难以满足老年人群不断涌现的养老新需求。

我国老龄化形势严峻，但在养老市场，老年人往往难以买到称心的老龄用品，老年文化用品、老年日用品的种类尤为不足，即便在大城市的繁华街市中，售卖老年用品的专门商店也寥寥无几。按照老龄用品制造业的基本分类（叶研等，2016），相关产品大体可以被划分为机构用品、就寝相关用品、移动辅助用品、进食辅助用品、入浴辅助用品、排泄辅助用品、生活相关用品、住宅改造用品、沟通及安全用品等九大类。但在产品供给规模有限的背景下，非传统类的老龄用品的使用频率则更低。中国老年科学研究中心发布的《需求侧视角下老年人消费及需求意愿研究报告》指出，“日本的老龄用品有 4 万多种，而我国只有 2 000 多种”。

《2010 年中国城乡老年人口状况追踪调查数据分析》的调查结果进一步表明，我国老年人群使用的老年产品种类极为有限，主要集中在老花镜、假牙和血压仪上，按摩椅和拐杖的使用频率明显偏低，助听器、呼救装置、防滑浴盆等新型老龄用品使用率则更低（见表7-3）。这说明，当前我国老龄用品的供给普遍存在定位不准确和基础研究缺乏，在技术、产品、模式等方面明显创新不足，产品同质化现象较严重等一系列问题。

表7-3　使用过相关老龄用品的老年人口占比

产品类型	消费比例/%	产品类型	消费比例/%
老花镜	62.26	助听器	2.79
假牙	30.93	轮椅	1.39
家用血压仪	18.57	呼救装置	0.18
按摩器	11.46	防滑浴盆	0.4
拐杖	11.76	其他	—

资料来源：《2010年中国城乡老年人口状况追踪调查数据分析》。

其次，养老服务发展滞后，周边产业和衍生产业发展相对落后，基础设施和配套保障尚难满足需要。

我国养老服务产业尚处于起步和探索阶段，未形成细致的行业分工，行业规范也未形成，并存在服务类产品严重不足、基础设施不够完备、配套措施建设相对滞后等一系列问题。在服务类产品的开发上，我国老年服务类产品还远未形成体系。按照此前关于老年服务产业的基本定义，我国养老服务业的发展主要集中在以老年健康医疗、生活护理、养老服务、老年教育为代表的传统老年服务方面，以文化体育、休闲旅游、老年金融等为代表的新兴老年服务产业发展相对滞后，也难以形成有效的服务供给。以中日比较为视角，根据曾红颖（2019）的研究，经过购买力平价后，中日老人的月均消费分别为10 358元和15 071元，二者在基本生活支出上相差无几，主要差距来自交通和通信、娱乐支出和其他消费支出，短途旅行、娱乐和非基本生活三项合计占日本老人消费支出的41%。此外，老年金融产业的发展滞后，也限制了老年人群的消费能力。在基础设施方面，传统养老服务面临的一个重要瓶颈就在于，中国老年人口规模众多和养老服务起步较晚的冲突。仅以养老服务机构及其床位数为例，根据国家统计局的统计数据，2018年，全国养老床位为379.4万张，而全国65岁及以上人口规模为1.67亿人，即便是按照“9064”的养老服务分布政策线，即4%的老年人口选择机构养老，对养老床位的需求也达到了 666.3 万张，远超过实际供给量。此外，作为社会养老的重要组成部分，社区养老也面临着社区复合养老设施的不足，大部分社区还无法为老年人群提供福利服务和社区交往的基础设施，难以满足其短住或短歇需求。

与基础设施不足相伴的，还有专门型人才的不足。由于养老需求和养老服务业所涉及的领域不同，养老服务人才大体包括生活照顾人才、医疗护理人才、生活服务人才、机构管理人才、教育培养人才等类型。由于养老产业发展时间较短，专门人才的执业资格制度才初步建立，养老护理员、老年科医生、康复师、理疗师、营养师、心理咨询师等专门人才的缺口极大。仅以养老护理员为例，根据《全国民政人才中长期发展规划（2010—2020）》，2020 年养老护理员队伍的目标规模是 600 万人，结合《民办养老机构管理办法》关于全护理人员配置比例 1∶3 的规定，最多仅能满足 1 800 万失能老人的养老服务需求。但结合《第四次中国城乡老年人生活状况抽样调查》的推算，仅 2018 年，我国失能/半失能老人规模就会达到 2 803 万人，养老人才的供给存在明显短板。

最后，由于经济社会发展差异性，养老服务供给区域发展失衡。

由于经济发展水平和老年人口分布的区域差异性，各地区养老服务行业存在区域发展不平衡的问题。由于人口大规模迁移，经济发展水平和人口老龄化程度间的关联度变弱。例如，在北京和上海等地，经济发展水平较高，老龄化程度反而与平均水平持平；在河南、黑龙江等地，经济发展水平偏低，老龄化程度却高于全国平均水平。在两方面因素的共同作用下，一些地区在老龄产业发展和财政资金投入方面出现了相对的滞后与不足。

除了发达地区和落后地区间的差异性，城乡间的结构性差异问题则更加突出。目前，我国农村聚集了近 7 259.6 万 65 岁及以上老人，占全部老年人口比达到 57.7%。但农村地区的养老服务业发展严重落后，绝大部分农村的社区养老服务设施不足，医疗、文化、体育等服务设施综合利用率较低，服务覆盖区域和服务人群有限，服务内容单一、结构不合理，社会化专业水平不高，总体上与中央要求和老年人日益增长的全面健康状况需求存在较大差距。

第二节　要素市场调配能力的阻碍

中国的市场化改革过程是在市场诱致性和政府强制性制度供给共同作用下形成的渐进式演进过程。相较于产品市场，要素的市场化改革存在着明显的区域差异性和非对称性，并表现为资源配置能力的相对有限。理论和实证结果均表明，老龄化进程中要素投入的相对规模呈上升趋势，但如果要素的有效配置能力不足，相关资源禀赋无法有效进入生产环节，老龄化经济影响的实现路径也将面临巨大障碍。

一、要素禀赋的快速提升

在过去40余年的时间里，随着改革开放的不断深入和社会经济的不断发展，我国的要素禀赋得到了极大的丰富。从人均意义上来看，无论是劳动力规模还是人均意义上的资本拥有量和人力资本存量均表现出较强的比较优势，进而为中国经济的发展注入极大的动力。

首先，受老龄化影响，中国的人工成本呈上扬趋势，但基本面仍具有比较优势。

改革开放初期，中国劳动力市场几乎长期处于劳动力无限供给状态，制造业凭借“人口红利”和“人口低成本”获取了生存与发展最初的竞争优势。近年来，尽管受到人口老龄化的影响，青壮年劳动力的供给出现了相对的下滑，但从总体来看，中国劳动力规模仍然庞大。

国家统计局的统计数据表明，我国劳动年龄人口规模在2013年达到历史高点的10.06亿人，此后确实出现了一定的回落，但回落的幅度较小。2018年我国劳动年龄人口规模仍高达9.98亿人，年均降幅约为0.6%。仅从绝对规模来看，我国的劳动力规模在世界范围内仍处于绝对优势地位。再加上中国人民勤劳朴实、工作场所的服从性高，为中国制造在全球范围赢得竞争优势奠定了基础。

除了绝对规模的优势外，人工成本的比较优势也是劳动力要素禀赋充沛的重要表征。所谓“人工成本”，又称“用工成本”或“劳动力成本”，广义上泛指在企业成本核算意义上的所有人力资源配置、开发和使用费用，但在实际使用过程中仍以企业支付的货币或非货币报酬为主。根据蒯鹏州等（2014）对人工成本估算方法的梳理，对人工成本的测算大多在宏观上使用雇员劳动报酬分配率或人均劳动报酬水平来测算，特别是在数据可获取的情况下，人均劳动报酬测算往往具有理论和实践意义。

根据国际劳工组织（ILO）发布的就业人员平均工资水平相关数据，按照2011年不变价格进行购买力平价，我国就业人员的平均报酬水平呈明显上扬趋势，甚至在一定程度上超过了巴西、俄罗斯等发展中国家，但与各主要发达国家和地区相比，仍然具有较大的比较优势。劳动力资源充沛、价格优势依旧明显的基本面并没有发生本质变化。此外，在月劳动报酬的指标中，有效工作时长并未被纳入指标框架，根据魏浩等（2011）的测算，考虑到劳动时长因素，中国的人工成本不仅低于新加坡、日本、英国、美国等发达国家，也低于俄罗斯等发展中国家。中国与各国就业人员劳动报酬对比见表7-4。

表7-4 中国与各国就业人员劳动报酬对比

年份	中国	巴西	俄罗斯	新加坡	日本	英国	美国
2000	211	718	—	2 474	—	2 518	—
2001	250	748	—	2 577	—	2 577	—
2002	292	748	—	2 648	—	2 678	—
2003	334	460	—	2 742	—	2 779	—
2004	377	470	—	2 869	—	2 953	—
2005	439	501	639	3 056	—	2 937	—
2006	509	543	782	3 224	—	3 090	—
2007	593	586	948	3 448	—	3 137	—
2008	682	631	1 147	3 539	—	—	—
2009	755	644	1 169	3 413	2 358	2 674	4 408
2010	843	-	1 254	3 563	2 447	2 723	4 417
2011	942	737	1 394	3 701	2 556	2 722	—
2012	1 049	826	1 506	3 695	2 642	2 706	—
2013	1 142	855	1 385	3 819	2 774	2 752	—
2014	1 246	892	1 440	3 929	2 744	—	—

续表

年份	中国	巴西	俄罗斯	新加坡	日本	英国	美国
2015	1 353	898	1 345	4 092	2 790	2 740	—
2016	1 464	938	1 411	3 454	2 783	2 858	—
2017	—	978	1 475	3 660	2 803	2 967	—
2018	—	1 016	—	3 913	—	—	—

资料来源：根据国家劳工组织数据库自行整理。

其次，在政府和家庭教育投入不断上扬的驱动下，人力资本水平持续走高。

伴随着家庭教育动机和教育供给规模的提升，人口受教育程度呈整体上升趋势。历年人口抽样调查和普查数据显示，我国6岁以上人口中，高中、大专及以上学历人员的规模和比例均呈逐年攀升趋势。这意味着我国青壮年人群的受教育程度有了质的攀升，在一定程度上形成了人力资本积累优势，缓解了人口老龄化带来的人口数量不足的压力，促进了我国经济健康、可持续发展。

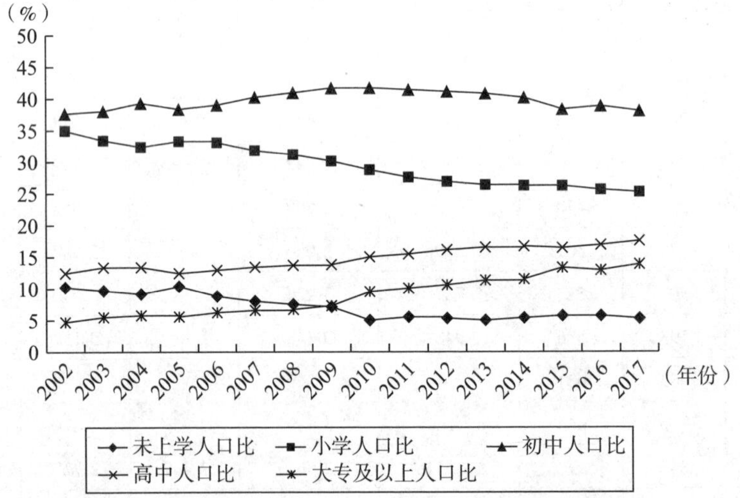

图 7-5　2002—2017 年 6 岁以上人口受教育程度分布

资料来源：根据历年《中国统计年鉴》整理。如无特殊说明，本章下同。

由图 7-5 可知，6 岁以上人口中，2010 年前未接受过学历教育的人口占比持续走低，此后则在5%左右的低水平徘徊；小学受教育程度人口占比从2002年的35.0%持续回落至2017年的25.2%；初中受教育程度人口占比在38%上下波动；高中受教育程度以及大专及以上受教育程度人口占比则持续攀升。

特别是在高等教育领域，1999年高校扩招后，本科和专科招生人数就从1998年的108万人提高到154.9万人，涨幅达到43.0%；研究生招生规模则从7.3万人攀升至9.2万人，涨幅为27.2%。截至2017年，我国普通本科和专科累计招生规模高达761.5万人，研究生招生规模也攀升至80.6万人。

换言之，在老龄化进程中，适龄劳动人口数量的下降对劳动力市场的负面影响，在一定程度上被就业人口素质结构的持续改善所抵消。人力资本上升为劳动力工资议价能力的增强和绝对工资水平的提高提供了基本依据。

最后，在高储蓄率和外资注入的双重驱动下，人均资本拥有量持续增加。

国家统计局的统计数据表明，在劳动年龄人口规模呈倒“U”形变化的同时，资本规模保持稳定增长态势，并形成了人均资本拥有量的持续走高。我们整理了历年全社会固定资产投资规模、劳动年龄人口规模和人均资本拥有量等相关统计数据，如图7-6所示。其中，固定资产投资规模和人均资本拥有量均已按照1978年基期价格水平进行了换算，人均资本拥有量特指劳动年龄人口的人均资本拥有量。

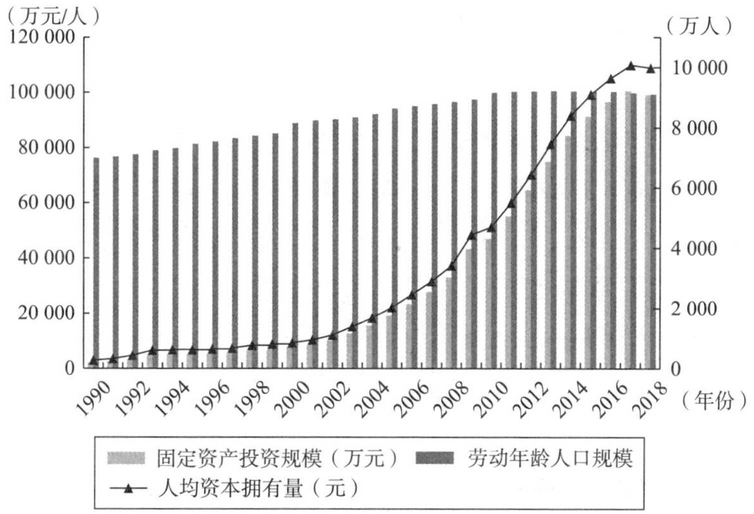

图7-6　1990—2018年固定资本规模与人均资本拥有量演进趋势

在人口规模方面，老龄化进程中，人口红利逐步消退。我国劳动年龄人口规模的峰值出现在 2013 年。在 2010 年以前，受人口红利影响，我国劳动年龄人口的增长速度长期保持在 1%~2%，2013 年以后则表现出持续回落趋势。截至 2018 年，劳动年龄人口规模为 9.936 亿人，较 2013 年减少了1 225 万人，较 1990 年增长了 30.2%。

在资本规模方面，资本规模持续增长，增速明显高于劳动年龄人口规模。随着改革开放的不断深入，我国全社会固定资产投资规模持续走高，仅在 2018 年略有回落。改革开放初期，我国劳动力禀赋充沛，资本成为经济发展的重要限制性条件，大量资本涌入中国，以追逐劳动力“剪刀差”为目标。此后的资本大规模投入则与中国成为全球最大消费市场有关。在多元动力的驱动下，资本规模长期处于快速增长态势，而且增速明显高于劳动年龄人口规模。1990—2018 年，我国的全社会固定资产投资规模提高了 142.3 倍，即便是剔除了物价因素，增幅仍高达 47.5%。

在两方面因素的共同作用下，劳动年龄人口的资本拥有量持续走高。由于资本规模增速明显高于劳动年龄人口规模，我国劳动年龄人口的平均资本拥有量持续保持稳定增长态势，平均增长率高达 14.1%。1990 年，我国劳动年龄人口平均拥有的资本量仅为 592.0 元，至 2018 年已经达到 64 985.4 元，提高了近 109 倍，即便是剔除了物价因素，也达到了 36.5 倍。

二、市场化配置能力的不足

我国正处于经济转型的过程中，市场化已经取得了公认的成功，但要素市场的市场化改革明显滞后于产品市场。出于引导和稳定经济发展的战略目的，各级地方政府在要素市场领域，都存在着对要素资源配置进行管制和干预的现象，造成了要素流动障碍、要素价格刚性、要素价格差别化等一系列问题，进而引起要素的市场配置能力不足（张杰等，2011）。特别是在劳动力市场和资本市场上，要素配置能力的不足已经成为不少企业生产经营活动面临的挑战。

（一）劳动力要素方面

劳动力要素方面，在城乡二元结构等因素的影响下，劳动力市场分割问题较为严重。

由于经济社会的区域间发展不平衡和城乡经济发展水平差距较大，中国形成了规模巨大的转移人口。尽管劳动力城乡流动的壁垒正在被逐渐打破，劳动力市场城乡分割问题依旧严重。户籍制度及其背后的公共品歧视性分配政策，使得劳动力市场的分割不仅涉及地域间的分割，还涉及城镇劳动力市场内部的身份分割。中国的劳动力市场呈现出明显的城乡间分割以及正规部门和非正规部门间的分割，并形成了被称为“农民工”的特定群体。

伴随着人口迁移政策的松动，“农民工”群体的规模极为庞大，是我国就业人口中的重要组成部分。自1953年起，我国的人口迁移政策出现了较大变化，从最初显著的农村人口盲目外流转变为引导农村转移人口的合理流动，并催生了规模庞大的农民工群体。截至2018年，国家统计局的统计数据表明，我国转移人口规模高达2.88亿人，约占全国就业人口总量的37.17%。如此大规模的农村转移人口进入城市就业，在参与城市经济建设的同时，也成为劳动力市场分割的重要组成部分。

受户籍制度及其背后连带的公共政策的影响，城乡身份差异造成了劳动力市场分割，并主要表现为正规部门和非正规部门两个层面就业的分割。作为城镇的“新居民”和城镇化过程中的过渡群体，农村劳动者进入城镇后往往面临着就业机会和工资待遇上的双重歧视。换言之，这部分人群更有可能因就业隔离而进入非正规部门就业，同时还面临着“同工不同酬”的困扰。

此外，其他的劳动力市场分割问题还涉及性别、不同所有制企业等维度。再加上人才培养体系与用人单位需求的脱节，在相关因素的共同作用下，劳动力市场出现了供求关系的结构性错配，并表现为“用工荒”和“就业难”并存。在老龄化背景下，新增劳动力有效供给不足，再加上我国对劳动密集型产业的长期依赖，对中低学历和低技术水平的劳动者需求呈依赖性增加，并形成了“用工荒”；但由于中、高等教育的人才培养与劳动力市场脱节，人才输出与市场需求的匹配度有限，又形成了日趋严重的“就业难”问题。

在劳动力市场上，“用工荒”和“就业难”两种矛盾现象并存，表明我国劳动力市场的主要矛盾并非单纯总量上的就业压力，而是劳动力市场供给结构与产业部门需求结构不匹配的结构性失衡问题，而大量劳动力市场分割因素的出现也导致了市场配置能力无法发挥其有效作用。在此背景下，即便是微观决策个体存在着增加劳动投入的意愿，也会因劳动力市场分割的阻碍，抑制其投入行为。

（二）资本要素方面

资本要素方面，在资本规模相对充沛的背景下，资本配置失衡问题日益凸显。统计数据表明，我国资本存量并未出现明显的短缺或下滑，甚至还出现了局部过剩问题。但资本配置失衡问题却日益突出，并成为限制企业转型升级的重要因素。根据陈长石等（2019）的研究，2012 年以前，我国的资本配置失衡问题被人工成本相对偏低所掩盖。由于人工成本的比较优势，私营经济快速扩张，非正规金融市场也在一定程度上借机发展。但随着人工成本的不断增加，资本配置失衡问题日渐凸显，并成为企业生产经营或转型升级过程中的阻碍力量。

（三）内部融资方面

内部融资方面，滚雪球式的内部融资规模相对偏小，无法满足企业生产经营的实际需要。中国现有的中小企业组织结构简单、经营规模较小、经营对象单一，其融资大都依靠自身力量积累。2020 年，世界银行国际金融公司中国项目开发中心以随机抽样调查方法对成都、绵阳、乐山三地 601 家中小企业流动资金来源结构的调查显示，企业内部自身积累占 78.1%，向银行贷款占 9.65%，民间借贷占 5.07%，商业信用占 3.25%，其他非正规融资占 3.93%。但对于规模相对较大的中型企业来说，内部融资的状况不尽如人意，主要表现为分配过程中留利不足、计提折旧费率偏低等，而且也无法满足企业实际经营的资本需求。

（四）外部融资方面

外部融资方面，由于外部市场融资体制尚不成熟，大部分企业尚难得到有效的资本支持。外部市场融资中的直接融资包括股权融资、债券融资等，而中国资本市场发展较晚，股权融资和债券融资尚不能成为中小企业融资的主渠道。在政策向国有企业和大型企业倾斜的背景下，股票市场基本上也未向中小企业开放。《公司法》规定，股票上市公司股本总额不得少于5 000万元，公司生产经营必须符合国家产业政策，从严控制一般加工业和商品流通企业，使得中小企业的股票融资受各种因素的制约。

统计数据表明，2008年沪深上市公司共有1 500多家，民营企业大约占15%。部分公司还是以高昂的代价购买一家上市公司的部分或全部股权而使曲线上市，充分体现了民营企业和中小企业外部市场融资体制的缺失。无法形成有效配置的资本要素，既不利于资本投资回报率的有效提升，也不利于企业生产经营活动的正常开展，要素禀赋增加对经济发展的促进作用更无从谈起。

第三节　老龄化配套保障体系的阻碍

在老龄化进程中，个体倾向于为未来的消费和子女一生的成就而改变其在成人期的各类经济决策。但相关决策方向依赖于养老金体系的完善和教育投资体系的高效率。没有养老金体系的基本保障，个体更有可能为了规避未来的不确定性而进一步抑制当期消费，进而引起内需不足和对人力资本投资的减少；缺乏高效率的人力资本投资体系，个体在子女未来成就与其未来消费的权衡上将面临困境，更有可能落入Backer等（1990）所提出的低水平陷阱，不利于挖掘老龄化进程中的潜在机遇。

一、养老金体系面临压力

在老龄化进程中，受冲击和影响最大的就是养老金体系。而养老金体系的完善程度又与利他性动机的关系最为紧密，直接影响到消费潜力的释放。受限于建设时间相对较短、经济发展水平相对有限、老龄化进程不断加速，我国养老金体系尽管已经取得长足发展，但仍面临着系统性压力。

（一）随着经济社会的不断发展，我国的养老金市场总体上趋于成熟

根据中国社会科学院世界社保研究中心发布的《中国养老金精算报告2019—2050》，中国的养老金制度发展迅速，2018年中国养老金发展指数得分为70.38分，较5年前增加13.39分，老年人口保障水平提升迅猛。在5年前

的养老金发展指数中，全国领取基本养老金人口占城镇60岁及以上人口比率只有38.4%，而在最新的“养老金发展指数2018”中，该指标数值已经提升到了71.79%。只用了5年时间，基本养老保险制度提供的养老金收入就已经成为老年人晚年经济收入中最重要的组成部分。①

为进一步说明我国养老金市场逐步成熟，本书采集了人力资源和社会保障部关于全国基本养老保险参保人数情况这一指标在2000—2016年的数据，如表7-5所示。由表7-5可知，我国基本养老保险参保人数呈快速上扬趋势，并表现出明显的广覆盖特征。

表7-5　历年全国基本养老保险参保人数情况

年份	合计/万人	城镇职工基本养老保险参保人数/万人	职工人数/万人	退休人员人数/万人	城乡居民基本养老保险参保人数/万人
2000	13 617.4	13 617.4	10 447.5	3 169.9	—
2001	14 182.5	14 182.5	10 801.9	3 380.6	—
2002	14 736.6	14 736.6	11 128.8	3 607.8	—
2003	15 506.7	15 506.7	11 646.5	3 860.2	—
2004	16 352.9	16 352.9	12 250.3	4 102.6	—
2005	17 487.9	17 487.9	13 120.4	4 367.5	—
2006	18 766.3	18 766.3	14 130.9	4 635.4	—
2007	20 136.9	20 136.9	15 183.2	4 953.7	—
2008	21 891.1	21 891.1	16 587.5	5 303.6	—
2009	23 549.9	23 549.9	17 743	5 806.9	—
2010	35 984.1	25 707.3	19 402.3	6 305	10 276.8
2011	61 573.3	28 391.3	21 565	6 826.2	33 182
2012	78 796.3	30 426.8	22 981.1	7 445.7	48 369.5
2013	81 968.4	32 218.4	24 177.3	8 041	49 750.1
2014	84 231.9	34 124.4	25 531	8 593.4	50 107.5
2015	85 833.4	35 361.2	26 219.2	9 141.9	50 472.2
2016	88 776.8	37 929.7	27 826.3	10 103.4	50 837.1

资料来源：历年《中国统计年鉴》。如无特殊说明，本章下同。

① 资料来源：中国政府网《中国养老金制度发展迅速》。

从参保人数来看，1989 年全国参保人口规模仅为 5 710.3 万人。但到 2016 年，该指标已经上升至 88 776.8 万人。从参保类型来看，我国的养老保险体系最初是以城镇职工为主体，城乡居民养老保险体系起步较晚，但从统计数据来看，城乡居民养老保险体系的覆盖面持续上扬，2016 年就已经超过了 5 亿人次。从参保率来看，2010 年以后，城乡居民基本养老保险参保人数快速攀升，全社会整体的养老保险参保率也持续走高。截至 2016 年，全国人口 13.8 亿人，剔除 2.3 亿的 0~14 岁人口，参保人数占全国 15 岁及以上人口比高达 77.4%，说明我国基本养老保险在很大程度上得到普及。

（二）在普及率不断上扬的背景下，养老金体系的缺口风险仍然存在

为进一步说明该问题，本书采集了 2000—2016 年人力资源和社会保障部关于全国基本养老保险基金收支情况的数据，如表 7-6 所示。

表 7-6 历年全国基本养老保险基金情况

年份	基本养老保险/亿元			城镇职工基本养老保险/亿元			城乡居民基本养老保险/亿元		
	基金收入	基金支出	累计结余	基金收入	基金支出	累计结余	基金收入	基金支出	累计结余
2000	2 278.5	2 115.5	947.1	2 278.5	2 115.5	947.1	—	—	—
2001	2 489	2 321.3	1 054.1	2 489	2 321.3	1 054.1	—	—	—
2002	3 171.5	2 842.9	1 608	3 171.5	2 842.9	1 608	—	—	—
2003	3 680	3 122.1	2 206.5	3 680	3 122.1	2 206.5	—	—	—
2004	4 258.4	3 502.1	2 975	4 258.4	3 502.1	2 975	—	—	—
2005	5 093.3	4 040.3	4 041	5 093.3	4 040.3	4 041	—	—	—
2006	6 309.8	4 896.7	5 488.9	6 309.8	4 896.7	5 488.9	—	—	—
2007	7 834.2	5 964.9	7 391.4	7 834.2	5 964.9	7 391.4	—	—	—
2008	9 740.2	7 389.6	9 931	9 740.2	7 389.6	9 931	—	—	—
2009	11 490.8	8 894.4	12 526.1	11 490.8	8 894.4	12 526.1	—		
2010	13 872.9	10 755.3	15 787.8	13 419.5	10 554.9	15 365.3	453.4	200.4	422.5
2011	18 004.8	13 363.2	20 727.8	16 894.7	12 764.9	19 496.6	1 110.1	598.3	1 231.2
2012	21 830.2	16 711.5	26 243.5	20 001	15 561.8	23 941.3	1 829.2	1 149.7	2 302.2

续表

年份	基本养老保险/亿元			城镇职工基本养老保险/亿元			城乡居民基本养老保险/亿元		
	基金收入	基金支出	累计结余	基金收入	基金支出	累计结余	基金收入	基金支出	累计结余
2013	24 732. 6	19 818. 7	31 274. 8	22 680. 4	18 470. 4	28 269. 2	2 052. 3	1 348. 3	3 005. 7
2014	27 619. 9	23 352. 8	35 644. 5	25 309. 7	21 754. 7	31 800	2 310. 2	1 571. 2	3 844. 6
2015	32 195. 5	27 929. 4	39 937. 1	29 340. 9	25 812. 7	35 344. 8	2 854. 6	2 116. 7	4 592. 3
2016	37 990. 8	34 004. 3	43 965. 2	35 057. 5	31 853. 8	38 580	2 933. 3	2 150. 5	5 385. 2

总体来看，我国养老保险体系的收支状况均呈逐年增加态势。1989—2016 年，我国基本养老保险基金收入和支出总体上均呈现逐年增加的态势。其中，城镇职工基本养老金的收入和支出总量分别从 1989 年的 146. 7 亿元和 118. 8 亿元增长到 2016 年的 35 057. 5 亿元和 31 853. 8 亿元；城乡居民基本养老保险基金收入和支出总量分别从 2010 年的 453. 4 亿元和 200. 4 亿元增长到 2016 年的 2 933. 3 亿元和 2 150. 5 亿元。

但从结余来看，收支总量之间的差额却呈现先增后减的基本态势。2012 年以前，基本养老保险基金收入一直高于支出，且两者之间的差额不断增大，最高达到 5 118. 7 亿元。但在 2012 年之后，基本养老保险基金收入和支出之间的差额逐年减少，从 2012 年的 5 118. 7 亿元下降至 2016 年的3 986. 5亿元，养老金缺口风险呈增加趋势。

（三）城乡居民养老保险的资助力度相对有限，尚难满足农村地区老年人群的支出需要

考虑到中国的城乡二元结构，农村地区的经济发展水平相对偏低，农村老年人口的聚集度又相对较高。对于农村地区来说，养老保障体系的资助力度相对有限，这将进一步加大农村养老压力，进而冲击利他性动机，对后续一系列家庭决策产生负面影响。

中国城乡家庭的养老保障体系存在巨大差异。目前，中国城镇已经建立起以城镇企业职工基本养老保障制度为核心的、相对完善的养老保障体系，养老保障覆盖面较广，养老金收益也相对较高。但在农村，养老保障体系的建设刚刚起步。尽管部分地区已经开始试点构建新型农村社会养老保险体系，但养老金收益较为有限，暂时还不足以支持农村老年人口的正常生活和消费。

由于城乡间存在着差异巨大的养老保障体系，城乡的养老模式也存在巨大差别。根据中国社会科学院（2011）发布的调查报告，中国城市老年人口的养老保障主要依靠退休金，对子女的依赖性极小，但农村老年人口的养老模式仍以家庭养老为主。

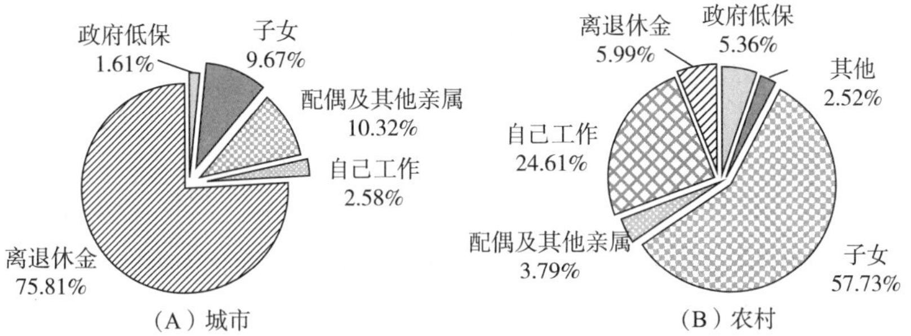

图 7-7　2011 年中国城乡老年人生活费用来源比较

资料来源：张文婷．报告称农村养老近六成靠子女，城市七成靠退休金［EB/OL］．（2011-08-05）．人民网，http：//finance. people. com. cn/insurance/GB/15341752. html.

由图 7-7 可知，在城市中，76%的 65 岁及以上老人以离退休金为生活费用来源，以子女的赡养费为生活费用来源的不足 10%，也很少有老人需要自己工作以赚取生活费。但在农村，58%的 65 岁及以上老人以子女的赡养费为生活费用来源，以离退休金为生活费用来源的老人不足 6%，为降低对子女的依赖，有 25%的老人选择继续劳作。结合城乡居民基本养老保险的高覆盖率，这说明农村养老金体系的收益水平相对偏低，尚难满足农村居民的基本消费需求。

二、教育体系的不均衡发展

作为家庭利他性动机的基本保障，教育事业关乎老龄化进程中家庭决策行为的正向演进。在落后地区，教育投入的人力资本产出效率相对偏低，面对老龄化威胁的家庭投资主体更有可能将子女视作未来消费的代际来源，更偏好于子女数量并减少对其质量的投资，最终陷入教育投资的低水平陷阱。

近年来，伴随着国家对教育投入的不断提高，各级教育蓬勃发展，但区域间发展不均衡的问题仍然存在。

首先，教育投入规模呈明显上升趋势，教育发展取得了极大的成就。

根据国家统计局关于财政支出及教育经费的相关统计数据，我们总结了2000—2017年我国教育经费投入情况，如表7-7所示。由表7-7可知，在过去近20年的时间里，我国财政性教育经费在支出规模上长期保持稳定上扬态势，且教育经费支出占财政支出比持续保持在15%以上。得益于教育经费投入，个人承担的教育经费支出相对减少，教育事业发展也取得了长足的进步。

从总量上来看，我国教育经费和财政性教育经费的投入规模都呈逐年增加趋势。2000年，我国教育经费和财政性教育经费的规模分别为3 849.1亿元和2 562.6亿元，但到2017年，上述指标分别增长至42 562.0亿元和34 207.8亿元，短短17年的时间里，教育经费和财政性教育经费投入分别增长了10.1倍和12.3倍，年均增长率分别达到了15.2%和16.5%。

财政性教育经费支出占国家财政支出比重上涨，在过去近20年的时间里，财政性教育经费占比长期处于15%以上。特别是在2010年以后，财政性教育经费占比持续走高，2012年达到了18.4%的历史高点，并持续保持在16.5%以上的较高水平，充分说明了国家对教育事业的高度重视。

具体到教育经费支出来源上，由于国家财政对教育领域的持续高水平投资，个人和社会支出占教育经费的比例呈逐年下降趋势。2000年，我国教育经费中财政性教育经费支出占比仅为66.6%，但到了2017年，该指标已经上升至80.4%。换言之，考虑到教育投资的公共品属性，政府从财政支出中拿出大量资金，大幅度减少了过去由居民个人承担的费用。

表7-7 2000—2017年我国教育经费投入情况

年份	财政支出/亿元	教育经费/亿元	财政教育经费		
			经费投入规模/亿元	占财政支出比/%	占教育经费比/%
2000	15 886.5	3 849.1	2 562.6	16.1	66.6
2001	18 902.6	4 637.7	3 057.0	16.2	65.9
2002	22 053.2	5 480.0	3 491.4	15.8	63.7

续表

年份	财政支出/亿元	教育经费/亿元	财政教育经费		
			经费投入规模/亿元	占财政支出比/%	占教育经费比/%
2003	24 650.0	6 208.3	3 850.6	15.6	62.0
2004	28 486.9	7 242.6	4 465.9	15.7	61.7
2005	33 930.3	8 418.8	5 161.1	15.2	61.3
2006	40 422.7	9 815.3	6 348.4	15.7	64.7
2007	49 781.4	12 148.1	8 280.2	16.6	68.2
2008	62 592.7	14 500.7	10 449.6	16.7	72.1
2009	76 299.9	16 502.7	12 231.1	16.0	74.1
2010	89 874.2	19 561.8	14 670.1	16.3	75.0
2011	109 247.8	23 869.3	18 586.7	17.0	77.9
2012	125 953.0	28 655.3	23 147.6	18.4	80.8
2013	140 212.1	30 364.7	24 488.2	17.5	80.6
2014	151 785.6	32 806.5	26 420.6	17.4	80.5
2015	175 877.8	36 129.2	29 221.5	16.6	80.9
2016	187 755.2	38 888.4	31 396.3	16.7	80.7
2017	203 085.5	42 562.0	34 207.8	16.8	80.4

其次，尽管总量投入不断增加，教育发展仍存在区域和城乡间的不均衡。

为进一步识别教育投入的区域差别，我们采集了各区域教育经费投入的相关数据，并选取其中部分省份的数据绘制了人均经费分布情况，如图 7-8 所示。

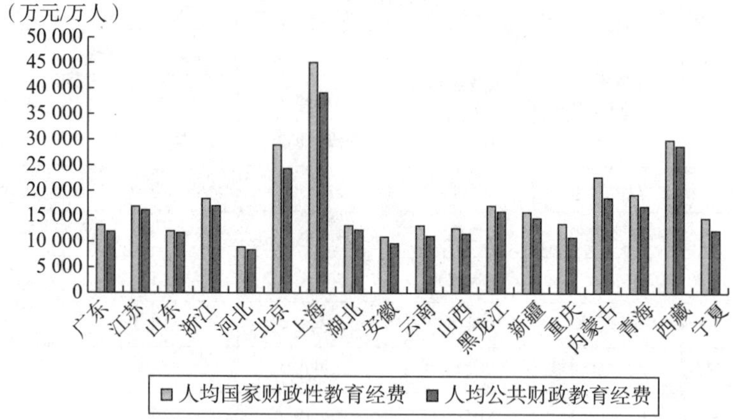

图 7-8　部分地区国家财政性教育经费与公共财政教育经费分布情况

仅从总量上来看，人口大省和经济发展水平较高的省份，经费投入规模相对较高。其中，财政性教育经费的投入规模最大的为广东，高达 2 487.6 亿元，宁夏的投入规模最小，为 179.5 亿元。北京、上海、广东、江苏、浙江等经济发展水平较高的地区以及河北、山东等人口大省的投入规模较大，新疆、重庆、内蒙古、青海、西藏、宁夏等地的教育经费投入相对偏少。

但从人均意义上来看，教育经费投入的相对规模则呈现出与经济发展水平的明显相关性。具体来说，经济发展水平相对较高的上海、北京、广东、江苏、浙江等地人均投入规模相对较大，经济发展水平相对一般的西藏、宁夏、青海、内蒙古、新疆等地因为国家重点扶持政策也表现出较高的水平。而河北、安徽等地的人均经费投入规模明显偏少。

换言之，由于经济发展水平相对较好或政府政策的重点倾斜，发达地区和欠发达地区的人均教育经费投入规模明显更高。但部分经济发展水平相对一般的人口大省，则面临着教育经费投入的相对不足。值得一提的是，这些区域存在着大量的农村人口，客观上存在着出现人力资本投资低水平陷阱的可能性。

最后，优质资源仍然存在着区域间和区域内的分布不均衡现象。

在大力推进战略下，我国教育事业快速发展，但与此同时，优质资源的区域间甚至区域内分布不均衡问题趋于明显。这种不均衡同时表现在义务教育阶段和高等教育阶段，也在一定程度上抑制了家庭教育投入动机。一些教育资源相对贫瘠的区域，“读书无用论”并不罕见。

高等教育方面，由于历史、自然和社会多方面原因，确实存在着中西部高等教育相对落后的情况。根据宋争辉（2012）的研究，无论是211院校还是985院校的分布情况都存在着一定的区域不均衡问题。以211院校为例，在全国151所院校中，中部、西北和西南20个省份共计拥有40所。其中，四川、陕西、湖北又占去其中的19所，其余17个省份仅有21所211院校，高等教育的不均衡性由此可见一斑。但考虑到高考的全国性选拔机制，高等教育的区域间不均衡问题尚不至于对家庭教育投入产生过大影响。

在义务教育阶段，优质资源分配不均衡的影响则更加直接。特别是在人口大规模迁移的背景下，大量农村转移人口进入城市，子女也随之进入城市，出现了“城挤乡弱”的过度城镇化倾向。根据《2017年中国农村教育发展报告》，2016年义务教育的城镇化率已经达到了75.0%，当年我国的城镇化水平却仅为57.4%（齐燕，2020）。乡村出现了几人、十几人的空壳学校，城镇却出现了巨型学校和大班教学的情况，由此便形成了义务教育在农村和城市的区域分布不均衡问题和优质资源配备不均衡问题。

农村方面，由于生源不足，部分学校需要进行合并以形成更好的规模优势，再加上农村地区的地域面积相对较大，由此便带来了农村地区教育的区域分布不均衡问题。城镇方面，由于生源过多，再加上优质教育资源供给本身就相对紧张，不少城市只能选择出台“多校划片”等教育资源分配政策，以均衡区域内教育资源的生源构成，并佐以优质教育资源优先向本地居民倾斜的分配策略。在系统论框架下，上述教育不均衡发展问题也成为老龄化经济影响的阻碍因素。

第八章　全面健康视角下的老年需求再识别

人口老龄化带来的最大机遇和挑战就是老年人口规模和比率的持续提高。从产品市场的角度来说，老年人口规模的不断增加意味着居民的消费结构正发生着深刻而持续的变化。只有有效识别和满足老年人群不断变化的消费新需求，才能激发产品市场老年人群的购买力，形成产品市场的供求平衡，进而培育经济发展新的增长点，真正实现依靠老龄化的力量应对老龄化。

第一节　全面健康与老年消费需求变迁

传统观点大多认为，老年人群在生理健康状态上的缺失，构成了其对养老产品和服务的核心诉求，以及银发产业快速发展的基本逻辑。但随着积极老龄化和全面健康的引入，老年人群在心理健康、社会健康等方面也存在着状态缺失和紧张感，并构成了其对相关产品和服务需求的驱动力。这就对产业端的产品和服务供给结构提出了新要求。在拉动内需、促进产品市场出清的大背景下，有效识别核心需求，并据此动态调整养老产品和服务结构，对形成老龄化经济影响的正向逻辑具有重要意义。

一、传统健康视角下的消费需求

银发产业发展潜力惊人，一方面，老年人群的规模不断增加；另一方面，老年人群对老年产品和服务拥有极为旺盛的消费需求。在人口老龄化高速发展的过程中，如何让老年人群在更长的预期寿命中保持较高的生活和生命质量，便成为全社会关心的基本课题。

首先，老年人群消费需求源自老年人群对保持和重新获取健康状态的基本动机。

心理学的经典观点认为，需求来自个体对缺乏某种要素的紧张。从这一概念出发，保持和重新获取健康状态的基本动机，便在需求层面上成为解释银发产业巨大潜力的关键。作为影响老年人群日常生活的重要因素，良好的健康状态有利于老年人顺利地过渡到老年期、快乐地享受老年生活，有利于实现全社会的积极老龄化。但随着身体各感觉器官功能的退化，老年人群面临着保持健康状况的巨大挑战。健康状态丧失所带来的紧张感，衍生出了老年人群对一系列老年产品和服务的旺盛需求，成为其消费需求的核心来源。

目前，老年人群老年产品和服务需求主流研究所关注的焦点，主要仍然是在老年人群亚健康状态下或不健康状态下与再获健康有关的保健类产品和服务、康复类产品和服务，以及在不健康状态下与延续生存状态有关的护理类产品和服务、金融类产品和服务等。

其次，健康状况，特别是生理健康状况，是老年人群消费需求的核心来源，其他的均为衍生需求和约束性条件。

老年产品和服务购买的影响因素是多层次且复杂的。在该领域的相关研究中，学者们纷纷构建了各自的逻辑框架，以分析老年人群选择相关产品和服务的影响因素。例如：陶涛等（2014）提出，自身特质、健康状态、家庭环境、社区条件是影响老年人购买养老产品和服务的关键性因素。具体研究中，影响因素还涉及年龄、受教育程度、生活自理状况、子女数量、个人收入状况、家庭年净收入、设施完善程度、服务质量好坏、养老观念、宗族观念、社会网络的紧密度等（肖云等，2012；狄金华等，2014；张栋，2016；冯春梅，2018）。

基于此，老年人群消费需求的主要因素集中在以下方面：一是个人特征因素，如年龄、性别、婚姻状况、收入、文化程度、子女数量等；二是产品和服务因素，主要涉及产品和服务的质量、专业水平等；三是社会环境因素，主要涉及个人养老理念、社交网络等；四是健康状况因素，主要涉及身体状况、功能器官完好度、生活自理状况等。其中，健康状况对于老年人群消费需求的影响是源头性的，其他的均为衍生需求和约束性条件。但这些研究关于健康状况的界定，仍然是以身体功能器官完好度、生活自理状况等变量为代表的生理健康状况。

最后，在广泛的产业实践中，健康的内涵和外延正在被不断地扩张。

在老年产业中，满足由生理健康引发的消费需求，是相关产品和服务设计的基本源头。但市场化竞争的过程中，绝大多数从业者都在经营业态持续调整的过程中，不断地扩张着健康的内涵和外延。以美国的养老服务体系为例，本书在资料整理的基础上，梳理了美国主要养老模式及其主要服务内容，如表 8-1 所示。

表 8-1　美国养老模式的基本类型与服务内容

养老模式	分类	服务
多元居家养老模式	会员制模式	交通、购物、家政、房屋维修、花园维护等由志愿者提供的基本服务，由专业机构提供的家庭保健护理和医疗服务等
	合作居住模式	在享有私人住宅的基础上，共享厨房、餐饮区、休息区、洗衣房、图书馆、工艺坊、健身房、花园等
	PACE 医疗护理模式	为 55 岁以上体弱、患病和行动不便的老人提供其必需的医疗护理救助服务，包括病理医疗、物理理疗、处方药物、营养咨询、喘息照护、社会公益服务等
社区集中养老模式	独立生活社区	出售给老人独立房子或联排别墅，社区内设有老人文娱、体育、综合活动内容和设施，社区提供餐饮、文娱活动、定期体检等基本服务
	协助生活社区	需要州政府的许可执照才能运营，为有生活协助需求但无重大疾病的老人提供简单的生活辅助及护理服务，如洗澡、穿衣、进食、服药和护理照料等
	特殊护理社区	为有慢性疾病、处于术后恢复期或失能失智老人提供专业的医疗护理服务
	持续护理社区	一般设有生活自理单元、生活协助单元和特殊护理单元，根据老人不同年龄段、不同健康状态的需求提供不同的服务，涵盖了老人从生活全自理到需要生活协助，再到需要特殊护理的晚年全阶段

续表

养老模式	分类	服务
社区集中养老模式	高端养老社区	各社区共享邮局、超市、医院、银行等生活设施；每年缴纳一定费用可享受户外游泳池、网球、保龄球等健身娱乐设施；开设各种俱乐部和老年大学，定期举办各种文娱社交活动
	大众养老社区	由住宅区改造而成，配有大型康复医院和疗养院，老人可根据身体状况和经济能力选择不同档次的服务
	校园退休社区	针对高知老人重返母校的需求，老年地产商与大学合作使用学校闲置土地，开发“大学老年村”，只为本校毕业的校友提供
专业机构养老模式	老年公寓	公租、廉租为主，多分布在大城市人口密集区如纽约曼哈顿、布鲁克林区，为低收入老年群体提供餐饮、图书阅览、健身及各项文娱活动等场所和服务
	专业养老院	提供24小时护理照料，院内设有专业护理设施，配备医生和护理人员，为老人提供生活照顾、医疗诊治、健康监管和康复治疗等服务
	护理院	受联邦和州级政府规定监管，必须在人员配备、医疗水平等各方面达到一定标准后才可以拥有营业执照。护理院资金支付来源有私人资金、医疗补助、长期照料保险

资料来源：根据相关文献资料自行整理。

由表8-1可知，美国的养老模式极为多样，这与美国拥有相对完善的养老保障制度、活跃的民间团体和发达的商业体系有关。在各种模式下，美国形成了多样化的养老服务类型，具体服务类型的典型特点则与各类老年人群的差异化需求相关。显然，在相对丰富多样的养老模式中，对生理健康的关注仍然是各类养老服务模式的设计重点。但是，随着业态的不断发展，养老服务开始在生理健康之外，尝试满足老年人群的新需求。例如：合作居住模式的核心是促进低龄、健康老年人群的集聚与交流；高端养老社区的核心是满足高端老年人群的高端产品和文娱的消费需求；校园退休社区的核心是满足高知老年重返校园的内心需求。

二、“全面健康”概念的引入

随着老龄化进程的不断加快，关于老年人群及其消费需求的认知也发生着深刻变化。1999 年，世界卫生组织提出“积极老龄化”倡议，将积极老龄化界定为“尽可能增加健康、参与和保障机会的过程，以提高人们老年时的生活质量”。2002 年联合国世界卫生组织在第二次世界老龄大会上提出“积极老龄化”，引发了学界和政界的普遍关注，我国学者进入“积极老龄化”研究的行列，将关注点从“健康老龄化”转移到“积极老龄化”上。福建省老年学学会将积极老龄化的内容归纳为六个字——健康、参与、保障。

（一）全面健康的产业影响

在新的老龄化理念下，有关健康的内涵与外延也在不断地扩展。现代健康评价的范畴从生理方面扩大到心理、社会方面，同时健康测量的深度也在增加，这对保护和增进老年人口的健康、满足老年人群的消费需求有着直接的现实意义。

根据 WHO 于 1947 年对健康给出的定义，健康不仅是没有疾病或者身体不虚弱，而且是生理、心理和社会上的完好状态，个体的健康应该是生理健康、心理健康和社会健康的总和。具体到老龄人群上，老年人群在不断老化的过程中面临的问题不仅涉及身体器官功能的退化，还涉及社会接触的减少和人际关系的减弱。在此框架下，老年人群的消费需求也发生着深刻变化。

首先，人的老化过程必然伴随着生理健康水平的持续下滑，传统消费需求仍然客观存在。

人口的老龄化必然伴随着更多的慢性疾病、精神疾病及其他共发病，老年人有着很大的健康需求。同时老年人的健康需求有着较多的决定因素，如国家的医疗保险制度、食品营养需求及保健意识，并由此形成了老年人群健康医疗、保健康复和居家护理等多方面的需求（Song，2013；Bilsen，2006）。

其次，受到更好照顾的老年人口，越发关注心理和社会状态的全面提升。

健康不仅为疾病或羸弱之消除，而且是体格、精神上的完满状态以及良好的适应能力。由于拥有更好的医疗、护理服务供给，老年人群能够在更长的时间跨度内拥有更好的生存质量。但伴随着年龄的增长和孤独，再加上老年人群越发关注满足其心理和社会需求，研究普遍表明（Chou，2006；阮宜杰，2018；鲁万波，2018），老年人群正面临着焦虑、抑郁、身体自尊、衰老感、社会支持丧失等一系列因素的影响和干扰。

最后，在心理和社会健康状态的影响下，老年人群的消费需求呈差异化趋势。

消费需求源自消费人群内心的紧张状态。在引入了全面健康之后，老年人群的健康状态就不仅源自生理健康丧失的风险，还与心理和社会健康状况密切相关，并直接反映在老年产品和服务的需求上。Valkila 等（2010）和 Mason（2007）的研究均表明，老年人相比年轻人倾向于消费更多的娱乐与服务，自组织也成为老年人群实现其社会需求的重要载体。根据金晓彤（2012）的研究，台湾地区成群结队的老年人正成为旅游市场的主力军，结伴出游同时满足了他们的心理需求和社会需求。鲁万波等（2018）针对家庭和社会养老的研究结果表明，家庭养老极大地改善了农村老年人群的心理健康状况，这一结论在城市却不具有普适性。

（二）全面健康的测度

老年人群的全面健康状态是影响老年人群日常生活的重要因素，良好的全面健康状态有利于老年人顺利地过渡到老年期、快乐地享受老年生活，有利于实现全社会的积极老龄化。根据世界卫生组织（1948）对健康的定义：健康不仅是没有疾病或者身体不虚弱，而且是一种躯体、精神与社会和谐融合的完美状态；由此可见，健康不仅是指简单的无病、无残、无伤，对于健康状态的判断是一项复杂的工程。美国学者 Dunn（1959）提出了“整体健康”的概念，认为健康是一种完美的状态，包括躯体健康、社会健康、心理健康、情绪健康和精神健康五个方面。因此，在对我国老年人群整体健康状况进行评价时，要对老年人群的身体、心理、社会等全方面的健康状况做出综合判断。

由于老年人群的全面健康状况包含老年人的身体、心理、社会健康状况等多个方面，且老年人群的全面健康状况差异性大、变化复杂，所以在对老年人群进行大规模健康状况调查时，会受到有限的时间、地点、人力和物力等的约束，很难实现一对一调查，故而实际操作中必须找到简单有效的测量方法和指标。学界普遍认为，健康自评可作为独立反映健康的指标，而且已经在多项大规模卫生服务调查中得到广泛应用（汤哲等，1997；王萱萱等，2016），也是目前用于度量老年人群的健康状况使用较普遍的一种方法

(张文娟等，2018)。

在全面健康的相关自评量表中，Suchman（1958）的 SHMSV 问卷被广泛使用。国内研究方面，许军等（2000）在 Suchman（1958）的基础上，立足中国具体情况，提出修订后的自测健康评定量表，共计包含 10 个维度 48 个条目。但考虑到老年人群大多存在精力不济、受教育程度低等问题，后续研究进一步压缩了量表规模，主要涉及身体症状与器官功能、日常生活功能、身体活动功能、正向情绪、负向情绪、认知功能、角色认知与社会适应、社会资源与社会接触、社会支持等 9 个维度，并可归为生理健康、心理健康和社会健康等三个方面。

三、老年人群的全面健康调查

为全面把握老年人群的养老产品和服务需求状况，本研究联合北京师范大学人本发展与管理研究中心、国务院参事室下属华鼎基金会开展了“2015 年中国养老需求状况调查”。问卷于 2015 年设计和编制，设计内容包括基本信息、养老产品和服务需求、兴趣爱好培养、全面健康状况自我评价等模块。

（一）问卷设计与发放

问卷发放历时 4 个月，主要集中在北京、黑龙江、广东、甘肃、四川和重庆，共发放问卷 3 000 份，回收问卷 2 064 份，回收率为 68. 8%；经过数据分析、汇总和整理，剔除无效的问卷后，最终有效问卷为 1 599 份，问卷有效率为 77. 5%。由于所调查的对象为老年人，遇到填写困难的情况，调查员会朗读题目并为被调查老年人讲解，由老年人口述自己的选择和评价结果，由调查员代为填写。

在调查设计过程中，由于考虑到不同地区的经济发展水平不同以及养老产业格局不同，在研究成本约束下，课题组选定了不同的调查区域，问卷调查主要集中在北京（华北地区）、黑龙江（东北地区）、广东（东南地区）、甘肃（西北地区）、四川和重庆（西南地区）。

具体到问卷发放的区域分布上，北京所采集的调查数据最多，占总体样本的 24. 9%，其养老产业走在全国前列，前期经验值得探索和借鉴。位于东北地区的黑龙江，调查数据占总样本的 16. 0%，主要覆盖的城市包括哈尔滨、牡丹江、齐齐哈尔、大庆、伊春等。位于东南地区的广东，其调查数据占总样本的14.8%，并主要集中在广州和深圳两地。位于西北地区的甘肃，其调查数据占总样本的21.7%，并主要集中在省会城市兰州。位于西南地区的四川和重庆，其调查数据占总样本的22.3%，主要覆盖的城市包括重庆、成都、绵阳、德阳和广元等。

（二）样本情况的描述性统计

根据问卷调查结果，我们对样本基本情况进行了描述性统计（见表8-2），并得到两方面基本结论。

表8-2　样本人口统计学特征分布情况

样本特征	分类	频数	占比/%
性别	男	856	53.53
	女	743	46.47
年龄	50~59岁	383	23.95
	60~79岁	1 080	67.54
	80岁及以上	136	8.51
婚姻状况	未婚	34	2.13
	已婚	1246	77.92
	离异	80	5.00
	丧偶	239	14.95
子女数量	0个	18	1.13
	1个	290	18.14
	2个	638	39.90
	3个	343	21.45
	4个及以上	310	19.39
文化程度	小学及以下	490	30.64
	初中	591	36.96
	中专或高中	374	23.39
	大专或本科及以上	144	9.01

续表

样本特征	分类	频数	占比/%
月收入	1000元及以下	261	16.32
	1001~2000元	379	23.70
	2001~3000元	465	29.08
	3001~5000元	365	22.83
	5001元及以上	129	8.07

1. 人口统计学特征方面

人口统计学特征方面，受访者以男性、60~79岁、已婚、初中及以下文化程度、低收入水平为主。

由表8-2可知，受访者中，男性占比为53.53%，略高于女性（46.47%），男女性受访者比例几乎持平，样本具有一定的代表性。受访者平均年龄为66.05岁，60~79岁年龄段的受访者占比最多，达到67.54%；婚姻状况以已婚为主，其中77.92%的老年人群为已婚，未婚仅占2.13 %，5.00%为离异，丧偶占14.95%。子女数量以2个为主，占39.90%，子女数量为3个的占21.45%，4个及以上的占比19.39%，仅有1.13%的受访者无子女；文化程度在初中及以下的老年人群占到67.60%，而在大专或本科及以上的仅占9.01%；且老年人群的收入大部分在5 000元及以下，占91.93%。

2. 社会特征方面

社会特征方面，受访者以工人身份为主，当前状态以在家安度晚年为主。

按照国家统计局身份识别的基本类型进行身份特征的划分，受访老人退休前的身份以工人为主，占31.71%，其后干部（管理人员或知识分子）占25.83%，农民占23.58%，商人及其他职业占18.89%。老年人群目前的状态多以在家安度晚年为主，比例达到了77.24%，仍在原工作岗位上工作的人占12.95%，而参加社区服务的老年人仅占总受访者的9.82%。

（三）全面健康得分基本情况

在问卷调查的基础上，我们立足修订后的SHMSV问卷，按照生理健康、心理健康和社会健康的基本线索，对老年人群的全面健康状况进行系统梳理。

由图8-1可知，受访者的健康状况分布基本情况为：受访者的生理健康和心理健康得分最低，分别为 3.45 分和 3.47 分，社会健康状况得分相对较高，为 3.87 分，说明老年人群在社会健康上自评结果较好，而心理健康和生理健康的自评结果平均水平较差，其中生理健康状况最差。

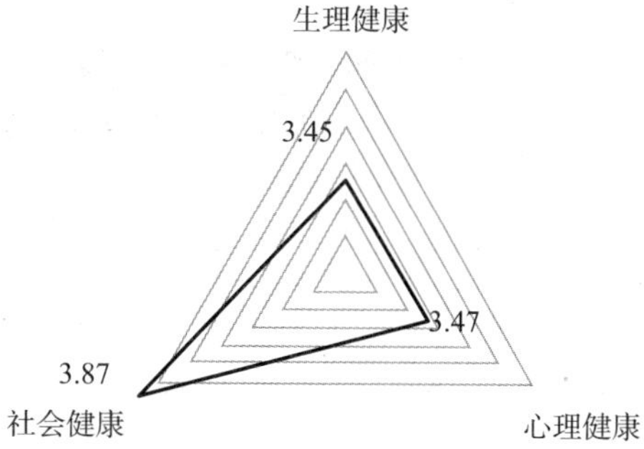

图 8-1　老年人群的全面健康状况雷达图

老年人群在健康状况的三个维度上表现出社会健康相对良好，而生理健康和心理健康不容乐观的特点。但从具体各维度上来看，老年人群的健康状况又有一些新的特点，老年人群各健康状况子维度雷达图如图 8-2 所示。

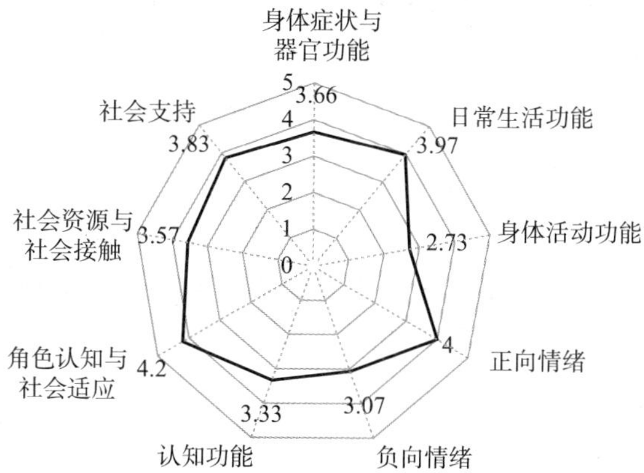

图 8-2　老年人群各健康状况子维度雷达图

由图 8-2 可知，受访者的健康状况具有以下特征：

1. 生理健康维度

在生理健康维度上，老年人群的身体症状与器官功能总体状况基本良好，评分为 3. 66 分，表明其有较好的身体素质和医疗保障；在日常生活功能方面的评分为 3. 97 分，即大多数的老年人认为自身有生活自理能力，一方面可能接受了较好的医疗照顾，另一方面也与老年人的“争胜、自强、不服老”的心理有关；在身体活动功能方面的评分仅为 2. 73 分，在 9 个维度中的得分最低，说明老年人群在能耗大的活动上缺乏足够的能力，可能的原因包括生活作息不规律、身体素质差、年龄增加、身体器官的功能下降、平时缺乏锻炼。

2. 心理健康维度

在心理健康维度上，老年人群的心理感觉良好，心态乐观，但同时心理状况波动大，易受到负面事件的影响。老年人群的正向情绪评分明显较高，达到 4 分，对未来充满信心；负向情绪控制力偏弱，仅为 3. 07 分，容易受负面情绪的烦扰。自我认知功能的评分为 3. 33 分，得分较低。随着年龄的增加，会出现记忆力下降、逻辑分析能力下降等正常现象，但是自身又“不服老”，所以生活中会有挫败感，心理健康问题堪忧。

3. 社会健康维度

在社会健康维度上，老年人群大多有良好的角色认知与社会适应能力，但在社会资源与社会接触方面明显偏弱。老年人群有良好的角色认知与社会适应能力，评分高达 4. 2 分，在 9 个子维度中的得分最高。这表明他们对自己在家庭生活中的角色定位准确，与家人的关系良好。在遇到问题或困难时，老人也会积极寻求他人的帮助，并表现为社会支持维度得分亦相对较高，自我评分值达到 3. 83 分。但在社会资源与社会接触这一维度上，得分相对偏低，为 3. 57 分，这表明他们内心会下意识地减少与社会资源的接触，这可能会加剧他们的孤独感。

第二节　基于生理健康的健康护理需求分析

随着年龄的增长，老年人的各项身体机能持续下降，视力、听力相对下降，患病情况时有发生，并直接引起生活自理能力的下降。这些变化也形成了老年人群对健康护理的旺盛需求。但由于受访者年龄和问卷篇幅限制，本书的问卷编制重点考察了心理健康和社会健康状况，生理健康仅能在基本面上得出老年人群在身体活动功能和身体症状与器官功能上存在一定问题。

为深度识别老年人群生理健康状况，本节以第四次中国城乡老年人生活状况抽样调查（以下简称“第四次调查”）为数据集，重点考察了老年人群的慢性病患病率、失能和半失能状况、健康医疗和生活护理消费意愿等指标及其对健康医疗、生活护理等行业的影响。

一、慢性病与健康医疗需求

疾病是影响老年人日常生活并威胁老年人生命安全的头号杀手。随着年龄的增长，老年人的身体抵抗力下降，增加其患病概率，由此便形成了老年人群对健康产品和医疗服务的旺盛需求，并在健康医疗服务的便捷性上提出了极高的要求。

首先，八成以上老人患有慢性病，健康医疗潜在需求量极大。

第四次调查结果表明，老年人群普遍患有慢性病。由表 8-3 可知，在受访的 21.7 万人样本中，各类慢性病患病者规模高达 17.9 万人，占比达到 82.4%。其中，患有 1 种慢性病、2 种慢性病和 3 种及以上慢性病的老年人口规模分别为 7.0 万人、5.7 万人和 5.3 万人，占比分别为 32.0%、26.1%和 24.3%。具体到各年龄组，患病率随年龄增加而快速提升，低龄老人患病率仅为 78.8%，中龄和高龄老人的慢性病患病率则分别达到 86.5%和 87.9%。

表 8-3　各年龄组老年人群患慢性病规模和占比

年龄组	患有慢性病		1 种慢性病		2 种慢性病		3 种及以上慢性病	
	人数/人	占比/%	人数/人	占比/%	人数/人	占比/%	人数/人	占比/%
低龄老人	94 238	78.8	40 047	33.5	29 576	24.7	24 615	20.6
中龄老人	57 000	86.5	19 901	30.2	18 262	27.7	18 837	28.6
高龄老人	27 720	87.9	9 611	30.5	8 867	28.1	9 242	29.3
合计	178 958	82.4	69 559	32.0	56 705	26.1	52 694	24.3

具体到患病类型上，第四次调查结果表明，老年人群所患疾病中，排名前三的疾病种类分别为骨关节病、高血压和心脑血管疾病，受访者患病率分

别为 43.8%、36.9%和 26.0%（见表 8-4）。按患病率超过 10%的标准，其他常见疾病还包括胃病、白内障/青光眼和慢性肺部疾病，这些疾病的共通点是既需要药物控制，也需要大量保健品、医疗器械和医疗服务的持续支持，对健康医疗的潜在需求量极大。

表 8-4　不同性别的老年人患各种疾病类型情况

疾病	人数/人			占比/%		
	女	男	总计	女	男	总计
白内障/青光眼	21 650	13 033	34 683	19.1	12.6	16.0
高血压	44 739	35 136	79 885	39.6	34.0	36.9
糖尿病	11 062	7 839	18 901	9.8	7.6	8.7
心脑血管疾病	32 411	23 975	56 386	28.7	23.3	26.0
胃病	22 220	16 538	38 758	19.6	16.0	17.9
骨关节病	55 775	38 939	94 714	49.3	37.7	43.8
慢性肺部疾病	10 028	12 152	22 180	8.9	11.8	10.2
哮喘	4 806	4 898	9 704	4.2	4.7	4.5
恶性肿瘤	1 262	1 219	2 481	1.1	1.2	1.1
生殖系统疾病	1 997	4 114	6 111	1.8	4.0	2.8
其他慢性病	1 262	1 219	2 481	1.1	1.2	1.1

其次，老年人群健康医疗花费高达 7 405.7 元，消费潜力仍待挖掘。

伴随着疾病问题的不断出现，老年人群在健康医疗上的消费支出也在不断增加。由图 8-3 可知，老年人群每年平均在看病医疗方面的消费支出达到 7 405.7元。具体到不同年龄段上，看病医疗的平均费用支出随着年龄的不断增加而激增。低龄老人、中龄老人和高龄老人每年看病医疗平均费用支出分别为6 856.6元、7 941.3 元和 8 369.4 元。由于到药店购药支出规模相对稳定，健康医疗消费支出激增主要是由到医院看病引起的。

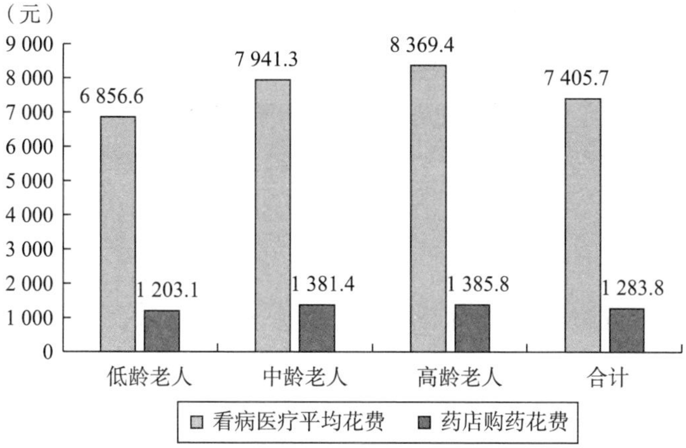

图 8-3　老年人在健康医疗产品和服务方面的消费情况

从市场潜力来看，健康医疗领域的消费大多集中在治疗用药品、保健品和医疗器械等方面。与治疗用药品相比，家用医疗器械与保健品大多属于弹性需求，随着人们生活水平的提升，其需求空间巨大。根据市场实际情况，药店在很大程度上成为老年人群自费购买医疗用药、家用器械和保健品的主要渠道。结合中国老年人口的绝对规模和慢性病患病率，按 2018 年 60 岁及以上人口规模达到 2. 49 亿①人计，慢性病患病率按 82. 4%计，人均药店花费按 1 283. 8 元计，健康医疗领域的年均市场规模至少达到 2 632. 4 亿元，市场潜力巨大。

最后，相较于专业度，便捷性是老年人群购买健康医疗产品和服务的核心诉求。

老年人群需要更良好的健康医疗产品和服务，这些产品和服务的需求最终通过消费终端来实现。一般来说，健康医疗产品和服务的购买机构选择大多基于专业性和便捷性两方面考虑。但由于缺乏家人陪伴、行动能力相对有限，产品和服务提供机构的专业度并不是老年人群的首选标准，方便往往是其第一选择。第五次调查结果也表明，老年人群对健康医疗产品和服务的购

① 数据来源：国家统计局 2018 年国民经济和社会发展统计公报。本节未使用 65 岁及以上人口指标，主要是由于第四次人口调查中低龄、中龄和高龄老人的年龄段分别为 60~69 岁、70~79 岁、80 岁及以上，故测算时使用的老年人口规模指标为 60 岁及以上人口，本节下同。

买，大多并不发生在公立性医院，而是发生在卫生院、社区服务中心、卫生站和私人诊所等更便捷的场所。

由图 8-4 可知，老年人群大多需要频发性购买健康医疗产品和服务。其中，选择最多的机构为卫生室/站，占比达到 27.4%；其次为县/市/区医院和乡镇/街道卫生院，分别占比 17.7% 和 17.5%；选择私人诊所的占比也较高，达到 15.5%；选择社区卫生服务中心的占比为 9.6%；而选择市/地医院和省级医院的占比分别仅为 8.2% 和 2.4%。换言之，省、市、县三级医院的选择比率合计不足 30%，超过 70% 的老年人群在购买医疗健康产品和服务时，选择的是专业能力相对有限、便捷性明显较高的机构。

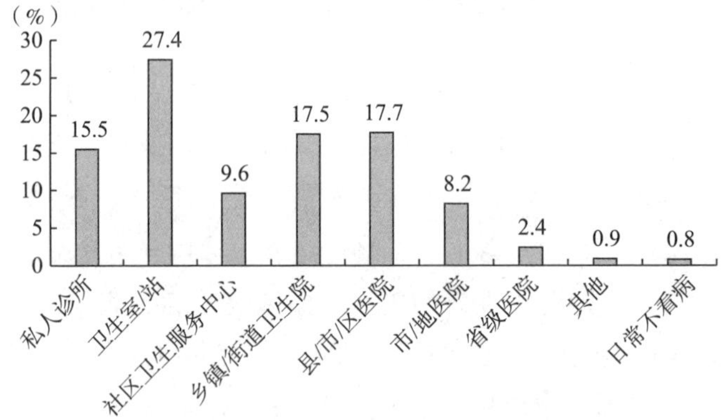

图 8-4　老年人就医地点选择情况

总之，老年健康医疗市场规模巨大，但仍要充分挖掘该领域的市场潜力。慢性病患病率极高、消费潜力极强的老年人群，需要更好的健康医疗产品和服务来解决其健康问题，并由此形成了高达 2 632 亿元的老年健康医疗市场。从市场培育的角度来说，健康医疗领域的持续发展，既要进一步丰富健康医疗产品和服务的供给，又要考虑到老年人群对消费便利性的迫切需求，依托互联网和物流业，实现本领域的蓬勃发展。

二、自理能力与日常护理需求

老年人日常生活的自理状况是其生理健康状况的重要体现。随着年龄的增加，生活不能自理的老年人群比率持续增加，这部分人群既有日常护理需求，也有极大的消费意愿，是生理健康引发的消费需求的重要组成部分。

首先，12.8%的老年人群存在半失能或失能状况，农村老人失能情况更严重。

根据第四次调查数据对不同年龄和城乡老年人群生活自理情况的统计，11.8%的老年人群存在半失能问题，1.0%的老年人存在完全失能问题，合计占比高达12.8%。按2018年60岁及以上人口规模2.49亿人计，近3 187.2万人存在失能问题。其中，半失能老人2 938.2万人、失能老人249.0万人。

表8-5　不同年龄的城乡老年人生活自理状况

老年人群类型	指标	完全自理	半失能	失能
低龄老人	规模/人	113 270	5 952	413
	占比/%	94.7	5.0	0.3
中龄老人	规模/人	57 507	7 714	662
	占比/%	87.3	11.7	1.0
高龄老人	规模/人	22 048	8 593	902
	占比/%	69.9	27.2	2.9
城镇老人	规模/人	100 761	9 915	1 066
	占比/%	90.2	8.9	1.0
农村老人	规模/人	92 064	12 281	911
	占比/%	87.5	11.7	0.9
合计	规模/人	98 746	13 384	1 144
	占比/%	87.2	11.8	1.0

由表8-5可知，在老年人群失能情况的结构分布上，高龄老人自理障碍更严重，农村老人的自理障碍比城镇更严重。从年龄分段上来看，失能状况随年龄增加而快速攀升。其中，低龄老人中，半失能、失能占比分别为5.0%和0.3%；中龄老人中，半失能、失能占比分别为11.7%和1.0%；高龄老人中，半失能、失能占比分别为27.2%和2.9%。从城乡对比来看，城镇老人失能状况略低于农村老人。其中，城镇老人的半失能、失能占比分别为8.9%和1.0%，农村老人半失能、失能占比分别为11.7%和0.9%，城镇老人的生活

自理能力明显强于农村老人。

其次，老年人群的生活护理平均消费意愿为 1 293. 2 元/月，市场潜力巨大。

第四次调查的统计数据结果表明，45. 9%的老年人群愿意每月支付 1 000 元及以上用于生活护理类产品和服务的购买。由表 8-6 可知，1 000 元以下、1 000~2 999元、3 000~4 999 元和 5 000 元及以上消费意愿档位的老年人群占受访者比例分别为 54. 1%、41. 0%、4. 1%和 0. 7%。由此推算，1 000~2 999 元/月是老年人群的主要消费金额区间，平均消费意愿为 1 293 元/月。即便是按照老年人口规模中有 3 187. 2 万失能、半失能老人的保守估计，这部分市场的潜在规模也达到 541. 4 亿元。

从消费意愿的分布结构来看，年龄对消费支出的影响极大。如前文所述，随着年龄的增长，老年人群的慢性病患病率和失能、半失能概率明显上扬，老年人群的生活护理消费意愿大幅增加。从平均意义上来看，低龄老人、中龄老人和高龄老人的平均消费意愿分别是 1 260. 2 元/月、1 305. 1 元/月和 1 446. 6 元/月，高龄老人较低龄老人的平均消费意愿高出了近 200 元/月。

从城乡对比来看，农村老人的失能、半失能占比明显高于城镇老人，城镇老人的消费意愿明显更高。城镇老年人群的平均生活护理消费意愿达到 1 524. 3 元/月，但农村老年人群仅为 717. 4 元/月，农村老人几乎没有人愿意承担每月 3 000 元以上的护理费用。这与城乡老年人群间的收入差距和养老消费观念都存在一定的关联。未来，随着经济社会的均衡发展，农村居民消费能力和养老消费理念不断提升，生活护理产业还将有进一步的发展空间。

表 8-6　不同年龄的城乡的老年人生活护理消费意愿

老年人群类型	指标	1 000 元以下	1 000~2 999 元	3 000~4 999 元	5 000 元及以上	均值/元/月
低龄老人	规模/人	10 528	7 555	712	124	1 260. 2
	占比/%	55. 6	39. 9	3. 8	0. 7	
中龄老人	规模/人	4 910	3 891	373	66	1 305. 1
	占比/%	53. 1	42. 1	4. 0	0. 7	

续表

老年人群类型	指标	1 000 元以下	1 000~2 999 元	3 000~4 999 元	5 000 元及以上	均值/元/月
高龄老人	规模/人	1 617	1 482	217	44	1 446.6
	占比/%	48.1	44.1	6.5	1.3	
城镇老人	规模/人	9 244	11 776	1 257	217	1 524.3
	占比/%	41.1	52.4	5.6	1.0	
农村老人	规模/人	7 811	1 152	45	17	717.4
	占比/%	86.5	12.8	0.5	0.2	
合计	规模/人	17 055	12 928	1 302	234	1 293.2
	占比/%	54.1	41.0	4.1	0.7	

注：消费意愿均值的测算方式为，将不同消费意愿档位依次设为 500 元、2 000 元、4 000 元和 5 000 元，并根据该选项人员占比，进行加权平均。

最后，老年人群在接受生活护理服务的地点上更偏好家中，对机构的偏好程度明显高于社区。

生活护理类产品和服务旨在为老年人解决日常生活中的障碍，需要与其日常生活紧密联系在一起。换言之，老年人群的生活护理服务地点偏好是影响产品和服务购买的关键性因素。调查结果表明，绝大多数老年人群更偏好于在家中接受日常生活护理，占比达到 82.1%。与此同时，对机构的偏好明显高于社区，占比分别为 4.4%和 2.1%，选择视情况而定的占 11.4%（见表 8-7）。换言之，在健康条件不允许的情况下，老年人群更有可能偏好机构养老。这一结论与本书开展的问卷调查结果极为一致，将在下一节进一步就机构偏好的成因展开更深入的分析。

表 8-7 不同年龄的城乡老年人接受生活护理地点的偏好状况

老年人群类型	指标	家中	社区	养老机构	视情况而定
低龄老人	规模/人	97 762	2 771	5 609	15 359
	占比/%	80.5	2.3	4.6	12.6
中龄老人	规模/人	55 350	1 437	2 837	7 404
	占比/%	82.6	2.1	4.2	11.0

续表

老年人群类型	指标	家中	社区	养老机构	视情况而定
高龄老人	规模/人	28 007	503	1 225	2 422
	占比/%	87.1	1.6	3.8	7.5
城镇老人	规模/人	87 892	3 038	6 559	17 843
	占比/%	76.2	2.6	5.7	15.5
农村老人	规模/人	93 236	1 673	3 112	7 342
	占比/%	88.5	1.6	3.0	7.0
合计	规模/人	181 119	4 711	9 671	25 185
	占比/%	82.1	2.1	4.4	11.4

就不同年龄段和城乡老年人群的差异而言，低龄老人和城镇老人的养老理念明显不同于其他类型老人，其更容易接受家庭以外区域的生活护理。年龄方面，低龄老人中倾向于在家中、养老机构和社区接受生活护理服务的占比分别为80.5%、4.6%和2.3%；随着年龄的增长，偏好家中的占比明显上升，偏好养老机构和社区的占比明显下降；高龄老人的三种偏好占比分别为87.1%、3.8%和1.6%。城乡结构方面，城镇老人对在家中接受生活护理的偏好程度仅为76.2%，明显低于农村老人的88.5%。

总之，老年人群存在失能问题困扰，由此形成了对生活护理的旺盛需求。

老年人群对健康护理的消费地点更倾向于在家中，但低龄老人和城镇老人对机构和社区的偏好程度明显更高，也更倾向于根据自身实际情况调整其偏好。基于此，生活护理类产品和服务的供给，应首先考虑聚焦失能/半失能老人居家过程中形成的关联需求。

此外，低龄老人和城镇老人对机构和社区的较高偏好度，则是未来行业发展需要重点考虑的机遇点。后续的进一步讨论还将表明，在全面健康视角下，机构偏好度更高群体的需求诱因差异明显，还需要从老年人群更广泛的需求出发，设计各类衍生产品和服务，以满足不同老年人群的差异化需求。

第三节　全面健康视角下的养老需求新动向

消费心理学的基本观点认为，需求源自个体对缺乏某种要素的紧张，重新获取要素的动机构成了其核心消费诉求。从这一概念出发，随着年龄的增长，老年人群失去的并不仅是健康的体魄，还涉及退休、丧偶等因素带来的心理冲击和社会属性剥离感。在这些要素的驱动下，老年人群对养老产品和服务又形成了额外的衍生需求。如果产品和服务设计能够满足这些衍生需求，不仅能够拉动内需、形成经济新的增长点，也有利于老年人群实现健康老龄化。

为有效识别全面健康视角下的养老服务新需求，本节以课题组开展的“2016 年中国养老需求状况典型调查”为数据集，重点考察了老年人群机构养老偏好及其成因以及兴趣爱好培养对全面健康状况的影响，据此提出全面健康视角下机构养老和老年教育面临的机遇与挑战。

一、衍生需求催生机构养老偏好

随着“421”家庭（四个老人、一对夫妻、一个孩子）不断涌现、经济社会竞争压力提升，家庭养老功能正趋于弱化，老年人群对居家养老的偏好程度也在不断下降，对机构养老的偏好程度则呈明显上扬。这一趋势在第四次调查中有所显现，在本书“2016 年中国养老需求状况典型调查”数据集中也得到集中体现。与此同时，由于全面健康状态不同，不同老年人群对机构养老的偏好存在明显差异，并由此形成了其对机构养老的衍生需求。

本节所使用的数据集为课题组于 2016 年开展的“中国养老需求状况典型调查”，问卷对老年人群的机构养老偏好展开了调查，并将其划分为三个基本维度：拒绝机构养老、选择公立养老机构和选择私立养老机构。

（一）机构养老偏好基本状况

根据问卷调查结果，60.54%的受访者表示不能接受机构养老，换言之，只有近四成的受访者接受机构养老。具体到养老机构类型的偏好上，公立养老机构明显是老年人群的第一选择。有 467 名受访者表示更加偏好公立养老机构，占总样本的29.20%，仅10.26%的受访者表示更偏好私立养老机构（见图8-5）。

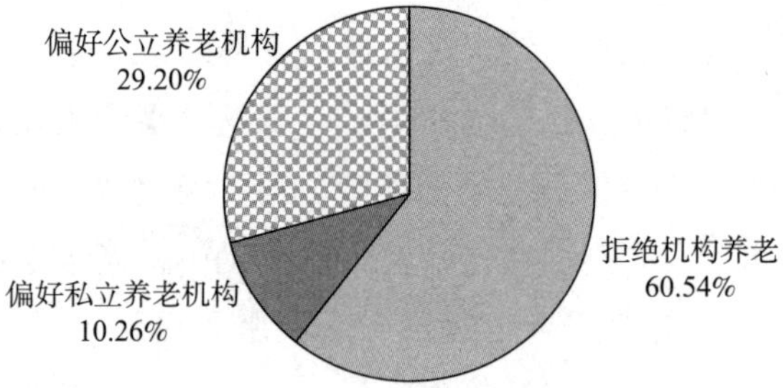

图8-5　老年人群机构养老偏好分布

按照12.8%的失能/半失能老年人群和2018年2.49亿60岁及以上人口规模的保守估计测算，即便是只有这部分失能/半失能老人面临是否考虑机构养老的问题，潜在偏好人群的规模仍然达到了1 258.9万人，其中，偏好公立养老机构的老年人口至少为930.7万人，偏好私立养老机构的老年人口为328.3万人。

如此大规模的机构养老偏好者，不仅在占比上远超国家和不少省级政府所制定的4%机构养老政策线，也远远超出了我国机构养老的实际承载力。根据民政部的统计公报，2018年，各类养老床位仅为727.1万张，二者间至少有500余万张床位数供求缺口。

（二）理论模型

考虑到被解释变量老年人群的养老机构偏好为多元离散型变量，可采用mlogit模型对受访老年人群的养老机构偏好成因展开分析，并建立模型如下：

$$P(Y) = aX_1 + bX_2 + cX_3$$

其中，Y代表老年人群的养老机构偏好；X_1代表人口统计学变量组，包括*gen*、*age*、*mar*、*chi*、*edu*、*inc*；X_2代表社会特征，包括变量*voc*、*con*；X_3代表健康状况变量组，包括*phy*、*psy*、*soc*。

为提高回归结果的准确性和可靠性，本书进一步将*mar*、*edu*、*voc*和*con*转化为类别虚拟变量形式，并分别以0和1代表否和是。其中，*mar*转化为*mar*1、*mar*2、*mar*3，分别代表已婚、离婚、丧偶和其他，以*mar*1已婚组为控制组；*edu* 转化为 *edu*1、*edu*2、*edu*3 和 *edu*4，分别代表小学及以下、初中、中专或高中、大专及以上，以 *edu*1 小学及以下组为控制组；*voc* 按照工农士商的基本身份类型进行划分，并转化为 *voc*1、*voc*2、*voc*3 和 *voc*4，分别代表农民、工人、干部及管理人员和商人及其他，以 *voc*2 工人组为控制组；*con* 转化为 *con*1、*con*2、*con*3，分别代表在家安度晚年、参加社区服务、仍在原工作岗位上工作，以 *con*3 仍在原工作岗位上工作组为控制组。所涉及的主要指标及其赋值情况见表 8-8。

表 8-8 老年人群养老机构偏好特征变量及数据描述

变量名称	变量符号	变量赋值
性别	*gen*	0 为男性，1 为女性
年龄	*age*	最小值为 50，最大值为 95
婚姻状况	*mar*	1 为已婚，2 为离婚，3 为丧偶和其他
子女数量	*chi*	最小值为 0，最大值为 9
受教育程度	*edu*	1 为小学及以下，2 为初中，3 为中专或高中，4 为大专及以上
收入状况	*inc*	最小值 1 000 元以下，最大值为 5 000 元以上
身份特征	*voc*	1 为农民，2 为工人，3 为干部及管理人员，4 为商人及其他
目前状态	*con*	1 为安度晚年，2 为参加社区服务，3 为仍在原工作岗位上工作
生理健康	*phy*	5 分量表，1 为完全不符，5 为完全符合
心理健康	*psy*	5 分量表，1 为完全不符，5 为完全符合
社会健康	*soc*	5 分量表，1 为完全不符，5 为完全符合
养老机构意愿	*pre*	0 为中立，1 为私立，2 为公立

使用 mlogit 模型，以拒绝机构养老为对照组，使用 Stata12.0 软件，逐步加入各个控制变量组、人口统计学变量、社会特征变量以及身体健康状况变量，得到回归结果如表 8-9 所示。其中，模型的 LR 统计量为 2 411.7，最大似然比检验的显著性系数为 0.000。回归结果还表明，随着各变量组的加入，模型的 LR 统计量不断增加，模型整体有效性提高。

表 8-9　老年人群机构养老偏好的 mlogit 回归结果

变量	私立机构		公立机构	
	回归系数	标准误	回归系数	标准误
gen	0. 052	0. 186	-0. 222 *	0. 128
age	0. 015	0. 012	-0. 005	0. 009
*mar*2	0. 262	0. 422	1. 003 ***	0. 274
*mar*3	0. 308	0. 267	0. 354 *	0. 183
chi	0. 089	0. 071	0. 173 ***	0. 051
*edu*2	-0. 346	0. 268	0. 129	0. 180
*edu*3	0. 339	0. 295	0. 716 ***	0. 211
*edu*4	0. 804 **	0. 370	0. 926 ***	0. 275
inc	0. 221 **	0. 098	0. 236 ***	0. 071
*voc*1	0. 210	0. 321	0. 267	0. 202
*voc*3	0. 382	0. 294	0. 249	0. 186
*voc*4	1. 075 ***	0. 262	0. 365 **	0. 180
*con*2	-0. 534	0. 355	-1. 411 ***	0. 279
*con*1	-1. 218 ***	0. 293	-1. 384 ***	0. 217
phy	0. 148	0. 159	0. 050	0. 107
psy	-0. 062	0. 215	-0. 403 ***	0. 150
soc	-0. 072	0. 156	0. 265 **	0. 109
模型系数	样本数=1 599，最大似然值=249. 7，P=0. 000			

注：＊＊＊代表 P<0. 01，＊＊代表 P<0. 05，＊代表 P <0. 1。

为揭示不同影响因素对机构养老偏好的影响方向和程度，在表 8-9 的基础上，计算了各影响因素对老年人偏好的边际效应，如表 8-10 所示。以 *gen* 为例，各偏好上的边际效应指的是性别由男性变化为女性后，受访群体选择拒绝机构养老的概率将提高 3. 6%，选择私立机构的概率上升 1%，选择公立养老机构的概率则下降 4. 7%。

表 8-10 各养老形式偏好下部分自变量的边际效应

变量	不偏好	私立	公立	变量	不偏好	私立	公立
gen	0. 036	0. 010	-0. 047	*voc*1	-0. 061	0. 011	0. 050
age	0. 000	0. 001	-0. 001	*voc*3	-0. 068	0. 027	0. 041
*mar*2	-0. 211	-0. 129	0. 224	*voc*4	-0. 138	0. 101	0. 037
*mar*3	-0. 083	0. 017	0. 066	*con*2	0. 230	-0. 017	-0. 213
chi	-0. 036	0. 003	0. 033	*con*1	0. 323	-0. 063	-0. 260
*edu*2	-0. 004	-0. 032	0. 036	*phy*	-0. 017	0. 011	0. 006
*edu*3	-0. 152	0. 007	0. 145	*psy*	0. 075	0. 006	-0. 081
*edu*4	-0. 220	0. 042	0. 178	*soc*	-0. 043	-0. 013	0. 056
inc	-0. 055	0. 013	0. 042	—		—	

（三）衍生需求驱动下的养老产业

根据表 8-9 和表 8-10，我们可以得到以下基本结论：

首先，从基本特征来看，机构养老偏好者的基本画像是男性、受教育程度更高、婚姻状况异常、子女数量偏多。

受传统家庭观和养儿防老理念的影响，性别为女和受教育程度偏低将显著地降低老年人群接受机构养老偏好的可能性。需要注意的是，在婚姻状况和子女数量上，家庭功能的缺失使得机构养老成为他们必然的选择，养儿防老似乎并未带来更融洽的家庭养老氛围，反而可能因家庭关系的复杂而使居家养老出现困难。此外，收入水平的提高也会促使其做出接受机构养老的决定。

其次，从社会属性来看，商人身份更偏好机构养老，工人身份对机构养老的接受度更低，在社区参与服务将显著降低机构养老偏好程度。

按照工农士商的传统界定，工人身份对养老机构的偏好明显更低，商人群体更容易接受机构养老的同时，更偏好私立养老机构。这说明，对于新中国成立初期出生的工人群体，社会分工和社会价值导向深刻地影响着他们对养老方式的基本态度。当前工作状态方面，相较于赋闲在家的老年人群，目前在社区服务的老年人群更倾向于居家养老，尚在工作状态的老人则更倾向于机构养老。

最后，从健康状况来看，生理健康度和社会健康度较高，心理健康度较低的老人反而更倾向于公立机构养老。

传统观点大多认为养老机构是给生理健康缺失的老人提供生活护理服务的场所，但从实际需求来看，具有更高生理健康和社会健康，同时心理健康程度一般的老人更倾向于接受机构养老服务。换言之，生理健康水平相对较高的老年人群更希望在同类人群相对聚集的养老机构中获得社会化机会，以弥补丧偶/离异和退休等问题导致的家庭和社会功能损失，进而帮助其摆脱心理健康问题困扰。

综上，老年人群在机构养老上存在着远超生活护理的衍生需求，养老机构应在做好主职服务的同时，重点关注老年人群的社会化需求和心理健康问题。

生理健康良好、婚姻状况异常、未能在社区做志愿服务、社会健康度基本良好、心理健康度一般的老年人群更倾向于机构养老。生理健康的影响方向表明，老年人群对机构的生活护理服务有效性仍存在不信任倾向。其余因素则表明，老年人群对养老机构的核心诉求是为其提供社会化场所，以满足其心理健康需要。这就要求养老机构在做好本职生活护理服务的同时，积极探索新型服务模式（在第十章，本书梳理了部分新探索以供参考）。

二、老年教育与全面健康的提升

随着人口老龄化进程的不断加速和老龄化理念的持续变迁，老年教育的核心功能已经逐渐从单纯的兴趣爱好培养，转变为对老年人群差异化需求的满足。老年教育存在着服务健康老龄化的一面，是积极老龄化的重要抓手。基于此，本书试图围绕老年人群爱好培养的基本分类展开研究，进而分析其对提升老年人群全面健康状况的积极意义。

（一）基于爱好培养对老年人群进行分类

结合国家老年开放大学课程设置的基本逻辑，将老年人群兴趣爱好培养划分为 5 个基本大类，主要包括智力型兴趣爱好、保健型兴趣爱好、社交型兴趣爱好、休闲型兴趣爱好、创作型兴趣爱好等。其中，智力型兴趣包括麻将、扑克、象棋等各类棋牌活动，保健型兴趣爱好包括跑步、打太极拳等，社交型兴趣爱好包括跳舞、参加合唱团及其他社团活动，休闲型兴趣爱好包括花鸟鱼虫、集邮、书画等，创作型兴趣爱好包括摄影、小说创作等。为便于比较，本书还将看电视和读书等常见休闲方式设定为欣赏型活动并列为对照组，一并纳入分析框架。

针对调查数据进一步展开聚类分析，由于样本数量为 1 599 个，足够大，故以欧式距离进行测度，以 K-Means 方法进行聚类，并按照各类兴趣爱好的发生频次，对受访者进行归类。

聚类分析结果表明，按兴趣爱好培养的类型和频次，受访老人可以被归为三类，我们分别将其称为“寥寥无几型”老人、“浅尝辄止型”老人和“持之以恒型”老人，其参与兴趣爱好培养活动的频次分布情况如表 8-11 所示。

表 8-11　最终聚类结果

项目	聚类		
	“寥寥无几型”	“浅尝辄止型”	“持之以恒型”
对照组（欣赏型）	2.05	2.58	2.51
智力型	1.45	2.43	2.72
保健型	2.19	2.74	3.05
社交型	1.21	2.44	1.68
休闲型	1.13	2.90	1.55
创作型	1.08	2.48	1.08
合计	768	229	602

根据表 8-11，可以得到各类型老人的典型特征如下：

首先，“寥寥无几型”老人不多的娱乐均用于看电视、读报和看书，这部分老年人很少把时间用于各种兴趣爱好的培养上，偏好于看电视、读报和看书等欣赏型活动，除了偶尔参与跑步和太极拳等保健型活动外，其他活动的参与度都相对偏低。该类人群在受访者中属于大多数，占比高达 48.03%，代表了中国老年人群的基本现状。

其次，“浅尝辄止型”老人广泛培养各种兴趣爱好，但介入程度多在“经常”以下。

该类人群占比为14.32%，属于老年人群中的少数。他们兴趣广泛，偏好于欣赏型和保健型娱乐方式，还积极培养休闲型、智力型和社交型等兴趣爱好。他们不断尝试各种类型的娱乐方式，但在各类娱乐方式上的参与度均偏低。

最后，“持之以恒型”老人只培养少数的兴趣爱好，但参与度明显高于其他各组。

这部分老人在受访者中也极为常见，占比达到37.65%。他们的兴趣较为单一和深入，多以参与各类象棋游戏、出门锻炼等为主，并能针对一两项兴趣爱好深入培养。

（二）不同人群的全面健康特征

根据聚类分析的结果，运用SPSS16.0，可得不同类型老年人群的三类健康维度得分情况和各具体维度的方差分析结果，分别如表8-12和图8-6所示。

表8-12　各爱好类型对老年人全面健康状况的影响及其描述性统计

维度	因变量	自变量	均值	标准误差	显著性
生理健康	身体症状与器官功能	“寥寥无几型”	3.563	0.799	0.000
		“浅尝辄止型”	3.610	0.703	0.321
		“持之以恒型”	3.792	0.698	0.000
	日常生活功能	“寥寥无几型”	3.896	1.033	0.005
		“浅尝辄止型”	3.764	1.058	0.001
		“持之以恒型”	4.143	0.956	0.000
	身体活动功能	“寥寥无几型”	2.632	1.340	0.004
		“浅尝辄止型”	3.009	1.124	0.000
		“持之以恒型”	2.738	1.213	0.007

续表

维度	因变量	自变量	均值	标准误差	显著性
心理健康	正向情绪	“寥寥无几型”	3.919	0.939	0.001
		“浅尝辄止型”	3.764	0.854	0.000
		“持之以恒型”	4.188	0.789	0.000
	负向情绪	“寥寥无几型”	2.934	0.837	0.745
		“浅尝辄止型”	3.170	0.899	0.000
		“持之以恒型”	2.825	0.793	0.000
	认知功能	“寥寥无几型”	3.193	0.944	0.000
		“浅尝辄止型”	3.432	0.760	0.048
		“持之以恒型”	3.457	0.787	0.000
社会健康	角色认知与社会适应	“寥寥无几型”	4.163	0.973	0.156
		“浅尝辄止型”	3.847	1.046	0.000
		“持之以恒型”	4.375	0.819	0.000
	社会资源与社会接触	“寥寥无几型”	3.381	0.839	0.000
		“浅尝辄止型”	3.504	0.722	0.179
		“持之以恒型”	3.841	0.747	0.000
	社会支持	“寥寥无几型”	3.764	0.909	0.005
		“浅尝辄止型”	3.718	0.842	0.039
		“持之以恒型”	3.950	0.798	0.000

由图 8-6 可知，不同类型老人之间全面健康状况差异明显，“持之以恒型”老人的全面健康状况明显高于其他类型老人，特别是在社会健康维度上，“持之以恒型”老人的社会健康得分达到 4.1 分，明显高于其他类型老人。具体到各健康维度上，可以得到以下结论：

首先，不同类型老人在生理健康维度上并不存在太大差异，生理健康不是阻碍老年人群参与兴趣爱好培养的关键因素。

在生理健康维度上，“寥寥无几型”老人、“浅尝辄止型”老人和“持之以恒型”老人间的差异并不明显，得分分别为 3.3 分、3.4 分和 3.5 分。这说明，不同类型老人的身体机能条件差异并不是太大，生理健康水平也不能构成老年人群参与各类老年教育活动的阻碍因素。

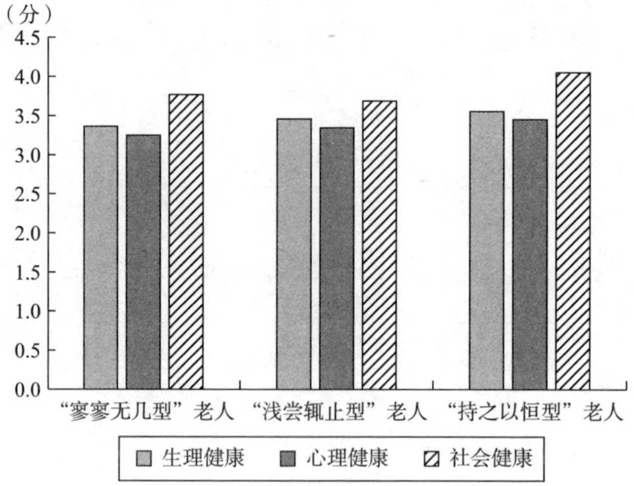

图 8-6　不同类型老年人的全面健康得分情况

具体来说，从身体基础条件来看，“寥寥无几型”老人和“持之以恒型”老人在身体症状与器官功能健康状况上存在统计学差异，三种类型的老人在日常生活功能上存在统计学差异。但总体来看，差异的区间相对较小。差异集中体现在身体功能上，“持之以恒型”老人的得分明显低于“浅尝辄止型”老人。或许是由于身体功能受阻，这部分老人只能集中精力于少量几个兴趣爱好的培养，反而实现了娱乐和休息的平衡，为后续心理和社会健康的提升提供了很好的支撑。

其次，持之以恒地参与特定兴趣爱好活动，丰富了老年人群的精神生活，在一定程度上提高了老年人群的心理健康状况。

在心理健康维度上，“持之以恒型”老人的心理健康总体评分明显高于其他类型老人，得分分别为 3.3 分、3.3 分和 3.5 分。从老年教育的初衷来看，兴趣爱好培养丰富了老年人群的精神生活，通过强化正向情绪、摆脱负向情绪、维持认知能力，改善了这部分老年人的心理健康状况。

具体来说，积极参与兴趣爱好的培养确实有助于老年人群在正向情绪、负向情绪和认知能力三个维度上的心理健康水平的提升。相较而言，由于能够着重培养一两个兴趣爱好并深入发展，“持之以恒型”老人更易获得较高心理满足感，引起正向情绪能力的提升；“浅尝辄止型”老人由于广泛参与各类型活动，能够帮助其转移生活中的不满情绪，也使其在该指标上得分明显更高；由于积极参与各类培训，“浅尝辄止型”老人和“持之以恒型”老人的认知能力得以保持更高水平。

最后，有效地参与兴趣爱好活动，能够促进老年人群的社会化，极大地改善老年人群的社会健康状况。

在社会健康维度上，“持之以恒型”老人的社会健康总体评分显著高于其他两类老人，三类老人得分分别为3.8分、3.7分和4.1分。深度培养少量兴趣爱好不仅丰富了老年人群的精神文化生活，更让老年人群能够参与社会活动。从全面健康的视角来看，参与社会活动、增强社会化本身，给老年人群带来的健康收益甚至超出了养老教育的初始范畴。反观“浅尝辄止型”老人，由于过于广泛参与多种培训项目，其社会化程度反而更低，进而引起社会健康程度的小幅下滑。

（三）需求驱动下的老年教育产业

基于调查数据的统计分析，“持之以恒型”老年人在心理健康维度和社会健康维度具有更高得分。这就意味着，在引入全面健康概念后，老年教育具有服务于健康老龄化的新属性，也获得了更大的发展机遇与空间。以全面健康为视角，全面服务于老年人群的健康老龄化，既是新形势下对老年教育提出的新要求，也是老年教育发展面临的新机遇。

首先，要考虑老年教育发展的区域间统筹，提高老年教育的服务效率。

从人口老龄化的区域间分布情况来看，不同地区的人口老龄化程度存在较大的差异。这一方面要求老年大学等相关老年教育产品和服务在区域间进行更加均衡的分布；另一方面也要综合利用互联网等新兴技术工具，突破老年教育的区域性限制，服务更多的老年人群。

其次，要探索教育内容的多样化，提高满足老年人群多样化需求的能力。

老年人群差异性较大，不同老年人的教育背景、社会阅历、工作经历、家庭关系以及兴趣爱好不同，学习动机和目的也有所不同。这就要求在具体教育内容设置上，要充分满足老年人不同方面的需求，既要满足老年人的休闲娱乐需要，又要满足老年人的日常生活需要，有针对性、有层次地设计课程科目和内容，将老年人最感兴趣的健康保健、人文艺术、休闲生活、语言文化和老年心理学等纳入老年教育的范围。

再次，要考虑老年人群社会化需要，探索各类教育形式的协同有序发展。

全面健康视角下，老年教育是实现健康老龄化的重要抓手，考虑其有效提升心理健康和社会健康的功能，要大范围拓展教育形式，转变过去以课堂讲授和知识传输为主的教育形式。这就需要积极引入信息化远程教育和现代教育理念，鼓励老年人群的自学习和自组织，采取自治自助模式，为老年人群提供更好的社会化平台。而这些工作也给老年教育产业的发展带来了新的增长点和商业空间。

最后，要积极促进各方力量的协同配合，共同促进老年教育的健康发展。

考虑到老年教育盈利能力偏弱的实际特点，需要多方力量协同配合，以实现老年教育的健康发展，既需要考虑财政补贴等政府补贴方式，也需要考虑产业基金等市场引导力量，通过引入多方主体力量，形成以传统老年开放大学为主阵地、以社区和民间教育为补充的老年教育体系，并注重各类志愿者群体和非营利组织的广泛参与，推动老年人群成为真正意义上的终身学习者。

第九章　结论与对策建议

人口老龄化作为中国经济社会发展面临的重大议题，受到了各界的普遍关注。本书以微观基础的持续性调整为视角，围绕老龄化的经济影响传导机制展开研究，对老龄化进程中的经济影响方向及其可能面临的阻碍展开讨论，并对“变老是否会阻碍变富”问题进行回应。

第一节　基本结论

本书立足于中国的人口老龄化进程和经济社会发展现状，围绕人口预测、机理分析、实证研究和路径分析等四个方面展开讨论。理论实证和经验实证的结果均表明，变老未必会阻碍变富，但仍需要多方面因素的配合，以实现经济发展潜力的进一步释放。

一、中国人口老龄化的基本趋势

作为一个发展中国家，中国的人口发展却已经步入严重老龄化阶段。单从人口老龄化的角度来看，中国人口老龄化的基本面具有以下特征：

首先，从历史数据来看，中国人口老龄化规模大、速度快、区域间差异明显。

中国的人口老龄化进程结构复杂，是人口自然变动和迁移长期耦合演化的结果。究其本质特征，具有老年人口规模大、人口老化速度快和区域间差异极为明显的典型特征。

截至2018年，老年人口规模达1.67亿人，占比为11.9%。1999年，我国的老年人口比才刚刚达到7%的老龄化标准，步入人口老龄化阶段，仅仅是

15年之后的2014年，我国的老年人口比便达到10.1%，正式步入严重人口老龄化阶段。与此同时，由于劳动年龄人口的大规模迁移，经济发展速度较快的人口迁入地，其人口老龄化程度反而低于全国平均水平。

其次，在省际视角下，老龄化存在着区域间的结构性差异。

在区域间经济发展水平不均衡的背景下，人口迁移变动大规模出现，并给各省份的年龄段结构数据带来深远影响。由于迁移行为更便捷，就业搜寻能力更强，年轻人是人口迁移的主力军。年轻人的迁出会导致迁出地的人口老龄化和少子化以及迁入地的人口年轻化和多子化。因此，人口迁移的结果多以迁出地老龄化加剧，迁入地老龄化延缓为趋势。

总体上，各省份人口老龄化情况可划分为四类：第一序列为东北三省、河南、四川、贵州等，经济发展水平中等，人口迁出多，老龄化程度最高；第二序列为北京、上海、浙江等，经济发展水平高，人口迁入多，老龄化程度与全国平均水平持平；第三序列为广东、福建等，老龄化程度略低；第四序列为西藏、新疆、青海等，经济发展水平偏低，人口迁移少，老龄化程度最低。

最后，从演进趋势来看，中国的老龄化速度极快，尤以未来十年为盛。

在人口政策的强力干预下，中国的人口自然变动极为迅速地实现了从早期扩张阶段到后期扩张阶段的转变，由此形成了早期的人口红利和近年来日趋严重的人口老龄化趋势。未来十年将是中国人口老龄化速度最快的历史时期，并将给经济社会发展带来较大挑战。

2020—2029年，中国的老年人口比将从14.0%提高到19.7%，平均每年老年人口的增幅达到864万人，与此同时，劳动年龄人口则保持着平均每年287万人的降幅。传统意义上，日本是世界上老龄化速度最快的国家之一，但人口预测结果表明，如果不考虑生育政策的干预，中国的老龄化增速将与日本持平，甚至超过其增速。这也说明了计划生育政策调整的必要性。

二、老龄化经济影响的基本方向与机理

人口老龄化大背景下，变老和变富的关系成为各界关注的焦点问题。各国数据的交叉对比结果表明，中国的“未富先老”问题客观存在，但不算严

重。但变老是否会阻碍变富，各国经济变迁史表现出极大的不一致性，学界也存在着不少的争论。

首先，中国的“未富先老”问题客观存在，但“未富先老”程度相对有限。

根据世行 WDI 数据库，全球 179 个国家和地区可以按照老龄化程度和富裕度划分成“少—富”“少—贫”“老—富”和“老—贫”四组。中国毫不意外地进入了“未富先老”国家行列。同属这一序列的国家，大多以拉美和东欧国家为主，传统观点多认为其正处于“中等收入陷阱”。

但进一步的数据又表明，中国的“未富先老”程度在这些区域处于相对低位。其原因在于，对这些国家的横向比较结果表明，中国的人口老龄化程度明显低于“老—贫”国家组的平均水平，但人均 GDP 却明显高于均值。

其次，各国人均 GDP 和老年人口比均未呈必然联系，变老未必阻碍变富。

针对中国、俄罗斯、阿根廷、哥斯达黎加、牙买加、斯里兰卡等“未富先老”国家和英国、美国、加拿大、荷兰和瑞典等富裕老龄化国家的长期历史数据分析结果表明，以人均 GDP 为变富的衡量标准，“变老”与“变富”似乎并不存在必然的逻辑关系。绝大多数国家的老龄化进程中都并行不悖地出现了经济的持续发展。

“变老”仅在部分国家的特定时期与变富呈反向关系。只有阿根廷、牙买加和中国存在这种反向关系的可能性。其中，阿根廷主要表现在 2011 年以后，中国主要表现在 2012 年以后，仅牙买加表现出更高的一致性。而在多数国家，在进入严重老龄化阶段后，这些国家的人均 GDP 和老年人口比在时间轴上表现出重叠，“变老”并不必然地阻碍“变富”。

再次，老龄化经济影响为负的传统观点正面临理论和实践的挑战。

传统观点认为，人口老龄化对经济发展的负面影响主要涉及医疗费用的攀升、养老费用支出的不断扩大、劳动力的短缺和总产出的下降、储蓄率的下降和投资的减少以及工作热情的减少等。但理论和实践的结果均表现出颠覆性结论。Mason 等（2006）甚至据此提出了“第二人口红利”的可能性，即随着人口老龄化的出现，预防性储蓄趋于增加，并对经济发展产生正向影响。

最后，人口老龄化通过微观基础的持续调整对产出产生正向影响。

考虑微观基础调整，老龄化进程中的个体需要平滑一生消费、获取未来收益，并为子女未来谋划。这就会引起收入在消费和储蓄间的权衡、时间在闲暇和工作间的权衡、家庭在子女数量和质量间的权衡，平均资本拥有量和有效劳动时间随之变化，劳动力平均产出水平也随之发生持续性变化。

具体来说，从一生效用最大化的角度来说，个体需要在一生不同时期的消费间求得平衡，需要在当期闲暇和一生收入间求得平衡，需要在子女数量和子女未来成就中求得平衡。平衡的结果是，储蓄率上扬、生育率下降，个体资本拥有量上升；劳动时间投入和子女教育投入上升，平均有效劳动时间投入增加。

三、老龄化经济影响的理论与经验实证

无论是基于 OLG 模型的理论实证，还是对中国数据开展的广义脉冲估计，相关结论均保持着高度的一致性。考虑个体预期和决策行为的适应性调整，老龄化的经济影响存在着积极的一面。

首先，储蓄率持续提高、消费后移的趋势在短期内表现得极为明显。

预期寿命的提高对储蓄率提高具有正向积极作用，并将在近 20 期的时间内引起储蓄率的持续提高。而且长期来看，这种影响是正向且收敛的，这充分说明了预期寿命提高的影响下，出于谨慎性预期的储蓄率上扬是客观存在的。

其次，生育率先减小后缓慢回升，人口发展存在着自我纠正机制。

理论实证结果表明，生育率在短期内会因谨慎性预期而下降，长期内则会因收入效应而出现回升。经验实证的结论与此保持了较高的一致性。这说明，随着预期寿命的提高，在更长的时间周期内，生育率存在着回升的倾向，进而引起老龄化增速的放缓，即存在人口老龄化的自我纠正机制。

再次，人力资本和劳动时间投入持续上扬，进一步提高了经济发展潜力。

在预期寿命提高背景下，个体出于谨慎性预期，增加自身的劳动时间投入，出于利他性动机，增加对子女的人力资本投入以提高其一生效用水平。

受数据可获取性限制，所选取的人力资本指标和劳动时间投入指标分别为高中入学率和人口就业倾向。经验实证结果表明，高中入学率指标持续上扬，人口就业倾向指标短期内持续增加，都说明了老龄化背景下，劳动力自身要素投入的增加，以及由此带来的经济发展潜力持续提升。当然，就业意愿的长期回落趋势可能受制于自雇佣的越发频繁，以及家庭照料压力下的主动放弃工作。

最后，人均产出水平的长期趋势为正向，老龄化存在转危为机的基本逻辑。

理论和经验实证结果均表明，随着预期寿命的提高，微观决策个体的持续性行为调整会在相当长一段时期内给经济发展带来正向影响，并集中体现在人均产出水平指标上。具体来说，随着个体行为的持续性调整，生育率下调，储蓄率、高中入学率、人口就业倾向等指标上扬，形成了单位劳动力的人力资本、资本、劳动时间要素规模提高，进而引起人均产出水平的上扬。

四、老龄化经济影响的实现路径与阻碍

老龄化进程中，微观决策个体会通过收入在消费和储蓄间的权衡、时间在劳动和闲暇间的权衡，以及在子女数量和质量间的权衡，引起人均资本拥有量、人力资本和劳动时间投入的持续上扬，进而形成老龄化进程中的产出能力上扬通道。但要素投入的增加，并不必然地引起产出水平的上扬，老龄化经济影响路径上仍需要克服产品市场供给不足、要素配置能力不足、保障体系不够完善等阻碍因素的干扰。

首先，消费后移对内需拉动的效果与产品市场的有效供给密切相关。

人口老龄化进程中，由于人力资本、资本、工资率的持续推动，居民收入水平呈持续上扬态势，居民消费结构的后移特征也极为明显。但消费意愿最终能否转化为购买行为，与产品市场的成熟度密切相关。尽管老年人口规模和占比不断攀升，银发产业的市场潜力惊人，但由于我国银发产业起步相对较晚，尚存在着较为突出的产品和服务有效供给不足问题，并在产品市场层面，形成了限制经济发展潜力释放的阻碍因素。

其次，要素投入增加对经济发展的促进作用与要素市场的有效配置密切

相关。

老龄化进程中存在着劳动时间投入和储蓄率增加的基本倾向，但相关要素禀赋仍然需要通过要素市场进入企业生产运用环节，并对资本市场和劳动力市场的成熟度提出了新要求。从供给侧来看，资本市场要在总量满足市场主体需求的基础上，实现资本在各类主体间的充分配置，满足各主体日常生产经营活动和转型升级的需要；劳动力市场则要实现供给规模和质量与用人需求的匹配，破除“就业难”和“用工荒”的结构性矛盾。

再次，经济增长潜力的释放，还需要完备的养老金体系和高效的人力资本投资体系的支撑。

在家庭决策框架下，子女相关决策行为是利他性动机最核心的体现。当全社会享有完善的养老保障体系时，家庭不需要养儿防老，可以直接通过养老金的投资行为，获得持续和足额的经济收益，为其将来的消费需求满足积累财富。与此同时，较高的人力资本投资产出效率，能够避免教育投入对劳动时间投入和闲暇时间投入的挤出，最终保障老龄化进程中各类决策行为的持续性调整和产出水平的不断增加。

最后，老年产品市场的快速成熟，对于挖掘老龄化进程中的经济增长潜力意义重大。

老龄化进程中，老年人口比将持续攀升，甚至会达到30%以上。满足老年人群的消费需求，既关乎老年人群对美好生活的向往，也关系到内需的拉动和经济发展潜力的释放。全面健康视角下，老年人群的消费需求呈多样化和复合化态势。生理健康持续走低的老年人群，存在旺盛的健康和护理需求，但需求满足度相对偏低；老年人群对机构养老的高需求，不仅与生理健康状况有关，还与心理和社会健康状况有关；老年教育还会对老年人群的全面健康状况产生提升作用。这些消费需求的变化，对供给端的产品和服务结构提出了新要求。

第二节　对策建议

以微观基础的持续变化为视角，老龄化进程中的微观决策个体存在调整消费和储蓄行为、增加子女人力资本投资、提高劳动投入等决策行为的倾向，由此形成经济发展向上的基本潜力。但相关潜力的释放，仍需要从政策端予以更多的引导与支持。

一、重视生育政策引导

在强力生育政策的干预下，我国的人口自然变动进程出现了快速转换，由此形成了早期的大规模人口红利和当前的快速人口老龄化问题。过快的人口老龄化将对公共福利保障体系产生过大冲击，也会抵消人均产出水平增加对经济总量的贡献，加强生育政策调整的引导作用具有重要的现实意义。

首先，要强化生育政策调整的引导作用，延缓人口老龄化速度。

以人口老龄化速度较快的日本为参照对象，1986—2018 年，日本的人口老龄化从 10.47%激增至 27.58%，造成了不少社会问题。在不考虑生育政策调整的前提下，人口预测的结果表明，中国的老龄化速度与日本相当，存在快速老龄化风险。生育政策的有效实施有助于中国避免类似于日本的高速人口老龄化，对于经济社会的稳定发展具有积极作用。

其次，要积极出台各项配套保障措施，提升生育政策的实施效果。

各国人口政策的实施经验表明，抑制性生育政策的实施效果明显强于鼓励型的生育政策。2015 年人口普查结果也表明，单独二孩政策正式实施的背景下，总和生育率反而降至 1.047 的历史最低水平。为保证生育政策的实施效果，一方面，要从产假/陪产假制度、现金补贴、税收优惠、职场平等等角度出发，建立健全生育保障体系；另一方面，要充分考虑到完善的社会保障体系和高效的人力资本投资体系对生育率回升的促进作用，进一步发展和完善上述保障体系。此外，还应在全社会范围开展政策宣贯，形成鼓励合理生育的社会氛围。

再次，要考虑各人口指标变化的联动效应，加强公共政策和制度的支撑。

生育政策的调整对人口发展的影响极为深远，生育率变化的同时，人口规模、人口抚养比等人口指标也会发生持续性调整。伴随着生育政策的实施落地和生育率的回升，人口规模衰退期将会后延，且人口峰值会进一步提高，人口抚养比也将呈快速上升趋势，并将对资源环境的人口承载力、社会公共福利保障体系和家庭抚养能力提出新要求。这就需要在环境治理、健康医疗、教育投入、就业增收等领域进一步优化相关政策和制度。

最后，要考虑到生育政策实施效果的延后性，积极探索应对当前老龄化挑战的新模式。

由于生育政策对劳动年龄人口影响的相对滞后性，劳动年龄人口的演进趋势在短期内并不会发生重大变化，即便是生育政策能够快速实施并产生效果，劳动年龄人口变化的调整仍将出现在2030年以后，劳动力供给相对减少的基本状况在短期内不会发生改变。在此背景下，积极探索应对人口老龄化的新模式，仍然是当前经济社会发展需要关注的关键问题。

二、释放第二人口红利

如Mason等（2006）和Lee等（2006）所述，老龄化进程中，伴随着微观基础的持续调整，存在着产出水平不断上扬的基本趋势，即存在着“第二人口红利”的可能性。而第二人口红利的释放需要从四个层面入手：

首先，要加大养老金体系的建设力度，特别是强化对落后地区的倾斜力度。

完善的养老金保障体系是释放老龄化进程中经济增长潜力的重要保障，对老龄化进程中的微观决策个体的调整具有促进作用。总体来看，我国养老金体系趋于完善，但仍然存在养老金收支缺口的风险，并面临着覆盖率相对有限、资助力度相对不足等一系列问题。这就需要政府从公共财政资金中拿出固定比率进行定向注入，并重点向落后地区低收入人群倾斜。

其次，要加大教育体系的投入力度，保障人力资本投资效率的持续提升。

高效的人力资本投资体系是利他性动机的另一重要保障，也是突破生育和人力资本低水平陷阱的重要前提。总体来看，作为人力资本投资体系的重要组成部分，我国教育体系的政府投入规模呈明显上扬态势。但仍然存在着区域分布的结构性失衡，部分落后地区的公共教育投入规模相对有限，教育投入的成分也相对单一。这就要求政府在加大教育投入和转移支付力度的基础上，不断深入教育体系的市场化改革，引导市场资金向落后地区倾斜，帮助这些地区提升人力资本投资效率，突破老龄化进程中可能出现的人力资本投资低水平陷阱。

再次，要加大供给侧改革力度，提高资本要素和劳动力要素的配置能力。

要素市场出清是实现市场出清的重要组成部分。目前我国的资本要素市场存在着规模总量达标，但供给流向结构性失衡的问题，并导致部分产业和所有制类型企业难以得到有效的资金支持，既不能消化更多的劳动力，也无法提供更完善的产品和服务结构。劳动力要素方面，“就业难”和“用工荒”并存的情况显示了我国劳动力市场的结构性失衡问题。如果不能实现资本要素和劳动力要素的有效配置，老龄化进程中的经济增长潜力也将不复存在。

最后，要加快产品和服务供给结构的升级步伐，不断拉动内需的同时，重点关注对银发产业的培育。

随着经济社会的不断发展，居民消费需求正发生着深刻的变化。作为“三驾马车”之一，消费结构的持续升级如果无法实现，也就意味着消费潜力无法释放，更意味着需求侧无法给经济发展提供强劲动力。此外，考虑到老年人口规模的不断增加和银发产业的巨大潜力，大力发展银发产业不仅是消费结构升级的重要方式，也将成为老龄化进程中经济增长的新引擎。

三、挖掘银发产业潜力

老龄化进程中，伴随着老年人口规模的不断提高和经济发展水平的不断上扬，银发产业的潜力极为庞大，但仍面临有效供给不足的问题。大力挖掘银发产业潜力，不仅关乎老年人群对美好生活的向往，也是中国经济持续增长的动力来源。

首先，要充分认识银发产业的发展潜力，出台鼓励其快速发展的产业政策。

从产业发展的基本面来看，我国银发产业仍存在供给规模不足和结构性问题。与此同时，产业规模和发展潜力却是巨大的。根据 2015 年调查数据的保守估计，当年银发产业的实际规模高达 1.38 万亿元，市场潜力至少有 2.31 万亿元。即便是按照当前的供给结构，2020—2029 年产业规模和市场潜力的平均增长率也将分别达到 10.8%和 11.4%。这就要求政府从税收、教育、金融等方面入手，出台一系列政策，扶持银发产业快速发展。

其次，要结合老年人群生理健康特点，着力提升健康护理产业的供给能力。

受自然规律的影响，老年人群的身体功能器官衰退情况较普遍，且大多患有慢性病，受此影响，老年人群的自理能力相对偏差。无论是在城市还是在农村，健康护理的需求都极为旺盛，而且老年人群对此类产品和服务的购买意愿极强。但现实情况是，健康护理产业无论是在基础设施配套上，还是在专业人员供给上都存在极大缺口，亟待政府的支持。与此同时，还需要加大政策支持力度，鼓励各类资金进入这一领域，满足老年人群的健康护理需求。

再次，要完善养老服务体系，积极引导老年人群转向居家和社区养老，并做好相应配套服务。

老年人群的机构养老偏好过高是当前特定历史背景下，老年人群出自心理健康和社会健康需要做出的被迫性选择。这就对养老服务体系的不断完善提出新要求。一方面，需要引导社会力量进入社区，建立社区配套、居家养老的基本养老模式；另一方面，还应以社区为载体，组织老年人群展开各种类型的文娱活动，帮助其实现健康老龄化。

此外，机构养老作为老年人群在家庭以外的第一选择，普遍存在着重视照顾老年人群生理需求，忽视照顾其心理需求和社会需求的情况，需要在不断引入社会力量的基础上，积极探索产品和服务的设计供给新模式。

最后，要立足老年教育服务于全面健康的新功能，鼓励多种力量参与老年教育，探索中国式老年教育新模式。

产业实践的最新探索表明，老年教育的核心功能已经从兴趣爱好的培养，转变为满足老年人群心理和社会需要，这就对老年教育的内容和形式提出了新要求。老年教育的发展不仅需要来自师资、设施、场地的支持，更需要对教育模式的不断探索和创新。这就需要引导各种市场力量广泛参与老年教育事业，加速老年教育市场的繁荣，并给各种创新提供试验田，探索出具有中国特色的老年教育新模式。

第十章　养老产业新业态的典型案例

第一节　养老服务产业——星堡养老社区

许多上市公司以建设高端养老机构为其发展养老服务产业的主要特征。2013 年 5 月，首个为中国老年人量身定制的高端养老项目——星堡养老社区在上海市宝山区开业，复星国际（00656. HK）正式进入养老领域，旗下的星健 Sapphire · 香山长者公馆也是高端机构养老的代表。宜华健康（000150）的亲和源老年公寓、保利（600048）旗下的和熹会老年公寓、远洋（03377）经典养老品牌远洋 · 椿萱茂等都是中高端养老机构的代表。下面以国内最早的高端养老项目——星堡养老社区为例进行说明。

一、公司简介

上海星堡老年服务有限公司由复星集团和美国峰堡（Fortress）于 2012 年 7 月合资成立，注册资本为 2 000 万元人民币。星堡拥有一支充满激情与爱心的专业团队，致力于用心打造一个全新的养老模式，力求改善中国老年人的生活方式，让中国长者的晚年生活过得更精彩。星堡的愿景是成为中国老年服务的领军品牌。星堡的使命是改善中国老年人的生活方式。星堡的目标是致力于打造自己或者父母愿意入住的养老社区。星堡的价值是为长者及其家属提供多样的服务选择，包括服务种类、服务时间、服务方式等；通过指导与帮助，提高长者的整体独立生活能力；全面提升长者的健康状况——通过预防性和支持性的服务，全方位提高长者的生理、心理、认知、社会以及职业健康；通过严格选拔和持续的员工培训，提供优质的客户服务；通过员工培训、规章制度和评估考核来发掘优秀的员工，确保卓越的服务品质。

复星集团是中国民营综合集团之一，在房地产、卫生保健和医药行业拥有丰富的资源，旗下有中国医药集团之一复星医药，著名连锁药店品牌复美大药房，并投资美中互利等高端医疗品牌（和睦家医院）。峰堡（Fortress）是一家投资管理集团（纽交所股票代码：FIG），旗下拥有三家美国养老产业运营商，即 Brookdale Living（自理、护理全程服务）、Holiday Retirement（自理）和 Blue Harbor（护理），在美国和加拿大拥有 1 100 多家养老社区，现有十几万会员入住，拥有 30 多年丰富的养老服务经验。2011—2012 年，美国峰堡集团的养老专业人士与中国复星集团合作投资成立了星堡，立志于成为中国养老服务行业的领导者，为中国长者提供养老服务。

二、发展历程

星堡中环养老社区（一期）2013 年 5 月正式开业，位于上海市宝山区大场镇区域，是星堡在上海的第一个持续照料退休社区（CCRC 社区），即从独立居住、协助护理到临终关怀的一站式服务社区。社区总面积 18 000 平方米，共有 189 个独立居住房间、30 个双人居住的协助护理床位，目前已有超过 300 位长者成功入住，拥有 97%的超高入住率。

星堡中环养老社区（二期）是新建的 90 000 平方米的老年公寓社区，可容纳约 900 位长者。社区紧邻已成功营运并有数百名长者入住的星堡中环一期项目，根据一期经验改进了宜老设施，并将保持一贯高品质的服务水准。

星堡浦江养老社区位于闵行浦江镇中心位置，地铁 8 号线联航路站直达。社区总建筑面积约 60 000 平方米，周边生活娱乐设施一应俱全，3 公里内可达仁济医院南院、家乐福、红星美凯龙，是星堡在上海的第三个持续照料型退休社区（CCRC 社区），已于 2016 年 3 月底正式交房，并于 2016 年 6 月 6 日正式开业。

三、公司业务

上海星堡老年服务有限公司有来自美国的专业优势和国际管理运营经验，提供完善的配套设施、丰富的文娱活动、专业的医疗服务，使老人们的晚年生活变得丰富多彩；提供一站式全程服务与训练有素的 24 小时服务团队；有由高级营养师与特聘厨师组成的膳食团队，采用新鲜、天然的原料准备营养美味的一日三餐等。其收费标准采取月费全包制：房间租金、一日三餐、水电网络费用、家政服务、班车出行、娱乐活动、诊疗服务、代配药服务等。月费根据所选房间面积与朝向等的不同而定在 5 500～15 000 元/人不等。

它的主要产品是星堡养老社区和星堡居家养老两部分。其中，星堡养老社区为入住老人提供一站式全程服务：老人可以按实际需要定制社区多元化一站式服务、服务形式和服务时间，星堡通过系统培训、优化流程、指标考核等方式，不断提高服务团队的专业性和品质。①全天候医疗保健服务：老人可以享受由医疗专家团队和社区医疗中心组成的医疗服务系统，从疾病预防、基本医疗、三甲医院医生坐诊，到上门康复、居家护理，目前与将来的医疗需求都能得到很好的保证，免除自身和家人的后顾之忧；②24 小时保安物业服务：星堡的 24 小时保安物业服务、紧急情况应对系统和日常值班巡查制度，全面保障老人在社区安全、舒心、便利地居住，为老人构建家一般的安全感与归属感；③专业清洁服务及全职维护团队：尽心尽职地为老人处理清洁、修缮等琐事，可以使老人专注于自己喜欢的生活乐事，完全摆脱烦琐的家务，还可以根据个人喜好在房间增添自己中意的元素，体验个性化的装修和设计等。此外，星堡居家养老专门提供老年居住式养老服务，包括康复、护理、生活照料；提供配套餐饮服务，限中型饭店，含熟食卤味等；附设卖品部，提供日用百货、一类医疗器械的零售。

此外，星堡还专门提供两个特色项目，分别为：居家护理和管理咨询。①居家护理：位于上海市浦东新区博山东路 20 弄 28 号的“星堡居家”，是为广大长者推出的又一优质养老服务品牌，围绕构建“9073”养老服务格局，星堡通过开拓居家养老服务，强调家庭的养老功能，长者在熟悉的环境中接受高质量、全方位的护理服务。通过专业评估，为长者量身定制个性化、多元化的照护服务方案，并开发智能化应用软件，提供网络跟踪平台，使子女能实时掌握父母身体的照护情况，保证服务安心到家。②管理咨询：众多长者入住星堡社区或接受星堡居家服务后，明显体验到健康状况与生活质量的提升，对星堡模式充满信心。目前，星堡已为国内多个养老地产投资与开发商提供了专业的养老咨询顾问服务，遍布北京、上海、大连、宁波、杭州等城市。

四、公司业务与全面健康

通过星堡老年人住户的居住反馈可以得知：老年人认为星堡的环境良好、设施齐全、饭菜可口、胜似回家等，并且有很多老年人及其家人在“星堡养老”公众号里留言，表达了感激之情，也能说明星堡服务的高水准。

星堡为社区老年人住户提供全天候的医疗保健服务，保证老年人享受专业的疾病预防、基本医疗、医生坐诊、上门康复、居家护理等医疗服务，关注老年人的生理健康状况。同时，星堡还为社区老年人准备了一系列配套设施：多功能活动室、咖啡厅、室内花园、影视厅、图书馆、电脑房、美容美发室、书画艺术室、健身房、中医理疗师等，各种娱乐活动设施齐全，还有专门的护理区，各种急救设备、移动式担架齐备等。在这里，老人们可以在一起喝喝咖啡、看看电影，愉悦心情；还可以互相交流读书心得、切磋棋艺、广交朋友，发挥社会价值，改善社会健康状况。

总之，星堡真正做到了改善中国老年人的生活方式，丰富中国长者的晚年生活，打造自己或者父母愿意并且非常乐意入住的养老社区；有利于改善老年人群的全面健康状况，真正实现了“成为中国老年服务的领军品牌”的愿景。

第二节　老年教育产业——山东老年大学

老年大学是“空巢老人”更新知识的课堂、健身养心的场所、开心娱乐的园地、广交朋友的平台、智力开发的基地。1973 年，世界上第一所老年大学创办于法国；1983 年 9 月，我国第一所老年大学在山东成功创办，到 1985 年底已发展到 61 所，学员近 4 万人。老年大学的办学方式非常灵活，既有固定场所集中授课，也能远程授课。老年大学的授课内容非常丰富，主要包括健康、烹饪、艺术等方面。下文以国内最早的老年大学——山东老年大学为例进行说明介绍。

一、大学简介

山东老年大学以“弘德、尚学、修身、乐为”为校训，始终坚持以教学为中心，提高教学质量，拓展第二、第三、第四课堂，不断丰富学员学习生活；坚持尊师重教，加强师资队伍建设，不断改进教学和服务水平；重视规范化、信息化建设，开展“精细化管理年”“质量提升年”等活动，开发了具有自主知识产权的信息化管理系统，教学管理水平不断提升；发展远程教育，开办网络课堂，让更多老年人共享省校的优质教师资源；开展联合办学，引领社会力量参与老年教育；重视老年教育理论研究和校本研究，是全国老年教育理论研究基地之一。

建校三十多年来，在省委、省政府的正确领导下，山东老年大学坚持政治立校，遵循“增长知识、陶冶情操、丰富生活、促进健康、服务社会”的办学宗旨，秉持“学养相宜、康乐有为”的办学理念，开拓进取，创新发展。截至目前，建有 5 个校区：马鞍山校区、大观园校区、燕山校区、颐心苑校区、文化馆校区；6 所分校：烟草分校、地矿分校、中信银行分校、山大分校、广电分校、工业行业分校；5 个学院：声乐、器乐、美术、舞体、培训；1 个艺术团，240 名教师，80 多门课程，800 多个教学班，注册学员 23 000 人次，管理人员 105 名，教师 240 名。

二、发展历程

1983 年，伴随着干部离退休制度的建立，山东老年大学应运而生，开创了我国老年教育的先河，在国内外产生了巨大反响。随之而来，中国的老年大学如雨后春笋般在华夏大地蓬勃发展起来。纵观山东老年大学的发展历程，大体可以分为三个阶段：

第一阶段为起步探索阶段（1983—1988 年）。这一阶段主要是探索设置适合离休老同志学习的课程，建立教学制度，确定学校规格，明确领导体制和工作机制。这一阶段的主要标志是，为学校发展奠定了制度基础和组织保证，在国内外引起了广泛关注。

第二阶段为开拓发展阶段（1988—2002 年）。这一阶段主要是着力提高教学质量，不断改革完善教学内容、教学形式、教学方法和学制设置，确立了“学为结合，以学促为”的教学理念；建立了自己的校舍，创建了分校，改善了办学条件，扩大了办学规模；牵头建立了山东老年大学协会。这一阶段的主要标志是，学校办学教学工作走上了制度化、规范化发展的轨道。

第三阶段为创新发展阶段（2002 年至今）。这一阶段主要是逐步健全完善各项规章制度，不断提升学校办学、教学规范化水平；注重加强老年教育理论研究，用先进理论指导办学教学实践；确立了“学养相宜，康乐有为”的办学理念，提出“创办没有围墙的老年大学”；建设新的独立校区，建立山东省老干部党校；进一步扩大对外文化交流，提升了学校的知名度和影响力。这一阶段的主要标志是，靠开拓创新，学校实现了又好又快发展，站在了新的历史起点上。

三、大学业务

山东老年大学根据我国老年人的特点安排教学，成为深受广大老年人喜爱的精神家园。其中，“老年大学+价值观教育”“老年大学+合作办学”“老年大学+远程教育”“老年大学+游学课堂”“老年大学+养教结合”“老年大学+代际合作”“老年大学+志愿服务”“老年大学+信息化建设”“老年大学+服务事业发展”等九大办学理念是山东老年大学的教育业务特色和重点。

（一）理念之一：“老年大学+价值观教育”——凝聚、释放和传播正能量，服务社会和谐发展

《老年教育发展规划》明确提出，“将社会主义核心价值观融入老年人学习和活动之中”。老年大学作为老年人聚集学习的重要场所，是老年人退休后继续了解社会、了解世界的重要平台，也是老年人的思想教育、正能量传播阵地。近年来，山东老年大学用“四个全面”和“五大发展理念”指导办学，制定了《山东老年大学关于凝聚和发挥学员正能量实施方案》，将价值观教育融入教学活动之中，做到专业教学和核心价值观教育相融共进。

（二）理念之二：“老年大学+合作办学”——激发老年大学发展活力，引导社会力量参与老年教育

面对旺盛的老年教育需求增长，仅仅依靠现有老年大学扩大规模是解决

不了问题的，需要全社会重视和参与。通过与社会力量合作办学，既可以充分利用社会资源，迅速改善老年大学办学条件，扩大学位供给，又可以引导社会力量支持和参与老年教育。山东老年大学通过与山东大学、中信银行、中烟集团、新闻广电出版局、地矿局、省经信委等高校、机关、企事业单位合作办分校，带动了多方面社会力量参与到老年教育事业中来。目前，山东老年大学已开办 6 所分校，并且正与多个有合作意向的单位洽谈合作办学事宜。

（三）理念之三："老年大学+远程教育"——实现优质老年教育资源社会共享，扩大老年大学覆盖面

《老年教育发展规划》要求，开发适合老年人远程学习的资源，通过互联网等渠道，加强优质老年教育资源的辐射，推动信息化技术融入老年教学全过程，推动线上线下一体化教学，支持老年人网上学习。根据对山东省县级老年大学的抽样调查，目前县域老年大学，平均教师仅 10 名左右，老年人上老年大学，课程选择空间很小，教师缺乏是制约基层老年大学办学的突出问题。发展远程教育，共享优质教师资源，是解决基层教师缺乏、扩大老年教育供给的重要途径。2015 年，山东老年大学投资 200 多万元建设了高质量的远程教育课件录播室，2018 年申请财政专项资金，对远程教育网站进行升级改造，下一步将通过录制、购买、交换、共享等方式不断丰富课件资源。当前，山东老年大学的网络教育课堂涵盖 27 门课程，包括书法、绘画、太极、舞蹈、京剧、面塑等；每期设置 300 余课时，并与山东教育出版社、上海远程老年大学、北京东方妇女老年大学等共享课件资源，但其远程教育网仅向会员校开放。之后会将远程教育网与老年教育网融合，打造面向社会开放的老年学习网站，并积极探索借助移动客户端、微信、微博等新媒体手段拓展老年人学习途径。

（四）理念之四："老年大学+游学课堂"——满足老年人多层次学习需求，促进老年旅游发展和文化交流

2013 年，在第 92 届国际老年大学协会理事会暨国际研讨会上，弗朗索瓦·维拉斯教授提出"游学结合"的观点，得到热烈响应。近年来，山东老年大学就开设游学课堂问题在烟台建立了天马教学基地，组织老师学员开展培训、采风、写生等游学活动；在省外办的牵线和支持下，与日本和歌山县文化交流中心、御坊市民大学，澳大利亚新南威尔士州老年文化协会等，建立了友好合作关系，每年组织老年学员团，定期开展文化交流和学习培训，既宣传了老年大学的教学成就，为学员提供了展示才艺的平台，又交流学习了文化养老的先进经验和理念，受到老师和学员的欢迎。老年人游学，不仅是观光之旅，更是文化之旅、学习之旅、健康之旅。

（五）理念之五："老年大学+养教结合"——送教进养老中心、进社区，促进"医养学结合"新模式发展

《老年教育发展规划》提出，要"探索养教结合新模式"，"推进养教一体化，推动老年教育融入养老服务体系，丰富住养老人的精神文化生活"。近年来，在课程设置上，山东老年大学开设了社区文体骨干培训班，将社区有一定基础又热心为老服务的积极分子培养成为社区老年人的老师，受到社区欢迎。与山东最大的养老社区"乐天养老中心"签订了合作协议，拟在中心建立山东老年大学分校，与该社区的高端医疗机构配套建设，打造医养学结合的"养老综合体"。目前，还正在与济南市善德养老院等多家养老机构洽谈送教进养老院事宜。

（六）理念之六："老年大学+代际合作"——让老年学员在关心下一代成长中，实现精神上的升华

良好的代际关系有利于老年人的身心健康，也有利于社会和谐。山东老年大学结合"两学一做"学习教育，在学员中开展了"在校做个好学员、校外做个好长者"活动，收到很好效果。与山东省最高学府——山东大学联合创办老年大学，让老年人在共享优质高校学习资源的同时，也为年轻学子勤奋学习做出表率。与济南铁路高级技校等建立联系，定期为学生们开放，年轻学生考察老年人学习的同时，积极与老年学员互动，指导老年学员学习计算机、互联网等知识，为大学生提供社会实践的平台。此外，成立了关心下一代委员会，与多所小学、幼儿园合作，开展"大手拉小手，共筑中国梦"等活动，组织老年学员帮助孩子们学习传统文化知识、讲好中国故事，受到热烈欢迎。下一步，计划把山东老年大学打造成为山东省青少年学习实践基地，努力为服务青少年成长做出贡献。

（七）理念之七："老年大学+志愿服务"——引导学员社团以兴趣爱好为纽带，积极服务社会

《老年教育发展规划》指出："老年人是国家和社会的宝贵财富。"要"用好老年人这一宝贵财富，充分发挥老年人的智力优势、经验优势、技能优势，为其参与经济社会活动搭建平台、提供教育支持"。根据调查，山东省城济南老年人社团中的骨干80%以上，社区老年人文体活动中的教师骨干80%以上，均是或曾经是老年大学学员，老年大学组织开展公益性服务活动，具有得天独厚的优势。近年来，学校结合教学工作，成立了诗社、书画院、摄影协会、朗诵社等学员社团组织，组织学员进农村、社区、养老院、监狱、高校，用所学知识服务社会。目前，正结合开展正能量活动，筹备建立老年大学学员志愿服务团，积极参加社会公益活动，为促进社会进步和谐贡献力量。

（八）理念之八："老年大学+信息化建设"——服务学员，服务管理，服务政府决策，提升办学现代化水平

为实现办学现代化，近几年，山东老年大学把"互联网+"理念融进教学管理，着力加强信息化建设，开发了自主知识产权的教学管理系统，在招生、学籍管理、教师管理、课程设置、学费缴交等方面，实现全面数字化管理，提高了管理效率和科学化。把教学管理系统与老年大学网站结合，开展网上教学互动和成果展示活动，有效解决了课堂教学"吃不饱"的问题，丰富了学习形式和教学内容，提高了学员学网、用网的积极性。开发网上预报名系统，24小时接受老年人的预报名，全面了解老年人学习意愿、专业意愿以及年龄、职业、学历、性别等信息，为课程、班次、学制设置等提供科学依据，解决了管理的粗放性、办学的盲目性问题。该校的信息化建设还受到民政等部门重视，下一步将扩大老年人需求信息采集内容，为政府养老政策的制定提供支持。

（九）理念之九：老年大学+服务事业发展——示范引领全社会老年教育事业发展

作为全国第一所老年大学，山东老年大学始终把服务事业发展作为义不容辞的责任和使命，在做好办学工作的同时，主动担当，积极作为，认真履行全国老年大学协会宣传出版委员会职责，全力办好中国老年大学协会会刊

《老年教育》杂志，推进全国老年教育宣传出版基地建设；学校还是全国老年教育理论研究基地之一，争取编制部门支持，设立了教学研究处，通过选聘、邀聘等方式，成立老年教育理论研究专家委员会，申请内刊号，编撰《山东老年教育研究》学刊。在中国老年大学协会组织的乌镇老年教育高峰论坛和近两届理论研讨会上，组织全省老年大学提交论文150多篇（本校提供60余篇），其中10余篇荣获特别奖和一等奖，提交论文和获奖数量在全国名列前茅。作为山东省老年大学协会会长单位，积极推进全省老年大学规范化示范校建设，定期组织理论研讨会、师资培训和教学成果展演活动，加强会员校之间的沟通交流，带动了全省老年教育事业发展。

四、大学业务与全面健康

在日常教学中，山东老年大学开设了中医养生、医疗保健等课程，向学员传授基本医疗救护知识，增强老年人自我保健能力；定期举办“健康大讲堂”活动，丰富老年人群日常生活中的身体保健知识；老年人能通过自己掌握的健康知识进行自我保护，一定程度上提高了其生理健康状况。同时，山东老年大学还为老年学员设立了谈心室，建立“谈心日”制度，加强人文精神关怀，鼓励老年人群敞开心扉、诉说心事，关注其心理健康状况的改善。此外，还组织老年学员团参与游学活动，定期开展文化交流，为学员提供展示才艺和广泛交友的平台，充分提高老年人群的社会存在感和社会价值。

第三节　医疗服务业——同仁堂粹和康养

一、公司简介

同仁堂始创于1669年，坚持“打造国际知名、国内领先的以中医中药为核心的健康产业集团”的“十三五”发展定位，形成了现代制药业、零售商业和医疗服务三大板块，拥有北京同仁堂股份有限公司、北京同仁堂科技发展股份有限公司和北京同仁堂国药（香港）集团三家上市公司。

北京同仁堂粹和康养服务有限公司是北京同仁堂集团拓展健康养老产业

的核心平台。“粹和”是北京同仁堂子品牌，专注于前景广阔的大健康产业，以底蕴深厚的同仁堂中医药为基石，汇集专业热忱的产业运营团队，以客户需求为导向，传承匠人服务精神，引领中国健康养老产业发展，立志成为卓越的健康养老服务提供商。

同仁堂粹和采用“同城协同，异地联动，全国布局”的创新战略，立足一线城市，辐射新一线宜居城市，以标准化的服务体系和完善的培训体系，结合城区康养生活体验馆、近郊健康疗养型综合体、城区康复护理型综合体三大业态及全国旅居联盟，搭建全国连锁的中医特色健康养老服务体系。

二、发展历程

（一）轻资产，稳健布局健康养老产业

“品味虽贵必不敢减物力，炮制虽繁必不敢省人工”，两句古训象征这家百年老店的管理风格。同仁堂创始于 1669 年，已经有 300 多年发展历史，是“中华老字号”企业，旗下拥有 28 个生产基地，门店 700 余家，目前拥有三家上市公司，在中药上市企业中市值常年排名前 5。

现阶段，同仁堂形成了现代制药业、零售商业和医疗服务三大板块，并以中医药为核心，积极向健康养老领域进行业务拓展。集团一方面进行医药产业链上下游延伸，巩固和保持自身的产品品质；另一方面通过线上线下网络销售与平台建设，拓展大健康服务领域，实现品牌溢价（见图 10-1）。

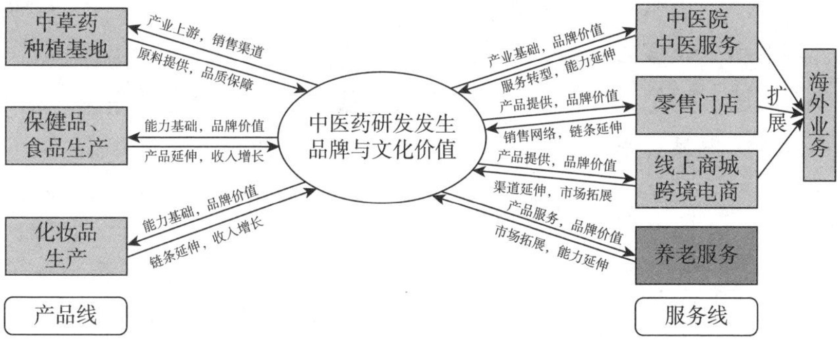

图 10-1　同仁堂大健康产业布局

借助自身传统中药品牌优势，集团于2016年底正式启动健康养老业务的开拓。延续集团品牌化、稳健性的产业布局风格，健康养老业务板块以“同沐国粹，仁爱家和”为核心，建立专属的“同仁堂粹和康养”养老业务品牌。在健康养老产业布局方式上，经过几年的摸索，确定以产业基金的方式绑定合作伙伴，同时，紧抓健康养老产业“机构运营”这一核心能力，以轻资产方式进军养老产业。

（二）以品牌撬动资金，聚合同频合作方

2017年，同仁堂开始筹备养老产业投资基金，先后与中原高速、太阳纸业等企业达成合作意愿，最终成立10亿元规模的北京同仁堂养老产业投资基金。该基金计划用5~7年时间打造北京同仁堂健康养老全国连锁运营项目，其重点布局北、上、广等一线城市，待经营达到预期后，逐步布局二线城市。该基金的成立为同仁堂旗下养老业务板块提供了充足的资金支持。同时，借助自身品牌实力，同仁堂先后与碧桂园、光大永明保险（光大集团旗下与光大汇晨紧密结合的保险企业）、招商银行、中诚信托等地产、金融类机构建立战略合作伙伴关系，为今后养老业务的拓展建立广泛的合作生态圈。

（三）个体做精，生态做全

2018年10月26日，同仁堂第一家线下养老机构——同仁堂粹和康养天坛生活馆开业，这同时意味着同仁堂粹和康养“3+X”养老战略正式落地（见图10-2）。同仁堂粹和康养“3+X”全国布局体系为城区康养生活馆、近郊健康疗养中心、城区康养护理中心以及康养旅居基地，以一线核心城市为重点，辐射新一线宜居城市，打造“同城协同、异地联动、全国布局”的同仁堂养老版图。同仁堂粹和康养将打造“金魔方”六大服务体系，包括居家、社区、城区、疗养、旅居、照护的全场景式、全周期的康养服务。

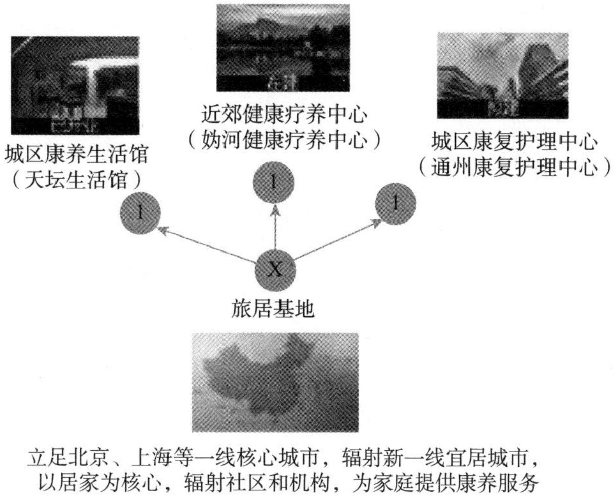

图 10-2　同仁堂粹和康养“3+X”养老战略

三、公司业务

（一）企业使命

同仁堂粹和康养以“同修仁德，济世养生”为企业使命，是北京同仁堂集团拓展健康养老领域的核心运营平台。

同仁堂粹和深耕健康养老产业，以改善和提高长者健康水平和生命质量为己任，在继承中创新，在创新中发展，坚持“以义取利、诚实守信”的经营之道，恪守同修仁德之根本，抱持济世养生的情怀，积极弘扬中医药国粹文化，为客户提供卓越中医康养服务。

（二）发展愿景

同仁堂粹和康养以“卓越的中医健康养老服务提供商”为发展愿景，传承同仁堂文化，以客户需求为导向，专注于提供中医特色康养服务；通过专业化、标准化的康养服务体系，建立中医健康养老新标准，引领健康养老产业创新，最终成为中医健康养老服务领导品牌。

（三）价值观

客户满意度是黄金标准；秉持诚信、专业、品质原则；传承北京同仁堂

“德诚信”的经营理念；打造专业化服务、专业化团队、专业化体系；坚持高品质的服务才能获取客户的高满意度，坚持精益求精、货真价实的工匠精神，对服务品质追求极致。

（四）创新发展

（1）发展创新：百年品牌，再谋发展。

（2）模式创新：产融结合，轻资产运作服务创新；医养融合，中医康养特色。

（3）运营创新：长短结合，“居家—社区—机构”一体化模式。

（4）平台创新：开放平台，资源共享。

（五）一站式、连续性的康养服务体系

同仁堂粹和康养天坛生活馆地处北京城区核心区域，紧靠天坛公园，地理位置优越，交通便利。生活馆以“去机构化，去医疗化”为装修理念，以现代中式为特色，提供体质监测、中医问诊、按摩理疗、文化活动等从养到医的一站式、连续性的康养服务。同仁堂粹和康养天坛生活馆已经推出包括腰腿调理、肩颈调理、安眠调理、脏腑调理等一整套古法调理特色服务包。依托丰富的康养服务，其已推出具备中医特色的“家和卡”，以贴近社区、服务老年人为理念，提供亲民化、多层次的康养服务产品包，满足不同的康养需求。

四、公司业务与全面健康

同仁堂粹和康养采取“轻资产、稳扎稳打”的运营模式。经过一段时间的探索，同仁堂粹和康养明确以轻资产方式开展养老业务，以培育自身的机构运营能力为核心，借助合作伙伴的土地物业和资金优势，合作开展健康养老业务。公司积极寻找在国内核心城市中心或城市周边拥有土地和物业的地产合伙伙伴。通过同仁堂粹和康养品牌的康养产业内容植入，为小镇类、综合体类等大型康养地产项目提供品质中医康养服务，提升地块对中高端康养群体的吸引力，增加土地价值。

同仁堂粹和康养借助集团原有中医药核心能力，进行产业延伸，进军健康养老产业，在战略布局和战略选择上目标清晰、稳扎稳打，将成为健康养老产业一个具备强大竞争力的参与者。

第四节　老年旅游业——Club Tourism

随着人们生活水平的不断提高和对精神文化需求的不断加大，旅游产业正蓬勃发展，老年旅游市场也随之不扩发展壮大。但目前国内主营老年旅游业的公司还较少，本书选取了日本老年旅游公司——Club Tourism 为例展开具体介绍。

一、公司简介

Club Tourism 成立于 1996 年，隶属于 KNT-CT 控股集团，总部位于东京，是日本最大的老年旅游公司。主营业务涵盖旅行、旅游文化、健身、家政、护理、媒体等多个方面，营业分部遍及日本，远达中国。Club Tourism 作为一家精细化的老年旅游公司，老年人毫无疑问是其主要目标客户，与此同时，Club Tourism 也为残障人士和有特殊需求的人士提供旅行服务，客户可以通过报刊、会员杂志、网络、电话等方式进行预订。

Club Tourism 会根据客户需求推荐合适的旅游产品，同时，为了增强客户的黏度，Club Tourism 引入了“旅游之友”的营销方式，在日本主要城市招募善于社交的工作人员，以结交朋友、促进健康的方式，将旅游信息杂志 *Travel Friend* 定期送到客户手中。目前，该杂志的发行量每月多达 300 万册，“旅游之友”成功地成为连接公司和客户的桥梁，甚至连客户自身也会成为其中的一员。

目前，Club Tourism 有 700 万名会员，这些会员以 60~70 岁的老年人为主，在一年当中，约有 420 万人会通过 Club Tourism 进行旅行。从日本人口结构来看，60 ~70 岁的老年人为 1 750 万人左右，也就是说，在日本，60~70 岁的老年人中，有 1/3 以上都是 Club Tourism 的会员。近年来，Club Tourism 的销售收入稳定保持在 1 600 亿日元左右，净利润水平则在 16 亿~30 亿日元波动，与同行业相比，Club Tourism 在日本旅游业中排名在第 10 名左右，这对于一家专注于中老年人旅游的公司来说，已经是非常不俗的成绩。

二、公司业务

Club Tourism 有着非常丰富的产品线，主要包括旅游业务和其他服务类产品，在旅游业务下，Club Tourism 又开发了国内旅行、国外旅行、主题旅行、游轮旅行等多样化的产品形式。

（一）主题旅行

与其他旅行不同的是，主题旅行是将某些有着相同兴趣爱好的人聚集在一起，并以该兴趣爱好为主题设计产品和服务。目前，Club Tourism 提供的主题包括远足、攀岩、寺庙、花卉、摄影、朝圣、美食、历史、温泉、素描、马拉松、残疾旅行等多个方面，广泛覆盖了庞大老年客户群多种多样的需求。

Club Tourism 的游轮旅行路线遍及欧洲、美洲、大洋洲、亚洲等多个海域，并提供不同档次、不同价格的游轮舱位和服务，可以满足不同收入人群的选择。由于游轮旅行的耗时一般较长，航行速度慢且稳定，没有舟车劳顿，环境舒适，集吃、住、行、游、购、娱于一身，游轮旅行越来越受中老年客户的青睐。

除旅游业务外，Club Tourism 还推出了健身、家政、护理、咖啡馆、课程、保险等其他服务类业务，这些业务是在旅游业务的基础上发展起来的。Club Tourism 首先通过旅游业务，积累了大量的具有黏性的客户；然后再根据客户的需求，不断推出更多符合老年人需要的产品，以扩大自己的规模，丰富产品线。

（二）健身业务

Club Tourism 专设了 Terras 健身品牌，现已成立三家分部，相对于其他的健身品牌而言，Terras 的优势在于：第一，坚持小班教学和丰富的健身品类；第二，配备专业的咨询服务人员；第三，所有健身房都选址在公交站旁边；第四，所有的健身房都配备高级的休息室。

（三）家政业务

Club Tourism 的家政服务，专为行动不便的老人提供清洁、陪同出行、搬家、维修等服务，以解决老年人在这些领域的困扰，在未来，随着日本老龄化程度的不断加深，这类服务的需求也会越来越多。目前，Club Tourism 的家政服务遍及日本大部分地区，并深入东京、埼玉、神奈川等地的郊区，为日本的老人提供了非常便利的服务，同时，Club Tourism 推出了多种供客户选择的套餐，如一周一次、两周一次、一月一次等，满足了客户的不同层次的需求，目前收费在 3 小时 1 万日元左右。

（四）护理业务

Club Tourism 的护理业务主要通过 Magoroku 开展，业务分为两类：一类是旅游性质的一日护理旅行。在一日旅行中，由工作人员将老人接到指定的旅游点，上午进行健康检查和疗养，中午提供健康的午餐，下午则享受与其他老人的社交活动，或是额外的护理项目，再由工作人员送回。另一类则是为老人提供长期的护理服务，包括身体保养、康复性训练、业务活动、社交活动等多个方面。

三、公司业务与全面健康

Club Tourism 注重为老年人群提供多样化和差别化的产品、高附加值的衍生服务。首先，Club Tourism 与医疗机构合作，推出专业性的护理业务和带疗养性质的短途旅行，在旅行路线和交通工具的设置上照顾到不同身体状况的老年人的实际需求，关注老年人的生理健康。其次，在心理健康和社会健康方面，充分考虑到老年人对丰富多彩的文化生活和社交生活的需求，因此，Club Tourism 一方面通过主题旅游的方式，让老年人可以通过 Club Tourism 寻找到志同道合的伙伴，愉悦老年人的心情；另一方面以交友的方式组织旅行活动，让老年人在旅行中收获友谊，使其社交需求得到充分的满足。

第五节　老年食品与生活用品——江苏国康和广州深蓝香族

随着生活水平的提高，老年人越来越注重自身饮食结构的调整及日常生活用品的品质。老年人的饮食结构和食品成分是其营养和能量的基本来源，生活用品也是每个老年人日常必备，但关于主营老年食品与生活用品的知名企业的详细资料介绍较少，体现出该行业的发展态势仍不容乐观。本书选取国内经营食品业务的江苏国康生物科技有限公司和经营老年生活用品的广州深蓝香族饰品有限公司进行简单的介绍。

一、江苏国康生物科技有限公司①

江苏国康生物科技有限公司总部位于秀美的太湖之滨——“江南鱼米之乡”无锡。该公司于2012年正式成立自己的品牌，多年来坚持“弘扬养生文化、创造和谐健康人生”的企业使命，秉承“为国人健康而奋斗”的企业宗旨，致力于保健食品的开发经营，同时提供各类健康养生服务，是集市场开发和终端销售为一体的现代化保健养生企业。目前，已在无锡、苏州、常州、江阴等地设立多家分公司和分销机构，力图近距离地为客户提供先进的产品，以一流的品质作保障、优质的服务平台为支撑，做大做强老年保健养生产业。

国康集团深耕健康产业多年，自2012年起，发展突飞猛进，迅速成为无锡保健品市场的领航者，并以最快速度成为保健领域，尤其是老年健康产业领域的最大黑马。2016年10月14日，国康集团在无锡举办了参会人次超过5 000人的老年健康产业论坛，中国消费者协会原副秘书长、中国广报协会副秘书长武高汉，中国保健协会理事长、中国卫生监督协会会长、中国质量协会副会长张凤楼，中华亚健康研究协会会长陈德金等到会指导工作并授牌。

作为中国健康产业的创业者，公司董事长褚新平先生在过去的几年里，带领近百位工作人员，用真诚的态度和高质量的产品赢得了客户的支持和信任。此前，褚新平在一家保健品公司工作，他用了8年时间从一名普通的员工成长为企业副总。其间，完善了自己的服务理念、营销理念和行业技术，锻炼了自己超强的个人能力，在深入了解国人的健康状况后，于2012年创立了“国康”，并将“为国人健康而奋斗终生”作为企业的奋斗目标。

2017年9月，国康第三届羊奶品牌文化节在常州拉开序幕，董事长褚新平先生亲临现场，宣布国康第三届羊奶品牌文化节正式启动。据悉，有5 000多人参加此次为期10天的羊奶品牌文化节，国康主打产品——“领路羊奶”

---

① 资料来源：国康集团：打造中国最好老年健康业，http：//paper. cfsn. cn/content/2017-09/12/content_ 54184. htm.

在此次文化节上与广大客户见面。

开幕式上，陕西羊奶协会秘书长王伟民对近年来乳业的发展趋势发表了看法，他表示，随着行业的要求规范越来越严格，产品的质量要求也越来越高，这意味着中国乳业未来发展一定会越来越好。国康集团自 2015 年注册“羊奶之家”商标以来，迅速开设了近百家“羊奶之家”的分公司，普及、推广、宣传羊奶，科学倡导和引导羊奶消费，快速提高消费者对于羊奶的了解和认知，让他们能够客观评价羊奶，为消费者对乳制品的选择提供了一个新机会。

在老年健康产业中，国康虽然属于后起之秀，但其坚持深耕细作、厚积薄发、努力拼搏，以最真诚的服务、最优质的产品来回报客户，希望打造中国最好的老年健康企业。

二、广州深蓝香族饰品有限公司①

广州深蓝香族饰品有限公司成立于 2006 年，位于广州市番禺区大石镇南浦区东乡村 62 号。公司引进西方时尚的生活方式，拥有 8 年的保健颈椎枕头生产经验，技术一流，品牌过硬，将品牌“深蓝香族”薰衣草等香薰保健颈椎枕头时尚装饰系列产品推向市场，逐步实现了以设计为核心、以品牌营销为导向，为各企业进行 OEM 品牌的战略目标。公司以品牌“深蓝香族”“香碳儿”为先导进入市场，“深蓝”品牌的确立与稳固使之有了切入新空间的条件与机会。公司专注于香薰保健颈椎系列产品的设计和开发，拥有优秀的工作团队以及先进的设计营销理念。品牌形象独具特色，具有独特的文化内涵；经营视野开阔，销售网络面对世界各国。公司力求通过坚持不懈的努力，加强完善设计、管理、营销等各大体系，将香薰保健颈椎枕头产品推向更广泛的国内及国际市场。

公司主要产品有香薰抱枕、香薰保健颈椎枕头、家居香囊摆件、车用香囊、项链挂饰香囊、手机香薰饰品、香薰保健眼罩、香公主、各类型的布质包装袋；香竹碳系列产品有衣柜薰香除味碳包、冰柜薰香除味碳包、车用薰香除味碳包、香碳婴儿枕、决明子婴儿枕。主营行业有枕头、枕芯、保健枕、

① 资料来源：广州深蓝香族饰品有限公司，http：//b2b. makepolo. com/vender/26386. html.

其他手机饰品、挂件、饰品加工、按摩椅/按摩机/按摩器材、室内芳香剂、圣诞用品、香薰用具用品等。设计宗旨为实用、系列型、风格独特，创造艺术化的生活氛围。设计上的巧妙变化形成鲜明的节奏感；香薰保健颈椎枕头与抱枕互为呼应，有强烈的整体感。中西合璧、个性张扬的款式，对现代生活有着极强的装饰作用。深蓝家饰布艺饰品带给人们风格化的生活，也成为家居装饰的新亮点。

特别强调的是，公司主营产品有颈椎病枕头、养生保健枕头、中医养生枕头、助眠枕头、改善睡眠枕头、治疗失眠枕头、老年失眠枕头、颈椎牵引枕头、失眠药枕，为老年人提供一系列专业的日常生活用品，方便老年人生活。

第六节　综合养老产业——万颐养老

一、公司简介

万科集团于2012年战略布局养老业务，基于城市、社区、居家，以客户为中心，跨界结盟，打造万科养老多元化生态系统。同时，万颐养老不断探索、勇于创新、精于服务，成为全国养老行业领跑者。经过多年发展，养老项目已在北京、上海、杭州、青岛、成都、广州等多个城市成功运营，并实现较高的入住率。万颐养老专注于养老产品开发，以社区嵌入式长者照料中心、城市长者照料中心和CCRC可持续照料社区三个产品类型服务满足全年龄段老年人群需求。

二、发展历程

截至2016年12月，万颐养老在全国11大城市的在运营项目有101个，在筹建项目43个，已开业带床位项目15个，总床位数达到2 600张；日间照料中心86个，员工总数超过700名，涵盖医护、照料、膳食、康乐等全专业高素质团队，持续照护社区、城市护理中心、城市全托中心、社区嵌入居家服务中心。

万颐养老致力于做中国养老产业的第一品牌，成为符合时代精神、满足社会需求的养老项目运营者、新型养老模式的创造者、现代老年服务标准的制定者、未来养老产业市场领域的开拓者。用舒适的环境、专业的服务和医养配套，引领长者开启全新的健康充实的适老生活。

由行业内资深院长主理运营，养老规范与领先的养老服务理念和方法接轨，融合星级酒店管理标准，配备专业的医护人员、心理专家、专业营养师、生活娱乐管家、社工师等，服务人员持证上岗。向长者提供全托养老护理、健康膳食、日间照料、文娱活动、老年学堂、慢性病管理、健康管理、三甲医院绿色就医通道、精神关怀、医护管理、养生度假以及居家养老等服务，通过独具匠心的适老化安全设计，营造惬意的环境，通过医康养相结合的专业化护理服务，让长者安享独立顺心的适老生活。

三、公司业务

万颐养老的目标是：

社区嵌入式养老，贴近子女，实现老有所依；

专业的养老服务和医养配套，实现老有所安；

丰富多彩的文化和娱乐生活，实现老有所乐；

个性化与多样化的老年课堂，实现老有所学。

万颐养老提供的服务有：

（一）照顾服务

照顾服务包括日间照护、临时照护和24小时照护。

照料中心设有日托床位，日托可提供餐饮、休息和精神娱乐活动，并提供简单的康复训练，同时为长者建立健康管理档案，根据长者身体状况定期进行各项生命体征的检查，并根据检查情况搭配餐饮和调整康复训练内容。

在保姆请假、临时出差、急事出行、旅游度假的时候，照料中心可以为长者提供临时照护服务，按天收费。临时照护的服务内容与24小时照护相同，提供全方位的照护服务。

照料中心设置全托床位，分为双人间和三人间，由专业的医护人员、养老护理员和健康管理师为长者提供悉心完善的服务（床位、餐饮等基础服务）

和丰富多彩的文娱活动，致力于为长者提供一个温馨舒适的环境，让长者乐享独立顺心的黄金年华。中心设有专门的互动平台，家属可实时了解长者入住情况；中心设在小区附近，“一碗汤的距离”可让家属实现每天的及时探望与关怀。

（二）健康管理

具体内容包括：

1. 康复理疗

照料中心设有康复室，配备基础的康复器材，帮助长者术后康复锻炼，尽早恢复如常。

2. 家庭医生

与社区医院合作，可提供家庭医生服务。

3. 慢性病管理

广州万颐养老服务联合中医理疗为长者提供专业的护理保健服务。

4. 健康档案

由专业健康管理师免费为长者建立健康档案，并定期跟踪，让长者及时了解自己的身体状况，为长者的健康保驾护航。

5. 医养联合

万颐养老与广州中医药大学第一附属医院战略合作，为长者提供融医、养、护、康、健为一体的创新型医养结合服务。

6. 营养膳食

万颐养老为长者提供营养膳食管理服务，为长者提供专业、高品质营养美味的餐饮服务。服务类型包括食堂就餐服务、居家外卖配送、辅助进食服务。餐饮包括长者大众营养餐、疾病营养餐、健康茶点、健康全餐素食、药膳食疗和特色营养美食 6 大类型，也提供特色服务，包括 VIP 客户个性化营养干预服务、营养大讲堂、美食沙龙/节目等。

（三）居家颐养

万颐养老为顾客提供智护家服务，具体包括 7 大服务类别，共 70 项服务项目。

智护家是由万颐倾力打造的社区居家综合服务中心，提供生活照料、专业护理、居家康复、中医理疗适老化改造等居家服务。智护家以家庭为核心，以专业机构和康复医院为技术依托，由社工、照护师、康复师、医生组成的综合照护团队，为居住在家的长者提供有尊严、高质量的综合生活需求服务。

私人定制，从客户需求出发由专业医师营养师、护理师进行全面评估，为客户量身定制居家服务方案。以蕙心医院为依托提供专业医疗康复支持，以万颐养老机构为依托提供专业护理人才。

具体服务内容包括：

1. 健康评估

健康史评估、ADL日常生活活动功能评估、精神状态评估、肢体功能评估、营养评估、感知觉与沟通能力评估、压疮风险评估、跌倒风险评估、中医体质辨识、进食风险评估（吞咽功能）、居家危险与安全隐患评估。

2. 生活照料

起居护理、个人卫生护理、助浴服务等，配餐、助餐服务等，助医服务，居家清洁。

3. 专业护理

排痰护理、压疮换药及伤口护理、用药管理指导、生命体征测量。

4. 功能康复

生活自理能力训练、心肺功能康复、吞咽康复训练、肢体功能康复训练、认知能力训练、言语功能训练。

5. 中医理疗

艾灸、拔罐、药包、穴位贴敷、中医推拿调理。

6. 健康促进

心灵慰藉、乐龄生活、居家娱乐、营养指导、运动指导。

7. 适老化改造

洗手间浴室加扶手、防滑处理；洗浴凳加装智能设备；床上加装床栏、床头求救铃。

（四）万颐学院

1. 学院愿景

广深连锁老年教育基地，成为老年教育解决方案的提供者。

2. 学院理念

满足长者文化需求；关注长者自我成长；注重长者价值体现。

3. 学院目标

（1）成为家门口“老年大学”，实现就近学习，依托广深养老项目，或嵌入社区，或建于城市核心区位，上课地点设置在养老中心内适合课程教学的地方。

（2）个性化与多样化的长者课堂，实现老有所学。

（3）实现丰富多彩的文化社团活动，实现活有所乐。

4. 学院宗旨

在为长者提供一个有温度、有情怀、有创新的养老解决方案的同时，关注长者的学习、自我成长与价值体现，就近解决长者们“活到老、学到老”的文化需求，让长者们保持心态年轻，活有所乐，享受丰盈自得、多彩的黄金年华！

5. 学院内容

（1）提供诗词、书画、营养膳食、各类乐器、手工艺等固定课程。

（2）开设名师名家讲堂，邀请名人专家开展养生保健、书法绘画、文学历史、摄影等各类主题讲堂。

（3）开设专题讲座，由义工师资、合作单位及内部医护人员不定期开设专题类讲座。其中老年安全防范类为必设专题。

（4）开展各类社交娱乐活动，各类志愿、表演、比赛等活动。

四、公司业务与产业发展

综合类养老产业是为老年人群提供产品和服务的特殊产业，发展养老产业既有利于满足老年人的社会需求，形成健康老龄化社会，又有助于产业结构的调整和升级、缓解就业压力、减轻社会保障负担。随着物质生活水平提高，老年人余寿变长，对老年生活的要求也越来越高，他们不再满足于生活的温饱，而是越来越注重生活质量和生命的质量。加之我国的独生子女政策和现代化发展，家庭的养老功能日益弱化，社会养老服务需求显得越来越迫切，对养老产品的需求呈现多层次、多样性、多元化趋势，养老服务消费呈现高端化，促使养老产业综合化、高端化发展。但当前我国相关发展经验较少，且存在诸多问题。在此背景下，以万颐养老为例，分析综合型养老产业发展在地方经济与养老体系建设中的影响作用，将为高端养老产业规模化、可持续发展提供理论及实践借鉴。

参考文献

[1] Alders P, Broer P D. Ageing, fertility, and growth [J]. Journal of Public Economics , 2005 (89): 1975-1095.

[2] Azarnert L V. Immigration, fertility, and human capital: A model of economic decline of the West [J]. European Journal of Political Economy, 2010 (26): 431-440.

[3] Barro R J, Becker G S. Fertility choice in a model of economic growth [J]. Econometrica, 1989 (57): 481-501.

[4] Becker G S. An economic analysis of fertility [A] // Demographic and economic change in developed countries [C]. National Bureau of Economic Research, 1960: 209-231.

[5] Becker G S, Murphy K M, Tamura R. Human capital, fertility and economic growth [J]. The Journal of Political Economy, 1990 (98): S12-S37.

[6] Becker G S, Glasear E L, Murphy K M. Population and economic growth [J]. American Economic Review, 1999 (89): 145-149.

[7] Blackburn K, Cipriani G P. A model of longevity, fertility and growth [J]. Journal of Economic Dynamics & Control, 2002 (26): 187-204.

[8] Bloom D E, Canning D, Fink G. Implication of population aging for economic growth [R]. NBER Working Paper, 2011: 16705.

[9] Boersch-Supan A H, Winter J K. Population aging, saving behavior and capital markets [R]. NBER Working Paper, 2001: 8561.

[10] Boersch-Supan A H. The impact of global aging on labor, product, and capital markets [J]. Population and Development Review, 2008 (34): 52-57.

[11] Browning E K. Why the social insurance budget is too large in a democracy [J]. Economic Inquiry, 1975 (13): 373-388.

[12] Cai D. An economic growth model with endogenous fertility: Multiple growth paths, poverty trap and bifurcation [J]. Journal of Computational and Applied Mathematics, 2002 (144): 119-130.

[13] Cremer H, Gahvari F, Pestieau P. Pensions with endogenous and stochastic fertility [J]. Journal of Pubilc Economics, 2006 (90): 2303-2321.

[14] Denton F K, Spencer B G. Population aging and its economic costs: A ssrvey of the issues and evidence [R]. SEDAP Research Paper, 1999-01.

[15] Ehrlich I, Kim J. Endogenous fertility, mortality and economic growth: Can a Malthusian framework account for the conflicting historical trends in population? [J]. Journal of Asian Economics, 2005 (16): 789-806.

[16] Feldstein M, Horioka C. Domestic saving and international capital flows [J]. Economic Journal, 1980 (90): 314-329.

[17] Fernάndez-ballesteros R, Robine J, Walker A, et al. Activeaging: A global Goal [J]. Current Gerontology and Geriatric Research, 2013 (10): 1-4.

[18] Fougere M, Harvey S, Mercenier J, et al., Population ageing, time allocation and human capital: A general equilibrium analysis for Canada [J]. Economic Modelling, 2009 (26): 30-39.

[19] Futagami K, Nakajima T. Population aging and economic growth [J]. Journal of Microeconomics, 2001, 23 (1): 31-44.

[20] Galasso V, Gatti R, Profeta P. Investing for the old age: Pensions, children and saving [J]. International Tax Public Finance, 2009 (16): 538-559.

[21] Gradstein M, Kaganovich M. Aging population and education finance [J]. Journal of Public Finance, 2004 (88): 2469-2485.

[22] Grob U, Wolter S C. Demographic change and public education spending: A conflict between young and old [J]. Education Economics, 2007 (15): 277-292.

[23] Groezen B, Meijdamy L, Verbon H A. Serving the old: Ageing and economic growth [J]. Oxford Economic Papers, 2005 (57): 647-663.

[24] Groezen B, Meijdamy L. Growing old and staying young: Population policy in a closed economy [J]. Journal of Population Economics, 2008 (21): 573-588.

[25] Gu D, Dupre M E, Liu G. Characteristics of the Institutionalized and Community-Residing Oldest-Old in China [J]. Social Science & Medicine, 2007 (64): 871-883.

[26] Harris A R, Evans W N, Schwab R M. Education spending in an aging America [J]. Journal of Public Economics, 2001 (81): 449-472.

[27] Hirazawa M, Kitaura K, Yakita A. Aging, fertility, social security and political equilibrium [J]. Journal of Population Economics, 2010 (23): 559-569.

[28] Hondroyiannis G, Papapetrou E. Fertility and output in Europe: New evidence from panel cointegration analysis [J]. Journal of Policy Modeling, 2005 (27): 143-156.

[29] Horioka C Y. A cointegration analysis of the impact of the age structure of the population on the household saving rate in Japan [J]. Review of Economics and Statistics , 1997 (79): 511-516.

[30] Horioka C Y, Suzuki W, Hatta T. Aging, savings, and public pensions in Japan [R]. NBER Working Paper, 2007: 13273.

[31] Hughes M E, Waite L J. Health in household context: Living arrangements and health in late middle age [J]. Journal of Health and Social Behavior, 2002, 43 (3): 1-21.

[32] Joutsenniemi K. Living arrangements and health [R]. Publications of the National Public Health Institute, 2007.

[33] Jylhä M. What is self-rated health and why does it predict mortality? Towards a unified conceptual model [J]. Social Science & Medicine, 2009, 69 (3): 307-316.

[34] Kalemli-Ozcan S, Ryder H E, Weil D N. Mortality decline, human

capital investment, and economic growth [J]. Journal of Development Economics, 2000 (62): 1-23.

[35] Kalemli-Ozcan S. Does the mortality decline promote economic growth? [J]. Journal of Economic Growth, 2002 (7): 411-439.

[36] Kelly A C. Population growth, the dependency rate, and the pace of economic development [J]. Population Studies, 1973, 27 (3): 405-414.

[37] Kelly A C. Economic consequences of population change in the third world [J]. Journal of Economic Literature, 1988 (27): 1685-1728.

[38] Kelly A C, Schmidt R M. Aggregate population and economic growth correlations: The role of the components of demographic change [J]. Demography, 1995 (32): 543-555.

[39] Kim D K, Kim H. Aging and savings in Korea: A time-series Approach [J]. International Advances in Economic Research, 2006 (12): 374-381.

[40] Kimura M, Yasui D. Occupational choice, educational attainment, and fertility [J]. Economics Letters, 2007 (94): 228-234.

[41] Kwack S Y, Lee Y S. What determines saving rates in Korea: The role of demography [J]. Journal of Asian Economics, 2005 (16): 861-873.

[42] Lee B S, McElwain A M. An empirical investigation of female labor-force participation, fertility, age at marriage, and wages in Korea [J]. The Journal of Developing Areas, 1985 (19): 483-500.

[43] Lee R, Mason A. Some macroeconomic aspects of global population aging [J]. Demography, 2010 (47): 151-172.

[44] Leff N H. Dependency rates and savings rate [J]. American Economic Review, 1969, 59 (5): 886-896.

[45] Leibenstein H. Pitfalls in benefit-cost analysis of birth prevention [J]. Population Studies, 1969, 23 (2): 161-170.

[46] Leibenstein H. An interpretation of the economic theory of fertility: Promising path or blind alley? [J]. Journal of Economic Literature, 1974 (12): 457-479.

[47] Leibenstein H. The economic theory of fertility decline [J]. The Quarterly Journal of Economics, 1975 (89): 1-31.

[48] Li H, Zhang J, Zhang J. Effects of longevity and dependency rates on saving and growth: Evidence from a panel of cross countries [J]. Journal of Development Economics, 2007 (84): 138-154.

[49] Li L W, Zhang J, Liang J. Health among the Oldest-Old in China: which living arrangements make a difference? [J]. Social Science & Medicine, 2009 (68): 220-227.

[50] Lund R, Due P, Modvig J, et al. Cohabitation and marital status as predictors of mortality: An eight year follow-up study [J]. Social Science & Medicine, 2002 (55): 673-679.

[51] Malmberg B, Lindh T, Halvarsson M. Productivity consequences of workforce aging: Stagnation or horndal effect [J]. Population and Development Review, 2008 (34): 238-256.

[52] Mason A, Lee R, Tung A C, et al. Population aging and intergenerational transfers - introducing age into national accounts [R]. NBER Working Paper, 2006: 12770.

[53] Modigliani F, Brumberg R. Utility analysis and the consumption function: An interpretation of the cross-section data [M]. New Brunswick: NJL Rutgers University Press, 1954.

[54] Ono T. Social security policy with public debt in an aging economy [J]. Journal of Population Economics , 2003 (16): 363-387.

[55] Peterson P G. Gray Dawn: How the coming age wave will transfer america and the world [M]. New York: Random House, 1999.

[56] Petrucci A. Money, endogenous fertility and economic growth [J]. Journal of Macroeconomics , 2003 (25): 527-539.

[57] Poterba J M. Demographic structure and the political economy of public education [J]. Journal of Policy Analysis and Management , 1997 (16): 48-66.

[58] Rauch J E. Productivity gains from geographic concentration of human capital: Evidence from the cities [J]. Journal of Urban Economics, 1993 (34): 380-400.

[59] Ray D. Development economic [M]. Princeton: Princeton University Press, 1998.

[60] Robinson W C. Urbanization and fertility: The non-western experience [J]. The Milbank Memorial Fund Quarterly, 1963 (41): 291-308.

[61] Rogers D L, Toder E, Jones L. Economic consequences of an aging population [M]. Washington, DC: Urban Institute , 2001.

[62] Rosenzweig M R, Evenson R. Fertility, schooling, and the economic contribution of children of rural India: An econometric analysis [J]. Econo metrica, 1977 (45): 1065-1079.

[63] Ross C E. Reconceptualizing marital status as a continuum of social attachment [J]. Journal of Marriage and the Family, 1995 (57): 129-140.

[64] Schultz T P. Changing world prices, women's wages, and the fertility transition: Sweden, 1860-1910 [J]. The Journal of Political Economy , 1985 (93): 1126-1154.

[65] Sinha D, Sinha T. An exploration of the long-run relationship between saving and investment in the developing economies: A tale of Latin American countries [J]. Journal of Post Keynesian Economics , 1998 (20): 433-435.

[66] Sinha D. Saving-investment relationshipsfor Japan and other Asian countries [J]. Japan and the World Economy, 2002 (14): 1-23.

[67] Stenner T, McFarquhar Bowling A. Older people and active aging: Subjective aspects of aging actively [J]. Health Psychol, 2011, 3 (16): 467-477.

[68] Sugawara K. Intergenerational transfers and fertility: Trade-off between human capital and child labor [J]. Journal of Macroeconomics, 2010 (32): 584-593.

[69] Sugimoto Y, Nakagawa M. From duty to right: The role of public education in the transition to aging societies [J]. Journal of Development Econom

ics, 2010 (91): 140-154.

[70] Tosun M S. Population aging and economic growth: Political economy and open economy effects [J]. Economic Letters, 2003 (81): 291-296.

[71] United Nations. World population prospects: The 2008 revision [EB/OL]. http: //esa. un. org/unpp/.

[72] United Nations. World population policies 2009 [EB/OL]. http: //www. un. org/esa/population/publications/wpp2009/wpp2009. htm.

[73] Walker J D, Maxwell C J, Hogan D B , et al. Does self - rated health predict survival in older persons with cognitive impairment? [J]. Journal of the American Geriatrics Society, 2004, 52 (11): 1895-1900.

[74] White M J, Tagoe E, Stiff C, et al. Urbanization and the fertility transition in China [J]. Population Research and Policy Review, 2005 (24): 59-83.

[75] World Bank. World development indicators & global development finance [EB/OL]. http: //databank. worldbank. org/ddp/home. do.

[76] World Health Organization. Constitution of the world health organization [M]. Geneva: World Health Organization, 1946: 1315-1323.

[77] Yi Z, Vaupel J W. The impact of urbanization and delayed childbearing on population growth and aging in China [J]. Population and Development Review , 1989, 15 (3): 425-445.

[78] Yoon Y, Talmain G. Engogenous fertility, endogenous growth and public pension system: Should we switch from a pay-as-you-go to a fully funded system [J]. The Manchester School, 2001, 69 (5): 586-605.

[79] Zhang J. Longevity and economic growth in a dynastic family model with an annuity market [J]. Economics Letters, 2001 (72): 269-277.

[80] Zunzunegui M V, Béland F, Otero A. Support from children, living arrangements, self-rated health and depressive symptoms of older people in Spain [J]. International Journal of Epidemiology, 2001, 30 (5): 1090-1099.

[81] 班晓娜，葛稣. 国外发展养老服务产业的做法及其启示 [J]. 大连

海事大学学报（社会科学版），2013，12（3）：15-19.

［82］陈卫. 中国的经济平等与生育率［J］. 人口与经济，2010（4）：18-23.

［83］陈彩珍. “积极老龄化”视域下的老年心理健康问题［J］. 牡丹江大学学报，2010，19（3）：160-163.

［84］崔恒展，李宗光. 老龄化背景下的养老内容研究［J］. 山东社会科学，2012（4）：29-30.

［85］褚缇婧，孙鹃娟. 影响城市老年人养老意愿诸因素分析［J］. 南京人口管理干部学院学报，2010（6）：23-26.

［86］党俊武. 中国城乡老年人生活状况调查报告［M］. 北京：社会科学文献出版社，2018.

［87］丁志伟，魏海伟. 城市中年人养老规划状况及其影响因素［J］. 人口与社会，2016，32（3）：14-22.

［88］狄金华，季子力，钟涨宝. 村落视野下的农民机构养老意愿研究——基于鄂、川、赣三省抽样调查的实证分析［J］. 人口与经济，2014（1）：69-72.

［89］范红绢，陈辉. 基于城市居民意愿的养老政策研究——以南京市为例［J］. 江苏大学学报（社会科学版），2018，20（1）：62-70.

［90］高铁梅. 计量经济分析方法与建模［M］. 北京：清华大学出版社，2009.

［91］高晓路，颜秉秋，季珏. 北京城市居民的养老模式选择及其合理性分析［J］. 地理科学进展，2012（10）：1274-1281.

［92］荀延农. 山东省实际生育率低于政策生育率的原因分析［J］. 山东社会科学，2004（10）：118-119.

［93］郭剑雄. 人力资本、生育率与城乡收入差距的收敛［J］. 中国社会科学，2005（3）：27-38.

［94］郭志刚. 中国高龄老人的居住方式及其影响因素［J］. 人口研究，2012（1）：37-42.

［95］贺菊煌. 人口变动对经济的影响［J］. 数量经济技术经济研究，

2003（12）：41-46.

［96］胡敏. 老年人积极老龄化测评研究［D］. 南昌：南昌大学，2012.

［97］胡翠，许召元. 人口老龄化对储蓄率影响的实证研究——来自中国家庭的数据［J］. 经济学（季刊），2014，13（4）：1354-1364.

［98］姜向群，丁志宏，秦艳艳. 影响我国养老机构发展的多因素分析［J］. 人口与经济，2011（4）：58-60.

［99］蒋志学，秦岭，武萍. 老年教育产业现状与前景分析［J］. 市场与人口分析，2001（4）：72-76.

［100］康华，庄晓惠. 我国养老机构的问题与对策研究［J］. 东南大学学报（哲学社会科学版），2016（18）：100-102.

［101］刘红. 中国机构养老需求与供给分析［J］. 人口与经济，2009（4）：59-64.

［102］刘宏，高松，王俊. 中国养老模式对健康的影响［J］. 经济研究，2011（4）：80-93.

［103］李宝元. 人本发展经济学［M］. 北京：经济科学出版社，2006.

［104］李宝元，蒯鹏州，李晓婷. 人力资源国际竞争力四维指数测算及比较研究［J］. 经济理论与经济管理，2011（4）：24-32.

［105］李扬，殷剑锋. 劳动力转移过程中的高储蓄、高投资和中国经济增长［J］. 经济研究，2005（2）：4-15.

［106］李扬，殷剑锋，陈洪波. 中国：高储蓄、高投资和高增长研究［J］. 财贸经济，2007（11）：26-33.

［107］林擎国，王伟. 人口老龄化对我国产业结构调整与优化的影响［J］. 学术研究，2001（2）：49-51.

［108］李建新，李毅. 性别视角下中国老年人健康差异分析［J］. 人口研究，2009，33（2）：48-57.

［109］吕学静，康蕊. 京冀两地农村社区养老发展困境的实证研究［J］. 人口与经济，2016（1）：108-112.

［110］乜堪雄，何小洲. 人口老龄化背景下的经济对策与产业选择［J］. 中国人口·资源与环境，2007（1）：124-129.

[111] 莫丽霞. 当前我国农村居民的剩余意愿与性别偏好研究 [J]. 人口研究，2005 (3)：62-68.

[112] 穆光宗. 老龄人口的精神赡养问题 [J]. 中国人民大学学报，2004 (4)：127-129.

[113] 穆光宗，张团. 我国人口老龄化的发展趋势及其战略应对 [J]. 华中师范大学学报（人文社会科学版），2011 (5)：24-35.

[114] 穆光宗. 中国传统养老方式的变革和展望 [J]. 中国人民大学学报，2000 (5)：89-92.

[115] 穆光宗. 我国机构养老发展的困境与对策 [J]. 华中师范大学学报（人文社会科学版），2012 (2)：31-34.

[116] 梁君林，黄吉良. 我国生育率转变的微观经济分析 [J]. 西北人口，2005 (2)：58-60.

[117] 刘永平，陆铭. 从家庭养老的角度看老龄化的中国经济能否持续增长 [J]. 世界经济，2008 (1)：65-77.

[118] 罗会强，钱佳慧，吴侃，曹裴娅，任晓晖. 基于地区差异视角下的老年人自评健康影响因素分析 [J]. 四川大学学报（医学版），2016，47 (2)：248-252.

[119] 齐传钧. 人口老龄化对经济增长的影响分析 [J]. 中国人口科学，2010 (增刊)：54-65.

[120] 宋全成，崔瑞宁. 人口高速老龄化的理论应对——从健康老龄化到积极老龄化 [J]. 山东社会科学，2013，212 (4)：36-42.

[121] 沈向东. 北京市的养老机构及入住情况调查 [J]. 中国统计，2014 (3)：31-33.

[122] 童玉芬，廖宇航. 健康状况对中国老年人劳动参与决策的影响 [J]. 中国人口科学，2017 (6)：105-116+128.

[123] 童玉芬，刘广俊. 北京市人口老龄化对社会保障的影响 [J]. 人口与发展，2008 (14).

[124] 汤哲，吴晓光，孟琛，刘向红，周玉芳. 老年人健康评价指标对死亡预测的分析 [J]. 中国老年学杂志，1997 (4)：194-196.

[125] 吴振云. 老年心理健康的内涵、评估和研究概况 [J]. 中国老年学杂志，2003 (12)：799-801.

[126] 王轲. 老年人的资源禀赋与养老方式选择——基于 CLASS 2012 数据的实证检验 [J]. 西部论坛，2017，27 (4)：116-124.

[127] 王德文，蔡昉，张雪辉. 人口转变的储蓄效应和增长效应——论中国增长可持续性的人口因素 [J]. 人口研究，2004 (5)：1-14.

[128] 王德文. 人口低生育率阶段的劳动力供求变化与中国经济增长 [J]. 中国人口科学，2007 (1)：44-52.

[129] 王弟海，龚六堂. 经济增长中的消费和储蓄——简论中国高储蓄率的原因 [J]. 金融研究，2007 (12)：1-16.

[130] 王海燕. 中国高储蓄率问题研究综述 [J]. 经济学动态，2008 (2)：77-80.

[131] 王洪娜. 山东农村老人入住社会养老机构的意愿与需求分析 [J]. 东岳论丛，2011 (9)：169-172.

[132] 王军. 人口老龄化对医疗服务行业的影响及对策 [J]. 科技管理研究，2005 (5).

[133] 王萱萱，郭海健，陈家应. 我国农村居民自评健康状况与报告行为实证研究 [J]. 中国卫生政策研究，2016，9 (6)：68-74.

[134] 王晓琴，杨翠迎. 我国农村社会养老保险研究的回顾与评析 [J]. 求索，2011 (9)：70-72.

[135] 熊必俊. 人口老龄化与可持续发展 [M]. 北京：中国大百科全书出版社，2002.

[136] 许军，等. 自测健康评定量表的研制与考评 [J]. 中国行为医学科学，2000，9 (1)：65-68.

[137] 肖云，吕倩，漆敏. 高龄老人入住养老机构意愿的影响因素研究——以重庆市主城九区为例 [J]. 西北人口，2012，33 (2)：27-30.

[138] 杨春. 对推进江苏省健康老龄化和积极老龄化的思考 [J]. 人口学刊，2009 (3)：60-64.

[139] 杨娟. 关于人口红利的一般讨论——兼论老龄化中国人口红利的实

现问题［J］. 经济理论与经济管理，2009（8）：12-16.

［140］杨鑫，李通屏，魏立佳. 总和生育率影响因素研究［J］. 西北人口，2007（6）：59-62.

［141］杨文庄. 从躁动到理性：中国人口和计划生育政策的嬗变［J］. 人口研究，2010（9）.

［142］余菊，邓昂. 制度变迁、地方政府行为与城乡收入差距——来自中国省级面板数据的经验证据［J］. 经济理论与经济管理，2014（6）：16-27.

［143］袁志刚，宋铮. 人口年龄结构、养老保险制度与最优储蓄率［J］. 经济研究，2000，24（11）：32.

［144］于学军. 人口变动、扩大内需与经济增长［J］. 人口研究，2009（9）：36-41.

［145］翟振武，李建新. 中国人口：太多还是太老［M］. 北京：社会科学文献出版社，2005.

［146］中华人民共和国国家统计局. 中国统计年鉴［M］. 北京：中国统计出版社，历年.

［147］钟若愚. 人口老龄化影响下产业结构调整的传导机制研究：综述及借鉴［J］. 中国人口科学，2005（增刊）：169-174.

［148］张宗坪，张士强. 经济增长中的“人口红利”探索——兼论“绿色人口红利”调整模型［J］. 中国人口·资源与环境，2009（5）：88-92.

［149］张娜，苏群. 农村老年人居住意愿与社会养老服务体系构建研究［J］. 南京农业大学学报（社会科学版），2014，14（6）：62-70.

［150］张文娟，魏蒙. 城市老年人的机构养老意愿及影响因素研究——以北京市西城区为例［J］. 人口与经济，2014（6）：23-26.

［151］张栋. 北京市老年人养老方式意愿及影响因素分析［J］. 调研世界，2016（8）：19-25.

［152］张文娟，王东京. 中国老年人口的健康状况及变化趋势［J］. 人口与经济，2018（4）：86-98.

［153］张耀光，徐玲. 健康相关生命质量简介及其国际应用［J］. 中国

卫生信息管理杂志，2011，8（4）：42-44.

［154］郑晓瑛. 中国老年人口健康评价指标研究［J］. 北京大学学报（哲学社会科学版），2000（4）：144-151.

［155］卓日娜图娅. 贫困地区医疗资源配置与老年人健康［J］. 华南农业大学学报（社会科学版），2017，16（4）：87-98.

［156］全国老龄工作委员会办公室. 第四次中国城乡老年人生活状况抽样调查总数据集［M］. 北京：华龄出版社，2018.